한 편의 웅장한 철학 논쟁을 담은 책. 카루소와 데닛은 마치 3세트로 이루어진 테니스 시합을 하듯 자유의지가 존재하는지와 자유의지의 존재가 보상, 처벌, 형법에 어떤 의미가 있는지를 놓고 논쟁을 펼친다. 서브와 발리, 환상적인 수비, 스매시, 긴 랠리, 묘기 같은 샷, 매치포인트까지 무엇 하나 부족한 것이 없다. 최고의 실력을 가진 두 철학자가 정말로 멋진 시합을 펼친다.

- 오언 플래너건Owen Flanagan(듀크대학교 철학·신경생물학 교수)

철학은 결코 혼자가 아니라 상반된 견해를 가진 대등한 파트너와 함께해야 하며, 그 결과물을 누구나 볼 수 있게 공개하고, 독자들이 깊이 있고 까다로운 문제를 직접 고민할 수 있도록 쉬운 해결책을 제시하지 않는 것이 가장 좋은 길이라는 생각이 들었다. 책 속에서 두 대담자는 까다로운 쟁점을 두고 논쟁을 펼치고는 각자가 취하는 관점의 정수를 요약해서 제시한다. 자유의지와 응분이라는 주제의 핵심을 이토록 효과적으로 전달하는 논의는 여태 없었다. 철학 논쟁이 얼마나 어려우면서도 중요하고 생기 넘치는 일인지를 깨닫게 하는 책이다.

- 제넌 T. 이스마엘Jenann T. Ismael(컬럼비아대학교 철학 교수)

자유와 책임, 결정론에 관한 양립가능론을 지지하는 데닛과 강한 양립불가능론자이자 자유의지에 회의적인 입장인 카루소가 벌이는 박진감 넘치는 논쟁은 많은 깨달음을 준다. 여러 주제를 새로운 시각으로 바라볼 수 있게 만드는 책이다. 자유의지와 도덕적 책임, 결정론에 관한 오랜 논쟁에서 '응분의 대가'라는 주제가 얼마나 중요한지를 이보다 명쾌하게 설명할 수는 없을 것이다.

- 로버트 케인Robert Kane(텍사스대학교 철학 교수)

처벌, 도덕, 선택에 관한 치열한 논쟁을 담은 흥미진진한 책. 자유의지 논쟁을 처음 접하는 독자가 쉽게 이해할 수 있을 만큼 명쾌하면서도 전문가들을 사로잡을 만큼 깊이가 있다는 점에서 누구나 만족할 만한 책이다.

- 폴 블룸Paul Bloom(예일대학교 심리학 교수, 《공감의 배신》 저자)

자유의지 논쟁의 주요 쟁점은 선택을 하고, 응분의 대가를 받고, 옳은 일을 하는 것이 어떤 의미인지 밝히는 것이다. 두 대담자는 자유의지에 대한 각자의 견해를 상세히 설명하며 그 정당성을 옹호하고, 허심탄회한 자세로 예리한 비판과 논의를 주고받으며 독자가 진지하게 생각해볼 만한 갖가지 중요한 문제를 제시한다.

- 숀 캐럴Sean Carroll(《빅 픽쳐》 저자)

해박한 지식과 통찰력을 갖춘 두 철학자의 생생하고 깊이 있는 논쟁을 다룬 책. 해당 분야를 잘 모르는 독자라도 자유의지의 문제를 이해하기 쉽게 풀어내는 이 책의 논의에 빠져들다 보면 새로운 깨달음을 얻을 수 있을 것이다. 기존의 논쟁을 이어받기만 하는 것이 아니라 새로운 영역을 개척하는 책이다. 일독을 권한다.

- 존 마틴 피셔John Martin Fischer(캘리포니아대학교 리버사이드 캠퍼스 철학 교수)

철학 논쟁

철학 논쟁

초판 1쇄 발행   2022년 8월 5일
초판 2쇄 발행   2023년 4월 28일

지은이   대니얼 데닛 · 그레그 카루소
옮긴이   윤종은

펴낸이   김현태
펴낸곳   책세상
등록   1975년 5월 21일 제2017-000226호
주소   서울시 마포구 잔다리로 62-1, 3층(04031)
전화   02-704-1251
팩스   02-719-1258
이메일   editor@chaeksesang.com
광고·제휴 문의   creator@chaeksesang.com
홈페이지   chaeksesang.com
페이스북   /chaeksesang   트위터   @chaeksesang
인스타그램   @chaeksesang   네이버포스트   bkworldpub

ISBN   979-11-5931-854-2 03100

* 잘못되거나 파손된 책은 구입하신 서점에서 교환해드립니다.
* 책값은 뒤표지에 있습니다.

철학 논쟁

주제
———
자유의지, 처벌, 응분의 대가

대니얼 데닛·그레그 카루소 지음
윤종은 옮김

추천사

더크 피어붐Derk Pereboom(코넬대학교 철학·윤리학 교수)

자유의지에 관한 최신 논의에 관심 있는 독자라면 대니얼 데닛과 그레그 카루소가 자유의지, 도덕적 책임, 처벌을 놓고 벌이는 이 치열하고 흥미진진한 대담에 흠뻑 빠져들 것이다. 이 대담집은 관련 논의를 소개하는 입문서로도 탁월하지만 자유의지를 둘러싼 대립을 그 어떤 책보다 생생히 담아내고 있으므로 초심자와 전문가 모두에게 유익하다.

그레그 카루소는 자유의지와 결정론이 양립할 수 없다고 보는 양립불가능론자다. 양립불가능론자들은 결정론이 참이라면 먼 과거의 사건이나 자연법칙처럼 통제할 수 없는 요인들이 모든 행동을 인과적으로 결정할 것이기에 자유의지가 성립할 수 없다고 본다. 양립불가능론은 크게 결정론이 거짓이며 인간에게 자유의지가 있다고 보는 자유의지론과 결정론이 참이며 인간에게 자유의지가 없다고 보는 자유의지회의론으로 나뉜다. 카루소는 자유의지회의론자로, 세계가 결정론적이든 양자

물리학의 일부 해석대로 비결정론적이든 인간에게 자유의지가 없는 것은 마찬가지라고 주장한다. 반면 데닛은 자유의지와 결정론이 양립할 수 있다고 보는 양립가능론을 지지하며, 인간은 틀림없이 자유의지를 지닌다고 주장한다. 양립불가능론자이자 자유의지회의론자인 카루소와 자유의지를 긍정하는 양립가능론자인 데닛은 자유의지 논쟁에서 전통적으로 대립해온 입장을 각각 대변하는 셈이다.

두 사람은 '자유의지'라는 개념을 어떻게 정의할지를 두고도 차이를 보인다. 데닛은 '자유의지'라는 말을 원할 가치가 있는 유형의 자유의지를 가리키는 데 사용해야 한다고 제안한 것으로 잘 알려져 있다. 원할 가치가 있는 자유의지란 자연·사회 환경에서 주어지는 자극에 합리적으로 반응하는 능력이다. 이 능력은 종 차원에서 진화를 거쳐 발전했으며 개인 차원에서는 성인이 되면서 무르익는다. 이것이 귀중한 능력이라는 사실은 부인할 수 없으므로, 데닛의 제안은 설득력이 있어 보인다.

그러나 데닛의 정의를 가지고 자유의지 논쟁에서 나타나는 대립을 설명할 수 있을지는 의문이다. 데닛이 말하는 자유의지가 결정론과 양립할 수 없다고 보는 사람은 드물기에, 그의 정의를 인정할 경우 양립가능론을 논쟁의 대상으로 삼기가 곤란해진다. 반면 카루소는 자유의지 논쟁에 뛰어든 여러 논자들처럼 자유의지를 기본적인 응분basic desert 관념에 따라 책임을 지기 위해 갖추어야 할 행동 통제력으로 정의한다. 기본적인 응분에 따라 책임을 진다는 것은 잘못된 행동을 한 사람은 도덕적으로 나쁜 의도를 가지고 행동했다는 이유만으로 비난과 처벌을 받고, 바른 행동을 한 사람은 도덕적으로 선한 의도를 가지고 행동했다는 이유만으로 칭찬과 보상을 받아야 마땅하다는 뜻이다. 여기서 응분 관념에 '기본적'이라는 말을 붙이는 이유는 그에 따라 책임을 지는 일이 근본적으로 정당하다고 보는 시각을 드러내기 위함이다. 다시 말해, 기본적인 응분 관념을 주장하는 사람들은 그에 따른 책임을 부과하는 일이 바람직한 결과가 예상된다거나 하는 별개의 사항을 고려할 필요 없이 그 자체로 정당하다고 본다. 카루소는 많은 사람이 자유의지 논쟁에 참여하여 찬반으로 나뉘어 논의하려면, 자유의지를 기본적인 응분에 따른 칭찬과 비난, 보상과 처벌을 받기 위해 갖춰야 할 행동 통제력으로 정의해야 한다고 말한다.

데닛과 카루소는 기본적인 응분이라는 관념이 널리 받아들여지는지를 두고 의견을 달리한다. 데닛과 달리 카루소는 이 관념이 널리 퍼져 있다고 보며, 그 근거로 이마누엘 칸트의 사고실험을 인용해 범법자를 처벌하는 일이 어떤 바람직한 결과도 가져오지 않는 상황을 제시한다.[1] 가령 다음과 같은 상황을 생각해보자. 어느 외딴 섬에서 한 사람이 모든 주민을 잔혹하게 살해했는데, 이 살인자는 내면의 증오와 분노로 인해 도덕적으로 개심할 여지가 없는 인물이다. 섬은 너무나 외진 곳에 있어 살인자가 섬 밖으로 나갈 수도, 외부에서 섬을 찾아올 수도 없

다. 사회가 해체된 이상, 섬에는 바람직한 결과를 위해 사회계
약을 맺고 이를 근거로 규칙을 세울 공동체가 존재하지 않는다.
당신의 직관에 따르면 살인자는 이 상황에서도 처벌을 받아야
마땅한가? 이 사례에서는 살인자가 기본적인 응분 외에 책임을
질 다른 이유가 존재하지 않는다. 따라서 당신이 살인자가 처벌
을 받아야 한다고 판단한다면, 그 처벌은 기본적인 응분에 따른
것이다.

　　그러나 데닛의 입장에선 이러한 의문을 제기할 수 있다.
기본적인 응분 관념을 거부하거나 인간이 기본적인 응분의 속
성인 행동 통제력을 지닌다는 생각에 반대하는 사람을 자유의
지를 부정하는 사람으로 간주하는 것이, 과연 우리가 '자유의
지'를 정의하는 목적인가? 기본적인 응분과 그에 필요한 행동
통제력을 인정하지 않더라도 '자유의지' 개념은 우리의 생각과
행동 속에서 충분히 많은 역할을 할지 모른다. 우리는 과학 발
전과 같은 변화를 거치며 무수히 많은 개념의 의미를 뜯어고쳐
왔으면서도 여전히 그 개념들을 사용하고 있지 않은가.

　　데닛은 기본적인 응분 관념을 거부하더라도 '자유의지' 개
념이 맡을 역할은 얼마든지 있다고 확신한다. 비非기본적인 응
분 관념을 가지고도 우리가 원하는 바를 이룰 수 있기 때문이
다. 비난과 처벌을 실천 차원에서 정당화하기 위해서는 응분을
고려해야 하지만, 범죄 억제나 범법자의 도덕 형성 등 예상할
수 있는 바람직한 결과를 근거로 한 단계 높은 차원에서 비난과

　　　　　　　　　　　　　　　　　　　철학 논쟁

처벌 행위를 설명한다면 응분은 기본적이지 않다. 데닛은 비기본적인 응분을 근거로 행위자에게 도덕적 책임을 지우는 일이 전체적으로 다른 대안에 비해 가장 나은 결과를 가져오리라 말하며, 그 필요성을 강조한다.

혹자는 데닛의 말처럼 예상되는 결과로써 처벌과 보상을 정당화할 경우 상벌은 결국 인센티브로 기능하므로, 진정으로 응분에 따라 주어지는 것이 아니라고 반박할지 모른다. 이에 대해서는 데닛이 본 대담에서 제시하는 비유를 들어 답할 수 있다. 어떤 사람이 스포츠 경기에서 반칙을 범할 경우, 그가 페널티를 받아야 마땅하다고 말해도 전혀 이상하지 않다. 그런데 스포츠의 벌칙은 어떻게 하면 경기가 가장 잘 진행될 것인지를 고려하여 정해진 것이므로 기본적인 응분과 관련이 없다. 마찬가지로 예상할 수 있는 바람직한 결과로써 안전을 근거로 삼아, 범죄 행위의 처벌이 억제력으로 정당화된다고 가정해보자. 변호사와 판사는 오직 과거 사실과 관련한 회고적backward-looking 근거만을 고려하여 죄의 유무를 판결하고 처벌을 결정하지만, 실제 처벌은 변호사와 판사가 결코 고려하지 않을 전망적forward-looking 근거로 정당화되는 것이다. 그렇게 되면 변호사나 판사가 처벌을 응분에 따른 책임으로 간주하더라도 충분히 납득이 갈 것이다.

이렇듯 데닛과 카루소의 대담은 실질적인 쟁점과 일부 개념적·언어적 쟁점을 두루 다룬다. 개념과 관련한 주요 쟁점을 해결하는 일은 해당 개념이 앞으로도 제 역할을 할 수 있는지에 달려 있다. 데닛과 카루소는 '기본적인 응분'을 계속 처벌의 근거로 삼을 이유는 없다고 본다. 하지만 데닛은 '응분'의 역할을 유지해야 한다고 보는 반면, 카루소는 그에 반대한다. 철학이 으레 그렇듯, 본 대담에서도 언어적·개념적 쟁점과 실질적 쟁점을 구분하기란 만만치 않은 일이다. 두 사람은 서로가 사용하는 용어를 분명히 밝히도록 촉구하는 전형적인 방식으로 그 일을 해나간다.

내가 보기에 카루소와 데닛은 자유의지 논쟁의 토대가 되는 사안에 대해 매우 비슷한 견해를 가졌다. 하지만 그 외에 다른 문제들을 다룰 때는 서로의 입장 차이가 확연히 드러나는데, 일례로 조작 논증manipulation argument이 양립불가능론에 어떤 의미를 지니는지를 놓고 치열한 논쟁을 벌이기도 한다. 또, 두 사람은 현재 미국의 사법제도를 뿌리째 뜯어고쳐야 한다는 데 동의하면서도 범죄자의 처우를 두고서는 다른 방안을 내놓는다. 이에 대한 의견이 엇갈리는 이유가 데닛이 응분을 처벌의 근거로 삼는 데 반해 카루소는 그런 식의 주장을 거부하기 때문인지 다른 이유 때문인지는 확실치 않다. 이 귀중하고 시의적절한 대담을 읽으며 주요 쟁점들을 정리하고 답을 찾는 일은 독자의 즐거움으로 남겨두도록 하겠다.

철학 논쟁

서문

대니얼 데닛·그레그 카루소

이 책의 기원은 2018년 5월 레바논의 수도 베이루트의 한 루프톱 바에서 있었던 만남으로 거슬러 올라간다. 우리 두 사람은 베이루트아메리칸대학교에서 열린 도덕심리학 학회에 참석해 그곳에서 처음 만나 먹고 마시고 자유의지에 관해 토론하며 즐거운 저녁을 보냈다. 우리는 학회가 끝난 이후로도 연락을 주고받았고, 우리의 견해 차이를 대화나 토론 형식의 글로 발표하기로 마음먹었다. 그 결과물은 2018년 10월 4일 디지털 잡지 《이온Aeon》에 〈응분의 몫: 우리는 자신의 행동에 도덕적으로 책임을 질 수 있는가? 데니얼 데닛은 그렇다고, 그레그 카루소는 그렇지 않다고 답한다. 독자여, 결정은 당신의 몫이다Just Deserts: Can we be held morally responsible for our actions? Yes, says Daniel Dennett. No, says Gregg Caruso. Reader, you decide〉라는 제목으로 게재되었다. 그 글이 나온 이후 우리는 폴리티북스Polity Books의 편집자 파스칼 포셰론Pascal Porcheron으로부터 대화를 더 확장하여 책으로 펴내는 것이 어떻겠냐는 제안을 받았다. 우리는 서로

를 존중했고 대화를 이어나가는 것이 매우 가치 있는 일이라 생
각했기에 그 제안에 흔쾌히 동의했다. 그렇게 해서 나온 결과물
이 바로 이 책이다. 먼저 '논쟁을 시작하며'에서는 카루소가 자
유의지의 문제를 짧게 소개하며 몇 가지 주요 용어를 정의한다.
자유의지 문제에 익숙하지 않은 독자의 이해를 돕고 해당 주제
를 둘러싼 여러 입장을 간략히 정리하기 위함이다. 본문은 세
개의 대담으로 이루어져 있다. 첫 번째 대담은 《이온》에 실린
최초의 대담을 편집하고 확장한 것이며, 두 번째와 세 번째 대
담은 이 책에서 처음 공개하는 새로운 대담이다.

차례

추천사 · 5
서문 · 11

논쟁을 시작하며 · 17
주요 용어 · 23

첫 번째
대담

탐색 단계 » 자유의지 논쟁과 도덕적 책임 · 29
자유의지와 결정론 문제 · 62

두 번째
대담

심화 단계 » 철학적 질문들 · 77
자유의지론의 비결정성 · 96
도덕적 책임과 조작 논증 · 106
양립가능론과 도구주의 · 154
자유의지 논쟁에서의 운 · 182

세 번째
대담

이해 단계 » 처벌, 도덕, 응분의 대가 · 205
카루소의 공중보건격리모형 · 220
범죄 억제와 교화 · 233
도덕과 법 체계에 관해 · 262
응분과 양립가능론 · 309

주 · 344
참고문헌 · 351

논쟁을
시작하며

그레그 카루소

자유의지의 문제는 우리의 자기 이해와 대인 관계, 도덕적이고 법적인 관행에 실제로 영향을 끼친다. 우리가 일상 속에서 태도와 판단을 정당화할 때, 그 바탕에는 인간이 자유의지를 지닌다는 가정이 깔린 경우가 많다. 예를 들어 누군가 우리에게 부도덕한 일을 저지를 때, 우리는 억울한 마음과 도덕적 분노를 느끼는 동시에 그런 감정을 정당한 것으로 여기곤 한다. 참작할 만한 사정이 없는 한 자유가 있는 인간은 자신의 행동에 도덕적인 책임을 져야 하므로, 잘못을 저지른 사람에게 그런 반응을 보이는 것은 당연하다 생각하기 때문이다. 또 우리는 보통 어떤 사람이 '자유의지에 따라' 행동한다면 그에게는 도덕적 책임이 있으므로, 그가 한 일에 따라 응분의 칭찬과 비난, 처벌과 보상을 받을 수 있다고 가정한다. 이와 비슷한 가정들은 형법의 토대이기도 하다. 일례로 미국 연방대법원은 한 판결에서 이렇게 천명했다. "특히 형벌과 선고, 구금을 다루는 데 있어 우리 법체계의 '보편적이고 항구적인' 기반은 '인간 의지에는 자유가 있으며, 따라서 평범한 개인에게는 선과 악을 선택할 능력과 의무가 있다는 믿음'이다."[1] 하지만 자유의지라는 것이 정말로 있을까? 만약 누구도 자유롭지 않으며, 그런 의미에서 도덕적 책임을 질 수도 없다고 밝혀진다면 어떻겠는가? 사회와 도덕, 의미, 법은 어떻게 될까? 사회는 자유의지에 대한 믿음 없이도 잘 돌아갈 수 있을까? 이것이 바로 이 책에서 다루는 물음들이다.

본문으로 들어가기에 앞서 몇 가지 핵심 용어와 입장을 소개하겠다. 먼저 현대 철학자들의 일반적인 견해에 따르면 자유의지란 특정 종류의 도덕적 책임을 지는 데 필요한 행동 통제력이다. 더 구체적으로 말하자면 자유의지는 행위자의 고유한 힘이나 능력이며 행위자는 자유의지를 지니기에 자신의 행동에 따라 응분의 비난과 칭찬, 처벌과 보상을 받을 수 있다. 이렇듯 자유의지를 도덕적 책임과 연관 지어 이해할 때, 자유의지에 관한 철학 논쟁은 우리 삶에서 비교적 구체적이면서도 명백히 중요한 지점에 단단히 뿌리를 내린다. 철학자 마누엘 바르가스Manuel Vargas는 이렇게 말한다. "이때 자유의지란 특정 철학자의 특정한 사변적 형이상학에 부합하는지에 따라 의미가 정해지거나 특정 종교에 의해 임의로 규정되는 관념을 뜻하지 않는다. 여기서 말하는 자유의지는 널리 받아들여지는 삶의 형식 속에서 자유의지가 수행하는 역할과 기능을 통해 그 중요성을 확인할 수 있는 관념이다."[2]

자유의지에 대한 이론은 크게 두 부류로 나뉜다. 인간이 자유의지를 지닌다는 주장을 받아들이는 쪽과 받아들이지 않는 쪽이다. 전자는 다시 자유의지에 관한 자유의지론적libeartarian 입장과 양립가능론적 입장으로 나뉘는데, 두 입장은 모두 인간에게 자유의지가 있다고 보지만 자유의지의 성격이나 조건에 관해서는 차이를 보인다. 반면 후자는 자유의지의 존재를 의심하거나 부정하는 여러 회의적 입장을 포괄한다. 자유의지의 존재를 인정하는 두 입장, 즉 자유의지론libertarianism과 양립가능론compatibilism의 가장 큰 차이는 전통적인 자유의지와 결정론 논쟁을 통해 더 쉽게 이해할 수 있다.

널리 알려진 대로 결정론determinism은 어떤 시점에서든 오직 하나의 미래만이 물리적으로 가능하다고 보는 이론이다.[3] 달리 말해 결정론은 먼 과거의 사건과 자연법칙이 하나의 특정한 미래만을 가져온다고 본다.[4] 반면 비결정론은 결정론을 부정하는 이론으로서 특정 시점에 하나 이상의 미래가 물리적으로 가능하다고 주장한다. 따라서 전통적인 자유의지와 결정론 문제란, 태어나기도 전의 과거 사실이나 자연법칙처럼 근본적으로 통제 불가능한 요인이 우리의 선택과 행동을 인과적으로 결정한다는 생각과 우리가 직관적으로 인식하는 자유의지를 조화시킬 방법을 찾는 것이다.

자유의지론자들과 양립가능론자들은 지금껏 이 문제에 다른 답을 내놓았다. 전자는 결정론이 참이며 우리의 모든 행동이 선행사건antecedent에 의해 인과적으로 결정된다면 인간은 자유의지와 도덕적 책임을 지니지 않겠지만, 적어도 우리의 선택과 행동 중 일부는 인과적으로 결정되지 않으므로 자유는 분명 존재한다고 주장한다. 따라서 이들은 결정론을 거부하고, 자신들이 생각하는 자유의지의 필요조건을—똑같은 조건에서 달리 행동할 능력과 인간이 중요한 의미에서 여전히 행동의 궁극적인 근원이자 창시자라는 믿음을—견지하고자 자유의지에 대한 비결정론적 견해를 옹호한다. 반면, 양립가능론자들은 자유의지와 결정론이 조화를 이룰 수 있다는 견해를 지지한다. 이들은 인과적 결정이 존재하는지 아닌지가 아니라, 우리의 행동이 자발적인지 제약과 강요로부터 자유로우며 적절한 방식으로 유발되었는지가 무엇보다 중요하다고 말한다. 양립가능론자들이 말하는 자유의지의 요건은 저마다 차이가 있지만 널리 받아들여지는 견해들은 주로 이유 반응성responsiveness to reasons*, 자기 통제력, 반성적 판단을 행동으로 연결하는 능력 등을 꼽는다.

자유의지를 인정하는 두 입장의 맞은편에는 자유의지 자체를 의심하거나 전면 부정하는 견해들이 있다. 이들은 흔히 회의론적 관점, 혹은 자유의지회의론free will skepticism이라 불린다. 과거에는 강한 결정론이 회의론을 대변했다. 강한 결정론이란 결정론이 참이며 결정론과 자유의지는 양립할 수 없으므로—결정론은 달리 행동할 수 있는 능력을 근본적으로 차단하거나(여지 양립불가능론) 인간이 행위의 궁극적 원천이라는 믿음과 상충하기 때문에(원천 양립불가능론)—자유의지는 존재하지 않는다고 보는 입장이다. 강한 결정론자들의 관점에 따르면 인간의 행동은 완전히 결정론적인 세계의 일부이므로 자유의지론에서

---

* 행위자가 욕구나 믿음 같은 이유에 적절히 반응하여 어떤 행위를 수행하는 능력.

말하는 자유의지는 존재할 수 없으며, 양립가능론이 추구하는 결정론과 자유의지의 조화 또한 불가능하다. 강한 결정론을 대표하는 견해는 뉴턴 물리학이 결정론으로 받아들여지며 절대적인 권위를 누리던 시기에 나왔다. 그러나 이후 양자역학의 발전으로 등장한 비결정론적 해석들은 결정론에 대한 확신을 뒤흔들어놓았다. 물론 양자역학의 주된 해석 중 일부는 결정론에 부합하므로, 현대 물리학이 결정론을 부정하거나 바로잡았다고 말할 수는 없다. 또, 양자역학이 다루는 미시세계 차원에 어떤 비결정성indeterminacy이 존재한다고 가정하더라도 일상적인 선택과 행동은 물론 뇌의 전기화학적 활동까지 포함한 결정론의 영향을 받는 영역은 여전히 남아 있으리라는 점을 명심할 필요가 있다. 그렇지만 오늘날 대다수의 회의론자가 전통적인 강한 결정론을 이어받으면서도 그것과 뚜렷이 구별되는 견해를 내놓는 것은 틀림없는 사실이다.

오늘날에는 많은 자유의지회의론자가 결정론뿐만 아니라 비결정론 또한 자유의지나 도덕적 책임과 양립할 수 없다고 주장한다. 이들은 특히 양자역학의 특정 해석이 상정하는 비결정론은 더더욱 자유의지나 도덕적 책임과 양립할 가능성이 없다고 말한다. 일각에서는 운의 보편성이 자유의지와 모순된다는 점을 근거로 들어 우주의 구조가 결정론적인지 아닌지와 관계없이 인간은 자유의지와 도덕적 책임을 지니지 않는다고 주장한다. 이 밖에도 어떤 회의론자들은 자유의지와 궁극적인 도덕적 책임이 비논리적인 개념이라고 말한다. 궁극적인 도덕적 책임을 질 수 있을 만큼 자유로우려면 인간은 자기원인causa sui 혹은 '자기 존재의 원인'이어야 하지만, 이는 불가능한 일이기 때문이다. 가령 니체는 자기원인을 다음과 같이 비판했다.

> 자기원인은 지금까지 인간이 사유한 것 중 가장 심각한 자기모순이며, 논리에 대한 일종의 겁탈이자 도착적 행위다. 그러나 인간은 오만한 자부심 때문에 이러한 허튼 생각에 무서울 정도로 깊이 빠져버렸다. 지고의 형이상학적 의미에서 '의지의 자유'를 가지려는 욕망이 안타깝게도 반쪽짜리 교양인의 정신을 장악하고 있다. 자신의 행위에 완전하고 궁극적인 책임을 지며, 신, 세계, 조상, 우연, 사회를 그 책임에서 벗어나게 하려는 욕망이란 바로 그 자기원인이 되어 뮌히하우젠Münchhausen을 능가하는 무모함으로 자신의 머리채를 휘어잡고 스스로를 허무의 늪에서 벗어난 존재로 끌어내려는 것이나 다름없다.[5]

하지만 이러한 회의론적 주장들과 고전적 강한 결정론 사이에는 한 가지 공통점이 있다. 우리의 선택과 행동, 됨됨이는 근본적으로 통제할 수 없는 요소들이 낳은 결과이므로 그 요소가 결정론이든 확률이든 운이든 간에 우리는 적절한 도덕적 책임을 지는 데 필요한 자유의지를 지니지 않는다는 믿음이다.

주요 용어

결정론determinism 먼 과거의 사실과 자연법칙이 특정한 하나의 미래를 가져온다고 보는 이론.

양립가능론compatibilism 자유의지는 결정론과 양립할 수 있으며, 결정론이 참이더라도 행위자는 자유를 누리며 그에 적절한 도덕적 책임을 진다고 보는 이론.

양립불가능론incompatibilism 자유의지는 결정론과 양립할 수 없으며, 결정론이 참이면 자유의지는 존재할 수 없다고 보는 이론.

자유의지론libertarianism 양립불가능론은 참이지만 결정론이 거짓이므로 특정 형태의 비결정론적 자유의지가 존재한다고 보는 이론.

자유의지회의론free will skepticism 인간이 자유의지를 지니지 않거나 적어도 자유의지의 존재를 믿을 만한 충분한 이유가 없다고 보는 이론.

강한 결정론hard determinism 양립불가능론과 결정론이 참이므로 인간은 자유의지를 지니지 않는다고 보는 이론.

강한 양립불가능론hard incompatibilism 결정론의 '행위자가 통제할 수 없는 요인에 의한 인과적 결정'과 비결정론의 '가장 그럴듯한 견해들이 가정하는 행위의 비결정성' 모두 자유의지와 양립할 수 없다고 보는 이론.

강한 운 논증 Hard Luck 운의 보편성은 자유의지와 상충하므로 우주의 구조가 결정론적인지 아닌지와 관계없이 인간은 자유의지와 도덕적 책임을 지니지 않는다고 보는 논제.

기본적인 응분에 따른 도덕적 책임basic-desert moral responsibility 행위자가 자신의 행위가 도덕적으로 잘못되었거나 바람직하다는 것을 알면서 그 일을 했다면 그에 마땅한 비난이나 칭찬을 받아야 한다는 견해의 근거가 되는 책임을 가리키는 말. 여기서 응분이 기본적인 이유는 행위자가 자신의 행동이 갖는 도덕적 위상을 알면서 그 행동을 했다는 사실만으로 비난이나 칭찬을 받

아 마땅하다 보며, 결과주의나 계약주의적 사항만을 고려해 이를 판단하지 않기 때문이다.[6]

결과주의consequentialism 규범적 속성은 오직 결과에 따라 결정된다고 보는 이론. 종합적으로 보아 최선의 성과를 내거나 미래에 세상을 가장 좋은 쪽으로 이끄는 것은 무엇이든 규범적으로 바람직하다고 본다.

계약주의contractualist 도덕 규범이나 정치 권력이 갖는 규범적 힘은 계약이나 상호 합의로부터 나온다고 보는 이론.

의무론deontology 행위의 도덕성은 행위의 결과가 아니라 명확한 원칙에 따라 판단한 행위 자체의 옳고 그름에 근거를 두어야한다는 이론.

첫 번째
대담

탐색 단계:
자유의지 논쟁과 도덕적 책임

카루소——— 댄, 당신은 자유가 진화하며, 동물 가운데 인간만이 마음의 진화를 거쳐 자유의지와 도덕적 책임을 지니게 되었다고 주장한 것으로 잘 알려져 있죠. 반면 나는 우리가 어떤 사람이고 무엇을 하는지는 본디 통제할 수 없는 요소들이 낳은 결과이므로 우리는 결코 자신의 행동에 도덕적 책임을 질 수 없다고 주장해왔습니다. 여기서 나는 도덕적 책임을 진다는 말을 널리 받아들여지는 특정한 의미, 즉 진정으로 응분에 따른 비난과 칭찬, 처벌과 보상을 받는다는 뜻으로 사용합니다. 우리의 견해가 서로 어긋나는 듯 보이므로, 이번 대담에서 그 차이가 실제로 어느 정도인지를 알아봤으면 합니다. 어쩌면 우리의 입장에는 생각보다 공통점이 많을지 모릅니다(물론 내 생각이 틀렸을 수도 있겠지만요). 그러면 먼저 당신이 말하는 '자유의지'의 의미란 무엇인지, 그리고 왜 인간만이 자유의지를 지닌다고 보는지 설명을 부탁합니다.

데닛——— 우리의 차이를 드러내는 핵심 단어는 '통제'예요. 그레그, 당신은 '우리가 어떤 사람이고 무엇을 하는지는 본디 통제할 수 없는 요소들이 낳은 결과'라고 말하지만, 그건 성장 과정에서 주체적인 행위자로 자라지 못한 불행한 사람들에게만 해당하는 이야기죠. 정신적 장애 때문에 자신을 통제하지 못하는 사람도 있지만 그렇지 않은 사람은 극단적인 상황이 아니라면 자신을 통제할 수 있어요. 통제와 인과라는 개념을 따로 떼어 놓고 생각하면 이 차이가 도덕적으로 중요한 동시에 명백하다는 사실을 알 수 있습니다. 당신의 과거는 당신을 통제하지 않아요. 만약 그러려면 과거가 당신의 행동을 관찰해 피드백을 얻고 그에 따라 통제 방식을 바꿀 수 있어야 하는데, 말도 안 되는 얘기죠.

당신의 과거가 대체로 평범하다면 그 과거는 당신을 주체적이고 자기통제가 가능한 행위자로 만든 일련의 인과 연쇄를 포함합니다. 참 다행스러운 일이죠. 당신에게 주체적인 행위자로 자라야 할 책임이 있었던 건 아니에요. 하지만 그런 행위자로 자란 당신에게 책임을 지우는 일은 최악의 상황을 가정하지 않는 한 전혀 이상할 것이 없습니다. 미국의 컨트리 가수 리키 스캑스의 노래에는 이런 구절이 있어요. "바람을 부릴 수는 없어도 돛을 조종할 수는 있지." 우리가 자신의 행동에 대해 '진정으로 응분에 따른' 칭찬이나 비난을 받으려면 다른 조건이 더 필요하다고 가정하는 것은 자기 통제력에 명백한 차이가 있고 그런 차이를 쉽게 눈으로 보고 판단할 수 있는데도 그것을 무시하거나 부정하는 일이에요. 달리 말해 누군가의 책임을 면제하고 응분의 비판이나 처벌을 가하지 않는 일은 그의 자기 통제력에 결함이 있을 때라야 정당합니다. 우리가 곰이나 아기, 미친 사람을 설득하려 들지 않는 것은 그들에게 적절히 반응할 능력이 없기 때문이죠.

그렇다면 우리가 사람들을 설득하는 이유는 뭘까요? 왜

우리는 자유의지나 과학, 인과 등 온갖 문제에 대한 판단을 다른 사람에게 납득시키려 할까요? 사람이 대체로 합리적이고, 이유에 따라 움직이며, 그 이유에 걸맞게 행동과 목표를 조정할 수 있다고 생각하는 편이 이치에 맞기 때문이에요. 사람이 이유에 따라 움직이지 않는다고 논증하는 것은 간접적으로 자신을 부정하는 일이나 다름없어요. 자기통제를 우리가 진정한 응분의 몫을 지기 위해 넘어야 할 문턱threshold으로 보는 것이 타당한 이유는 바로 여기에 있습니다.

카루소——— 당신이 강조한 합리적인 통제력을 지닌 사람과 그렇지 않은 사람 사이에 중대한 차이가 있다는 데는 동의합니다. 그런 차이는 누구도 부인할 수 없죠. 평범한 성인은 반사회적 인격 장애나 알츠하이머병, 심각한 정신질환을 앓는 사람과 많은 면에서 다릅니다. 그러니 '통제'나 '주체성'의 수준이 다양하다는 점은 인정합니다. 당신과 다른 양립가능론자들은 이런 차이를 드러내는 데 많은 기여를 했다고 생각해요. 내가 동의할 수 없는 것은 '기본적인 응분에 따른' 도덕적 책임을 지는 데 필요한 조건입니다. 당신이 언급한 통제와 이유 반응성이 중요하다는 것은 인정하지만 나는 자유의지회의론자로서 그것만으로는 기본적인 응분에 따른 도덕적 책임을—회고적인 이유만으로 응분의 비난과 칭찬, 처벌과 보상을 받을 수 있다고 보는 책임 관념을—설명할 수 없다 주장합니다.

가령 범법자 처벌을 옹호하는 여러 논리를 생각해보죠. 그중 하나는 현재의 법 체계를 지배하는 논리로, 범법자가 응분의 처벌을 받아 마땅하다고 보는 견해입니다. 이러한 응보적retributive 관점에 따르면, 범법자는 고의로 잘못을 저질렀다는 이유만으로 나쁜 대우를 받아야 마땅하기에, 그를 처벌하는 것은 정당한 일입니다. 이런 식의 논리는 순전히 회고적이죠. 응보주의자는 범죄자가 저지른 부도덕한 행동에 기본적인 응분의 책임을 지운다는 이유만으로 처벌을 정당화합니다. 따라서 응보주의는 결과주의와 달리 미래에 좋은 결과를 극대화하는 데 관심을 두지 않으며, 사회 안전을 강화한다거나 처벌받는 사람을 도덕적으로 교화하는 등 선善을 확대하는 일에서 처벌의 근거를 찾지 않습니다. 그러나 나는 응보적 처벌을 결코 정당화할 수 없다고 생각합니다. 행위자는 응보적 처벌의 근거인 자유의지와 기본적인 응분에 따른 도덕적 책임을 지니지 않기 때문이죠.

인간은 이유에 민감하게 반응하며, 이로 인해 당신이 말한 것과 같은 자발적 통제력을 갖게 되었는지 모릅니다. 특히 우리는 심리적 성향이나 호불호, 그 밖에 우리가 어떤 사람인지를 결정하는 요소 같은 특정 이유에 민감하게 반응하죠. 하지만 이러한 이유 자체는 본디 통제할 수 없는 요소의 결과입니다. 이것은 그 요소가 결정론이든, 비결정론이든, 확률이든, 운이든 관계없이 사실이에요. 결정론이나 확률, 운과 양립 가능한 책임 개념이 존재할 수 없다는 말은 아닙니다. 특정 상벌 체계를 유지해야 할 전망적인 이유가 없다는 뜻도 아니에요. 예를 들어 자유의지회의론자들은 처벌이 범죄자에게 기본적으로 응분한 책임을 지우는 것 이상의 역할을 한다는 사실을 지적하곤 합니다. 처벌은 범죄자를 무력화하고 갱생시키며 범죄를 억제한다는 점에서도 정당화될 수 있다는 것이죠.

그러면 여기서 한 가지 질문을 해야겠군요. 당신은 응분을 근거로 응보적 처벌을 정당화할 수 있다고 보나요? 만약 그렇게 보지 않는다면, 우리의 의견에 근본적인 차이는 없다고 해도 무방할 겁니다. 전망적인 이유로 처벌을 정당화하는 논리는 자유의지와 기본적인 응분에 따른 도덕적 책임을 부정하는 시각과 전혀 모순되지 않으니까요. 그리고 내 짐작대로 당신이 응보주의를 거부한다면 회고적·응보적 의미를 배제한 채 행위자에게 응분의 책임을 지운다는 말이 과연 앞뒤가 맞는지 논란의 여지가 있으므로, 당신이 '응분'을 정확히 어떤 의미로 받아들이는지도 궁금합니다.

데닛──── 주체적인 사람과 자기 통제력의 이런저런 한계로 인해 그렇지 못한 사람을 구별하는 일이 중요하다는 점은 인정하지만 그것만으로는 '응보적 처벌을 정당화'하는 응분 관념을 설명할 수 없다는 말이군요. 나 역시 응보주의에는 반대합니다. 그건 엉망진창으로 혼란스러운 입장이며, 응보주의를 옹호하려 드는 자유의지 교리들도 전부 매한가지죠. 하지만 그렇다해서 처벌을 '회고적'인 이유로 정당화할 수 없다는 의미는 아닙니다.

이건 꽤 단순한 문제예요. 월요일에 당신이 나와 약속을 한다고 가정해보죠. 나는 당신을 믿고 약속을 받아들여 일정을 조정합니다. 그런데 금요일에 당신이 양해를 구하지도 않고 약속을 깬 것을 알게 돼요. 변명거리가 될 만한 일들은 충분히 검토했고, 두말할 것 없이 당신이 약속을 깼다고 확신할 수 있는 상황입니다. 나는 이 문제로 당신을 비난합니다. "당신이 나한테 약속했잖아요!" 이 비난은 당연히 회고적이에요. 인간은 모두 다른 사람에 대한 믿음에 기대어 살기에, 주체적인 사람은 자신이 한 일에 마땅히 책임을 져야 합니다. 주체적인 사람에게는 주체적인 행위자로서 지위를 유지하고 자신의 판단력과 분별력이 침해되거나 조작되지 않도록 주의할 책임이 있죠. 그렇기에 주체적인 사람이 속아 넘어가거나 술에 잔뜩 취했을 때 그들을 탓할 수 있는 겁니다. 여기서 탓한다는 건 단순히 사람들을 진단하거나 분류하는 일이 아니라 응분에 따른 부정적인 결과를 지우는 일이기도 합니다. 이것이 '기본적인 응분'이 아니라면 그 말에 어딘가 문제가 있다는 뜻이겠죠. 이런 종류의 응분에 뭘 더 덧붙일 필요가 있을까요?

주체적인 사람들은 사실상(이것이 사실인지 아닌지는 한번 숙고해보기를 권합니다) 자신에게 어떤 책임이 있는지를 이해하며,

　　　　　　　　　　　　철학 논쟁

그런 책임을 정치적 자유를 누리기 위한 조건으로서 암묵적으로 받아들입니다. 일반적인 상황이라면 잘못된 행동에 부정적인 결과를 지우는 일을 정당화할 근거는 이것으로 충분하다고 봐요. 공공의 안전을 이유로 신체를 구속당하고 격리된 정신 이상자와 잘못에 따라 구속되어 처벌을 받는 범죄자 사이에는 커다란 차이가 있으며, 이런 차이를 두는 것이야말로 합리적인 정부 제도의 핵심 특징입니다. 범죄자에게는 처벌을 받아야 할 응분의 책임이 있죠. 하지만 여기서 처벌은 어떤 것이든 간에 '응보적'이지 않습니다.

앞서 예를 들었듯 우리는 더 단순한 활동에서 그 이유를 찾을 수 있어요. 그중 하나가 스포츠입니다. 축구의 페널티킥과 레드카드, 아이스하키의 페널티박스[*], 농구에서 플래그런트 파울[**]을 범한 선수에게 내리는 퇴장 등은 모두 합리적인 벌칙이에요. 스포츠 경기는 이런 페널티가 있기에 성립하며, 페널티 없는 스포츠는 오래가지 못합니다. 스포츠는 '그저 게임일 뿐'이므로 처벌('페널티'라는 말의 어원을 생각해보세요[***])이 비교적 가볍지만, 위반 행위가 심각하다면 많은 벌금을 부과하거나 스포

---

[*] 아이스하키에서 반칙으로 퇴장당한 선수가 정해진 시간 동안 대기하는 곳.
[**] 불필요하거나 과도한 신체 접촉으로 인한 반칙.
[***] 영어의 '페널티penalty'라는 단어는 본래 처벌, 형벌을 뜻했으나, 19세기 말부터 스포츠의 벌칙이라는 의미로도 사용되기 시작했다.

츠계에서 제명할 수 있으며, 폭행이나 부정행위가 있었다면 형
사고발까지도 가능해요. 자유의지회의론자들은 선수들에게 진
정한 자유의지가 없다는 이유로 이러한 규칙을 없애는 것이 타
당한지 생각해봐야 해요. 만약 회의론자들이 페널티를 특별한
예외로 취급한다면, 삶이라는 훨씬 더 중요한 게임도 예외로 취
급하지 않을 이유가 있나요?

　　당신은 또 이렇게 주장했습니다. "우리는 심리적 성향이나
호불호, 그 밖에 우리가 어떤 사람인지를 결정하는 요소 같은
특정 이유에 민감하게 반응하죠. 하지만 그런 이유 자체는 본
디 통제할 수 없는 요인들이 만든 결과입니다." 그래서 어떻다
는 거죠? 내 생각에 당신은 우리가 주체성을 가진 존재로 성장
한다는 사실을 놓치고 있어요. 성장 과정의 초기에 우리는 분명
아무것도 통제할 수 없지만, 성장하고 배우면서 점점 많은 행동
과 선택, 생각, 태도 등을 통제할 수 있게 됩니다. 물론 그 과정
에는 운이 엄청난 영향을 끼치지만, 그렇게 치면 우리가 태어나
고 살아 있는 것 자체가 엄청난 행운이죠. 인간은 행운을 이용
하고, 불운을 극복하거나 피하거나 상쇄하도록 잘 설계된 존재
입니다. 그런 만큼 우리에게는 통제력을 상실하는 것과 같은 어
리석은 모험을 하지 않을 책임이 있죠. 결정론과 자기통제는 얼
마든지 양립할 수 있어요.

카루소──── 좋아요, 당신도 응보주의와 '응보주의를 옹

　　　　　　　　　　　　　　　　　철학 논쟁

호하려 드는 자유의지 교리들'에 반대한다니 기쁘군요. 우리가 여기에 동의한다는 사실은 큰 의미가 있습니다. 응보주의에 대한 반대는 형사사법제도의 핵심 요소들이 부당하다는 생각을 함축하니까요. 하지만 당신이 응보주의에 기반한 형벌을 정확히 무엇으로 대체하길 바라는지, 그리고 현 제도에 어느 정도로 반대하는지 묻고 싶군요. 왜냐하면, 당신은 응보주의에 반대한다고 말하면서도, 범죄자가 '응분에 따른 부정적인 결과'를 치러야 한다는 이유로 회고적인 비난과 처벌 개념을 옹호하기 때문이에요. 그건 단순히 응보주의에 다른 이름을 붙이는 일 아닌가요?

응보주의retributivism란 범죄자가 처벌을 받아야 마땅하다는 이유로 처벌의 필요성을 설명하는 견해입니다. 응보주의자는 처벌을 받는 사람은 그럴 만한 책임이 있다는 이유만 가지고서 처벌을 정당화하죠. 처벌은 미래의 범죄를 억제하고 위험한 범죄자를 무력화incapacitate*하며 시민을 교육하는 등 여러 역할을 할 수 있지만, 응보주의자가 보기에 이는 처벌에 따라오는 긍정적인 부가 효과일 뿐이며 처벌의 정당성과는 아무런 관계가 없습니다. 다시 말해, 응보주의자는 긍정적인 부가 효과가 전혀 없더라도 처벌을 정당하다 여기는 거죠. 당신의 입장은 응

---

* 범죄자를 시설에 수용하여 그 기간 동안 범죄를 저지르지 못하도록 하는 일.

보주의와 어떻게 다른가요? 전망적인 이점으로 처벌을 정당화할 수 있다고 보나요? 그렇게 본다면 응분 관념이 하는 역할은 무엇이죠? 그렇게 보지 않는다면 회고적인 응분만을 가지고 비난과 처벌을 정당화할 수 있다고 보는 응보주의자와 무엇이 다르죠?

그리고 당신이 말한 스포츠 경기의 페널티 사례는 자유의지회의론자에게 전혀 문제가 되지 않아요. 자유의지와 기본적인 응분에 따른 도덕적 책임을 부정하더라도, 페널티를 옹호할 도구주의적·전망적 근거는 충분합니다. 우선 가장 중요한 것은 페널티가 규칙 위반을 억제한다는 점이죠. 이를 통해 우리는 게임을 공정하게 진행하고 부상을 방지하는 등 갖가지 비非징벌적 목적을 이룰 수 있습니다. 예를 들어 농구에서 공격 시간을 24초로 제한하는 규칙은 경기를 더 흥미진진하게 만들기 위해 도입되었죠. 그런 규칙이 없던 때는 한 팀이 리드를 잡으면 공을 돌리고 시간을 끌면서 느릿느릿 플레이하기 일쑤여서 경기가 지루했어요. 뒤지고 있는 팀이 할 수 있는 건 반칙뿐이다 보니, 농구 경기는 거칠고 지저분하고 지루한 자유투 콘테스트로 전락했죠. 반면에 과도하게 공격적으로 몸을 쓰는 플레이에 주는 페널티는 선수를 보호하고 부상을 줄이며 미래의 거친 플레이를 억제합니다. 이 모든 일은 자유의지와 응분의 몫을 동원하지 않고도 얼마든지 설명할 수 있어요.

마지막으로, 당신은 "우리가 주체성을 가진 존재로 성장"

하며, "성장 과정의 초기에 우리는 분명 아무것도 통제할 수 없지만, 성장하고 배우면서 점점 더 많은 행동과 선택, 생각, 태도 등을 통제할 수 있게 된다"고 했죠. 그러면서 이 과정에 '운이 엄청난 영향을 끼친다'는 점을 인정했습니다. 나는 한발 더 나아가, 갈렌 스트로슨의 표현을 빌려 '운은 모든 걸 집어삼킨다'고 주장합니다. 우리 삶에서 운이 얼마나 큰 역할을 하는지 생각해 보죠. 먼저 '인생 복권' 혹은 '추첨운'이 어떻게 나오느냐에 따라 삶의 출발점이 달라진다는 사실은 두말할 필요가 없습니다. 우리가 가난하게 태어날지 부자로 태어날지, 전쟁통에 태어날지 평화로운 시기에 태어날지, 폭력적인 가정에서 태어날지 애정이 넘치는 가정에서 태어날지는 순전히 운에 달렸어요. 어떤 장점과 재능, 성향, 신체적 특징을 타고날지도 마찬가지로 그렇죠. 이렇게 최초의 인생 복권을 긁은 다음에도 운은 우리가 자신을 형성하는 동안 어떤 기회를 만날지, 어떤 환경적 영향이 가장 두드러지게 작용할지를 좌우합니다.

철학자 토머스 네이글은 이를 구성적 운constitutive luck(우리가 누구인지, 어떤 성격 특성과 성향을 타고 나는지를 결정하는 운)이라 부릅니다. 유전자와 부모, 또래 집단, 그 밖의 환경적 영향은 모두 우리가 어떤 사람이 되는지에 관여하지만 이는 모두 통제할 수 없는 요인이므로 우리가 누구인지는 대체로 운에 따라 정해진다고 볼 수 있습니다. 그리고 우리가 어떻게 행동하는지는 일정 부분 우리가 누구인지에 따라 결정되므로, 구성적 운은 우리

의 행동 또한 운에 달려 있다는 사실을 함축합니다.[1]

당신은 자유의지를 다룬 첫 번째 저서 《활동의 여지Elbow Room》에서 이 점을 인정하면서도 최초의 조건에 작용하는 운이 반드시 '소름 끼치도록 불공평한 결과'로 이어지지는 않는다고 보았어요. 그러면서 태어난 날짜(임의의 조건)에 따라 출발선이 달라지는 달리기 경주의 예를 들었죠. 당신은 이 경주가 100미터 단거리라면 불공평하겠지만, 마라톤이라면 그렇지 않다고 주장하면서 이렇게 말했습니다. "마라톤에서는 출발할 때의 비교적 사소한 이점이 전혀 중요하지 않다. 참가자는 다른 우연한 기회들이 훨씬 더 큰 영향을 끼칠 것이라 확신할 수 있기 때문이다." 그리고 이어서 "경주에서 이길 자격이 있는 뛰어난 주자라면 남들보다 뒤에서 출발하더라도 처음의 불리한 조건을 극복할 수 있을 만큼 많은 기회를 얻을 가능성이 높다"고 결론을 내렸습니다. 당신의 비유에 따르면 삶은 단거리 경주보다 마라톤에 가까우므로 "장기적으로 보면 운은 균등하게 작용한다"고 볼 수 있죠.

이 예시는 누구나 이해하기 쉽다는 장점이 있기는 하지만, 명백히 사실이 아닙니다. 장기적으로 보아도 운은 균등하게 작용하지 않아요. 유전된 능력이나 태어난 환경으로 인해 불리한 조건에서 출발하는 사람이 늘 이후의 삶에서 불리함을 상쇄할 행운을 누리는 건 아닙니다. 태어난 순간부터 주어지는 불평등이 건강과 수감될 확률, 성공적인 학교생활 등 삶의

철학 논쟁

모든 면에 두루 영향을 끼치며, 시간이 갈수록 해소되기는커녕 더 심해지는 경우가 많다는 사실은 각종 자료를 통해 쉽게 알 수 있습니다.

스포츠와 관련한 또 다른 사례를 하나 들어보죠. 캐나다 출신의 저널리스트 말콤 글래드웰은 《아웃라이어》에서 북미아이스하키리그NHL에 소속된 선수 중에는 1월에서 3월 사이에 태어난 선수가 유독 많다는 묘한 사실을 언급합니다. 글래드웰의 설명에 따르면, 이러한 현상이 나타나는 이유는 아이들이 아주 어린 나이에 하키를 시작하는 캐나다에서 1월 1일을 기준으로 나이를 계산해 연령별 하키 프로그램을 편성하기 때문입니다. 만 6~7세 무렵에는 생일이 10~11개월 빠른 아이가 경쟁에서 확실한 우위를 갖죠. 몇 개월 일찍 태어난 아이는 또래보다 돋보일 가능성이 크기에 더 많은 경기에 나설 수 있으며, 수준이 올라갈수록 더 좋은 팀에 들어가 엘리트 과정을 밟고, 더 나은 지도를 받으며, 더 뛰어난 팀을 상대로 경기할 기회를 얻습니다. 처음에는 순전히 운에 따라 정해진 사소한 이점이 눈덩이처럼 불어나 성취와 성공에서 격차를 벌리는 셈이죠.

이 같은 현상은 사회 전반에서 나타납니다. 여러 연구에 따르면 어린 시절의 사회경제적 지위는 두뇌 발달에서부터 기대수명과 교육 수준, 수감될 확률, 수입에 이르는 모든 것에 영향을 끼칩니다.[2] 교육 불평등과 폭력에 노출되는 정도, 영양 상태의 격차 또한 마찬가지고요. 따라서 장기적으로 보면 운이 균등하게 작용한다는 건 잘못된 생각입니다. 실상은 그렇지가 않아요.

구성적 운과 더불어 현재적 운present luck 또한 중요합니다. 현재적 운이란 우리가 자유롭다고 느끼거나, 도덕적으로 책임이 있다고 간주하는 행동이나 결정을 할 때 작용하는 운으로, 행위자의 기분, 우연히 든 생각, 주변 환경의 상황적 특징, 주변 환경에서 도덕적으로 중요한 문제를 인식할 가능성 등을 포함합니다. 예를 들어 어떤 중요한 순간에 때마침 주의가 흐트러질지, 아니면 환경상의 우연한 특징 덕분에 신중한 자세를 갖출지는 현재적 운에 달려 있죠. 나는 동료 자유의지회의론자인 닐레비의 논의를 참고해, 구성적 운(믿음, 욕망, 성향 같은 행위자의 주요 특성에 작용하는 운)과 현재적 운(행동하는 순간에 작용하는 운)이라는 쌍두마차가 기본적인 응분에 따른 도덕적 책임이 설 자리를 허물어뜨린다고 주장합니다. 레비는 이러한 견해를 강한 운hard luck 논증이라 부릅니다. 운이 어디에나 보편적으로 작용한다는 사실은 우리가 논의하는 자유의지나 도덕적 책임과 양립할 수 없다고 보기 때문이죠.

구성적 운이 동반하는 문제는 행위자의 자질(가령 특성과 성향)이 통제할 수 없는 요인에서 비롯한다는 것입니다. 당신은 행위자가 자신의 자질과 성향, 가치관 형성에 책임이 있는 한, 시간이 지나면서 그에 대한 도덕적 책임을 질 것이라고 (그리고 어쩌면 일정 부분 통제할 수도 있을 것이라고) 답하겠죠. 하지만 행위자가 자신의 자질과 성향, 가치관을 형성하고 수정하는 일련의 행위 역시 대부분 운에 달려 있다는 점에서 그러한 답변은 문제가 있습니다. 레비가 지적하듯, "운의 영향을 줄이기 위해 더 많은 운을 동원할 수는 없는 일"[3]이에요. 결국 양립가능론자들이 중시하는 행동, 즉 행위자가 자신의 자질에 책임을 지는 행동은 (구성적 운으로 설명할 경우) 바로 그 자질에 의해 결정되거나 현재적 운의 영향을 받습니다. 어느 쪽이든 책임이 들어설 자리는 없죠.

데닛─── 나는 '응분의 몫을 진다'는 말을 일상적인 의미로 이해합니다. 당신이 시합에서 정정당당하게 우승한다면 일등상이나 금메달을 받을 자격이 있어요. 소설을 써서 출판했다면 마땅히 인세를 받아야 하지만, 작품을 표절했다면 그럴 자격이 없죠. 주차 금지 구역인 것을 알면서도 차를 댄다면 주차 딱지가 붙는 게 당연하며 벌금 내기를 거부한다면 더 큰 처벌을 받아야 합니다. 만약 계획적으로 살인을 저지른다면 오랫동안 감옥살이를 해야 마땅하고요. 이 모든 사례는 당신이 책임 있는 행위자, 내가 '도덕적 행위자 모임Moral Agents Club'이라 부르는 집단의 일원일 때 비로소 성립합니다. 물론 응분 체계 전체를(칭찬과 비난, 보상과 처벌을) 정당화하는 것은 그 체계가 가져오는 '전망적 이점'입니다. 하지만 이러한 이점은 어디까지나 체계 자체의 정당성을 뒷받침하는 근거이며, 비난이나 처벌을 부과하는 특정 사례에 구체적으로 어떤 이점이 있는지 하나하나 따지는 일은 없어야 합니다(반대로 치료 같은 경우라면 개별 사례의 이익을 고려해야겠죠). 그렇기에 사법제도에서는 판결이나 처벌을 그만둘 경우 어떤 이득이 있을지 따지는 일을 원천 금지하죠.

사람들은 다들 이 점을 이해하고 있어요. 야구 경기에서 한 타자가 중병에 걸린 어머니가 관중석에서 지켜보는 가운데 타석에 들어섰다고 해봅시다. 이 상황에서 심판이 침울해하는 타자의 기를 살려주려고 일부러 스트라이크를 볼로 판정한다면 관중은 거세게 항의하겠죠. 또 재판에서 피고가 많은 고초를 겪었다는 이유로 판사가 그의 유죄를 입증할 결정적 증거를 무시한다면 누구나 분노할 겁니다. 당연히 그래야 하고요. 물론 우리는 배심원 무효판결*처럼 원칙에 어긋나는 일을 용인하기도 하지만, 법을 그대로 적용하면 피고를 공정하게 대할 수 없는 아주 특별한 상황에서만 이런 제도를 활용해야 한다는 것을 알고 있어요. 법을 인정하고 법에 대한 존중을 유지하는 일이야말로 '전망적' 정책의 핵심이기 때문입니다. 법과 법 조항에 대한 신뢰와 지지를 유지하려면 법을 함부로 조정할 수 없도록 통제하고, 모든 면제 조항에 제한을 두어야 합니다. 이유는 단순해

---

* 미국의 배심재판에서 배심원단이 증거를 의도적으로 무시하거나 법의 적용을 거부하는 것.

요. 인간은 천사처럼 마냥 선한 존재가 아니며, 언제든 제도의 허점이나 결함을 이용하려 들 만큼 영악하고(달리 말해, 합리적이고) 이기적이죠. 그렇기에 자신이 도덕적으로 무능력하다는 사실을 입증할 책임은 피고에게 있어야 하는 거예요.

자, 그러면 지금 내가 옹호하는 개념은 어떤 유형의 응분인가요? '기본적인 응분'은 아닙니다. 그런 건 철학자들이 지어낸 환상일 뿐이에요. 칭찬(혹은 인세나 봉급)은 단순한 격려나 동기부여 수단이 아니며 비난(혹은 벌금이나 투옥)은 단순한 억제나 치료 수단이 아니에요. 착한 일을 하면 칭찬을, 업무를 처리하면 급여를 받을 자격을 얻습니다. 반대로 공공 예절을 어기거나 법을 위반할 경우, 대놓고 비난을 받거나 원망의 말을 듣거나 창피를 당한다 해도 딱히 부당하거나 잘못된 일이 아니죠. 이건 '응보적' 처벌이 아니지만, 고통스럽고 또 고통스러워야만 하는 일입니다.

내가 비교 사례로 든 스포츠의 규칙을 "자유의지와 응분의 몫을 동원하지 않고도 얼마든지 설명할 수 있다"고 했죠. 그 말에는 동의할 수 없군요. 스포츠 규칙에는 선수가 통제할 수 없는 사건을 배제하고, 선수에게 자제력을 요구하는 조항들이 있어요. 도덕에 관련된 사례들과 마찬가지로 스포츠에는 선수가 '달리 행동할 수 없었던' 상황이었음을 받아들여 선수의 책임을 면제하는 경우와 그런 변명을 받아들이지 않는 경우가 있습니다. 하지만 여태 어떤 선수도 결정론이 참이라는 이유로 책임을 면제해달라고 주장한 적은 없어요. 선수들은 규칙을 이해하고 규칙에 따라 경기하는 데 동의할 능력이 있어야 하기에 주체적이고 이성적인 행위자로 여겨집니다. 그리고 규칙은 경기를 공정하게 만들도록 구성되죠. 오래전 미국의 정치철학자 존 롤스가 말했듯, 정의란 일종의 공정입니다.

당신은 비응보적 관점에서 처벌을 옹호하는 입장이 '형사사법제도의 핵심 요소들'을 폐기하자는 주장으로 이어진다 보지만, 내 생각은 다릅니다. 굳이 없애야 할 것이 뭐가 있죠? 나 역시 지금껏 형사정책을 대대적으로 개혁해 형벌을 과감히 줄이고, 사형을 폐지하고, 재소자들이 시민으로서의 권리를 온전히 되찾을 준비를 하도록 돕기 위해 여러 정책을 도입해야 한다고 촉구해왔어요. 하지만 그런 개혁이 이루어지더라도 형벌제도 자체는 단순히 강제적인 갱생 절차나 격리로 축소되지 않고 계속 유지될 겁니다. 설령 모든 범죄자를 순식간에 안전하고 정직한 시민으로 만드는 마법의 알약이 만들어지더라도, 처벌의 필요성은 사라지지 않을 거예요.

스트로슨은 "운은 모든 걸 집어삼킨다"고 말했을지 모르지만, 그건 틀린 얘기입니다. 운은 무대를 마련하며, 당신도 토머스 네이글을 따라 말했다시피 "우리가 누구인지는 대체로 운에 따라" 정해지죠. 전부가 아니라 대체로요. 그래요, 우리가 어떤 행동을 하는지는 일정 부분 운에 의존하지만, 전적으로 그런 것은 아니에요. 여기에는 기량skill이라는 요소가 끼어들죠.

물론 내가 《활동의 여지》에서 언급했듯, 우리가 기량을 얼마나 잘 연마하는지도 (전부는 아니지만) 운에 달려 있죠.[4] 장기적으로 보면 운은 결국 균등하게 작용한다는 주장은 능력 있는(우리처럼 운 좋은) 도덕적 행위자에게나 해당하는 말이에요. 도덕적 역량이 가까스로 적절한 수준에 이른 사람과 운 좋게 쉽사리 갖출 수 있었던 사람 사이에는 모든 면에서 분명한 차이가 존재하지만, 우리의 정책과 제도는 이를 감안해 '천장 효과ceiling effect'[5]를 설정합니다. 천장 효과란 대상의 수준이 너무 높거나 검사가 너무 쉬워서 시험 자체에 변별력이 없는 경우를 말합니다. 도덕적 책임 능력을 판단하는 시험에서는 누가 봐도 자신을 통제할 수 없는 사람만 탈락할 만큼 합격 기준을 낮게 설정하죠. 또, 우리는 '특수교육' 활동이나 치료 같은 보완책을 통해 모든 사람의 도덕적 역량을 향상시키는 조치를 취하기도 하고요.

당신은 더미의 역설sorites paradox[*]에 빠져 있어요. 내가 도덕적 책임 없이 태어났고, 유전자와 환경에 관련한 운에 전적으로 의존한다면 능력을 조금씩 쌓아 책임을 갖추는 일이 무슨 수로 가능하겠어요? 모래 한 알에 모래 한 알을 더한다고 해서 더

[*] 그리스어 '소리테스'는 더미(물건이 쌓인 덩어리)를 뜻한다. 소리테스의 역설이란 본문에 이어지는 예시처럼 '더미'나 '대머리'처럼 모호한 술어를 사용했을 때 생기는 역설을 말한다.

미가 되지는 않으며, 여기에 또 한 알을 더한다고 해도 마찬가지죠. 그러면 모래를 얼마나 쌓아야 더미가 되는 걸까요? 사람은 머리카락이 얼마나 빠져야 대머리가 되는 거죠? 도덕적 책임을 지기 위한 조건을 조금씩 갖추면서 책임 있는 사람이 되는 과정에는 '땡 하고 종이 울리며' 자유의지를 얻었다고 알려주는 신호 같은 건 존재하지 않아요. 대신 우리는 이 과정을 판단하는 기준으로서 합리적이고 조정 가능한 조건들을 고안해냈죠. 안정적으로 통치되는 국가에서 정치적 자유가 가져다주는 이점은 대단히 크기에, 대다수의 사람이 도덕적 역량을 갖추기를 바라는 데는 그럴 만한 이유가 있는 겁니다. 그러다 일이 틀어지는 경우, 사람들은 도덕적 무능력자로 여겨져 보호시설에 들어가기보다 차라리 처벌을 받는 쪽을 택하겠죠. "고마워요, 마침 처벌이 필요했어요!"라면서요.

카루소——— 당신이 '응분'을 일상적인 의미로 받아들인다는 사실을 의심하는 건 아닙니다. 하지만 응보주의를 정당화하는 건 바로 그 일상적 의미라는 점을 잊어선 안 돼요. 게다가 당신은 응보주의의 두 핵심 원리 회고성(적어도 도덕적 책임 체계에 내재하는 회고성)과 응분을 처벌의 근거로 보는 시각 중 어느 것도 거부하지 않았어요. 오히려 계획적으로 살인을 저지른 사람은 구체적인 사례에서 미래에 어떤 결과가 나올지를 따질 것 없이 "오랫동안 감옥살이를 해야 마땅하다"고 단언했죠. 당

철학 논쟁

신이 응보주의자라는 점을 계속 부인하는 이유가 무엇인지 모르겠군요. 내가 보기에 당신의 주장은 응보주의와 차이가 없습니다. 물론 당신은 형벌제도를 개혁하고 사형을 폐지해야 한다고 주장하지만, 그렇다 해서 응보주의자가 아니라고 할 수는 없죠. 하지만 여기서는 당신이 응보주의자 모임의 일원인지를 따지기보다는 세부적인 문제에 집중하는 편이 유익할 것 같군요.

나는 당신이 말한 일상적인 사례에서 사람들이 응분한 칭찬이나 비난을 받아야 한다는 데 동의하지 않습니다. 알베르트 아인슈타인의 예를 생각해보죠. 아인슈타인 또한 자신의 과학적 성취를 자기 힘으로 이루었다고 여기지 않는 자유의지회의론자였습니다. 1929년《새터데이 이브닝 포스트The Saturday Evening Post》와의 인터뷰에서 그는 이렇게 말했습니다. "나는 자유의지를 믿지 않아요. 대신 쇼펜하우어를 믿죠. 그가 말했듯, 인간은 원하는 것을 할 수 있지만 원해야 하는 것만을 원할 수 있습니다." 이어서 그는 이렇게 덧붙입니다. "내가 쌓은 경력은 틀림없이 정해져 있었어요. 나 자신의 의지가 아니라 통제할 수 없는 여러 요인에 의해서요." 그리고 그는 자신이 과학적 성취에 대한 찬사와 인정을 받아야 마땅하다는 생각을 거부하며 인터뷰를 마칩니다. "나는 어떤 공적도 주장할 생각이 없어요. 모든 일은 우리가 통제할 수 없는 힘에 의해 처음부터 끝까지 정해져 있으니까요." (참고로 나는 자유의지회의론을 지지하는 동시에 결정론에 불가지론적 입장을 취합니다. 따라서 우주가 결정론적 법칙의 지배를 받든 그렇지 않든 아인슈타인의 요지는 대체로 옳다고 봅니다. 불확정적인 사건은 우리의 통제를 벗어나 있다는 점에서 결정된 사건과 다르지 않기 때문이죠. 이러한 이유에서 나는 동료 연구자인 더크 피어붐을 따라 강한 결정론자가 아닌 강한 양립불가능론자를 자처합니다.)

물론 우리는 아인슈타인에게 여러 성취를 귀속시킬 수 있어요. 자유의지회의론은 귀속 가능성attributability과 전혀 모순되지 않으니까요. 또, 우리는 아인슈타인이 매우 똑똑하고 창의적이며 재능 많은 사람이었다고도 말할 수 있죠. 하지만 자유의지회의론자는 아인슈타인이 그의 특성이나 대해 ('기본적인 응분'과 관련한 의미에서) 칭찬을 받아야 마땅하다고 보지 않습니다.

이러한 주장은 직관에 어긋나는 이야기로 들릴 겁니다. 그 이유는 오로지 도덕적 책임 체계 안에서는 응분에 따라 칭찬과 비난, 처벌과 보상을 부과하는 일이 자연스럽기 때문입니다. 하지만 일상적인 관행을 근거로 하는 설명은 정당화가 가능한지 아닌지 논의가 필요한 사안을 당연한 일로 간주한다는 점에서 문제가 있어요. 동료 자유의지회의론자인 브루스 월러Bruce Waller의 말을 살짝 바꿔 표현하자면, 도덕적 책임 체계의 가정을 바탕으로 도덕적 책임을 부정하려는 시도는 터무니없으며 자기모순이 될 뿐이에요. 따라서 도덕적 책임을 완전히 부정하려면 우리가 평범한 상황에서 도덕적 책임을 진다고

철학 논쟁

가정해서는 안 되며, 그러한 가정을 출발점으로 삼아 모든 사람의 책임을 면제하는 방향으로(모든 사람을 심각한 결함이 있는 존재로 간주하는 방향으로) 나아가서도 안 됩니다. 이런 식의 논리는 모순에 빠지는 지름길이죠. 도덕적 책임을 부정하려면, 최소한의 역량을 갖춘 사람은 도덕적 책임이 있다는 가정에서 출발하는 기본 원리를 부정해야 합니다. 자유의지회의론의 관점에서는 어떤 사람이 얼마나 합리적이고, 유능하고, 자기 효능감이 높고, 의지가 강하고, 분별력이 있든 간에 그를 도덕적 책임이 있는 존재로 대하는 일을 정당하다 여기지 않습니다. 나와 같이 도덕적 책임 자체에 이의를 제기하는 회의론자들은 도덕적 책임 체계의 원칙을 받아들이지 않으므로 이들이 제시하는 여러 논증에 반박하지 않은 채 도덕적 책임과 관련한 일상적 관행이 정당하다고 가정하는 것은 선결문제 요구의 오류[*]에 해당합니다.

당신이 회고적인 비난과 처벌을 전망적인 근거로써 옹호한다는 점은 인정합니다. 당신은 도덕적 책임 체계가 그것이 가져오는 전망적 이익을 근거로 정당화된다고 보죠. 하지만 일단 '응분 체계'를 받아들이면 우리는 무엇이 최선의 결과를 가져올

---

[*] 증명이 필요한 사항을 전제에 포함하거나 아직 참임이 밝혀지지 않은 명제를 논거로 하여 논증을 합리화하는 데서 생기는 오류.

지 개별 사례를 가지고 판단할 수 없습니다. 당신의 주장대로 우리가 그 체계에 속해 있다면 회고적이고 응분에 기반한 관행과 정책을 받아들여야 하죠. 그러나 내가 보기에 여기에는 적어도 두 가지 문제점이 있습니다. 첫째, 도덕적 책임 체계가 당신이 말하는 전망적 이점을 가져오는지는 정답이 없는 열린 문제입니다. 응분이라는 관념은 형사사법제도의 과도한 징벌성을 정당화하고, 사람들을 가혹하고 모욕적인 방식으로 다루도록 부추기고, 사회적·경제적 불평등을 유지하는 일을 합리화하는 데 활용되는 경우가 허다합니다. 게다가 인간관계에서 억울하고 분한 마음과 도덕적 분노, 비난은 안전과 도덕 형성, 화해라는 목표를 이루는 데 역효과를 낳을 때도 많습니다.

여기서는 이 문제를 더 논의하는 대신, 모든 것을 고려할 때 우리가 응분 체계 없이도 더 잘 살 수 있을지는 경험적 검증이 필요한 문제라는 점만 짚고 넘어가도록 하겠습니다. 나는 우리가 더 잘 살 수 있으리라 믿습니다. 또 나는 비난과 처벌, 특히 법적 처벌이 심각한 피해를 가져올 수 있다는 점을 우려합니다. 만약 당신이 행위자는 자유와 도덕적 책임을 지니므로, 잘못을 저질렀을 때 응분의 고통을 받아야 마땅하다 가정하고 비난과 처벌이 낳는 피해를 정당화할 생각이라면, 행위자에게 정말로 그만한 자유와 도덕적 책임이 있음을 입증하는 인식적epistemic 근거를 제시해야 할 겁니다. 하지만 '응분 체계 전체'를 실용주의적, 혹은 결과주의적으로 정당화하는 입장에서 무슨 수로 그런 근거를 제시할 수 있을지 모르겠군요. 응분 체계를 받아들일 때의 이점을 지적하는 것은 여기서 핵심이 되는 문제와 무관해 보입니다.

끝으로 운과 관련해서 나는 토머스 네이글보다 한발 더 나아가 도덕적으로 중요한 모든 행동은 구성적 운이나 현재적 운에 달려 있다고 봅니다. 당신은 운 문제를 해결할 방안으로 기량이나 도덕적 역량을 염두에 두는 것 같군요. 하지만 앞서 말한 대로 행위자가 여러 기량과 역량을 개발하는 일련의 행동은 그 자체가 구성적 운(그 행동이 행위자의 자질에서 유래할 경우)과 현재적 운에 따른 결과입니다.

데닛──── 내 견해가 "응보주의와 차이가 없다"고요. 이것 참 당황스럽군요. 앞에서 줄곧 '전망적' 근거를 제시하고 강조했는데 말이에요. 비응보적·비의무론적·결과주의적 관점에서 처벌을 정당화하는 사례는 또 있어요. 지금은 세상을 떠난 동료 연구자 휴고 베다우Hugo Bedau가 '스탠퍼드 철학 백과사전Stanford Encyclopedia of Philosophy'*에 쓴 '처벌punishment' 항목은

---

* 가장 권위 있는 철학 백과사전으로 평가받는 온라인 사전. 항목들은 분야별로 일정 이상 학문적 성과를 낸 전문가가 작성하고, 동료평가와 편집장 승인을 거쳐 게재된다. 인터넷 문서지만 학술 논문에서 인용할 수 있을 만큼 권위를 인정받는 사전이다. https://plato.stanford.edu

훌륭한 예입니다. 그가 제안하는 처벌의 '자유주의적 정당화'에는 많은 사람이 그렇듯 나 또한 동의해요. 베다우는 응보주의를 제대로 비판한 다음 이렇게 말합니다. "그러나 응보주의의 기본 통찰을 마냥 무시할 수는 없다. 응분은 자유주의적 처벌 이론에서 맡을 역할이 있지만, 그 범위를 신중히 제한할 필요가 있다."

그가 말한 신중한 제한의 핵심은 응분 관념이 법에 대한 존중을 유지하고 강화하는 역할을 한다는 점을 인정하는 거예요. 당신은 내 견해를 '응분 체계를 받아들이면 우리는 무엇이 최선의 결과를 가져올지 개별 사례를 가지고 판단할 수 없다'는 이야기로 보았죠. 아쉽지만 틀렸어요. 최선의 결과라는 말에 '당면한 상황'이라는 조건을 붙여야죠. 요컨대 눈앞의 일을 고려할 때 무엇이 '최선의 결과'를 가져올지 개별 사례를 가지고 판단하는 태도는 (가해자나 피해자, 혹은 사회 전체를 위한 특별 대우를 요구함으로써) 사법제도의 효과적인 집행을 방해하고 법에 대한 존중을 위협합니다. 편파 판정을 하는 심판과 증거를 무시하는 판사의 예를 든 건 이 점을 지적하기 위해서였어요. 구체적인 사례에서 발생하는 나쁜 결과를 용인하는 일은 길게 보아 법에 대한 존중을 보장할 때만 정당화되며, 정책 전반에 수정이 필요하다는 증거가 쌓이면 언제든 법을 개정할 수 있습니다. 누가 보더라도 '사적 제재를 인정하는 것'보단 나은 일이죠.

베다우는 처벌을 정당화하는 모든 논리가 갖춰야 할 네 가지 조건을 다음과 같이 잘 정리해놓았습니다.

> 그러므로 처벌을 정당화하기 위해서는 첫째, 제도 자체를
> 확립(혹은 지속)함으로써 이루고자 하는 목표를 명시해야
> 한다. 둘째, 처벌을 부과할 때는 실제로 이 목표에 부합한
> 다는 것을 입증해야 한다. 셋째, 처벌을 부과하지 않을 경
> 우(그리고 다른 방식으로 처벌할 경우) 이 목표를 달성할 수 없
> 으며, 비징벌적 조치가 끼어든다면 처벌을 부과할 때보다
> 목표를 더 효율적이고 공정하게 달성할 수 없다는 것을 입
> 증해야 한다. 넷째, 강제적인 박탈의 방식으로 목표를 이루
> 려는 노력은 그 자체로 정당하다는 것을 입증해야 한다.[6]

당신은 도덕적 책임 체계가 '전망적 이점을 가져오는지는
정답이 없는 열린 문제'(베다우가 말한 두 번째 조건)이며, '모든 것
을 고려할 때 우리가 응분 체계 없이도 더 잘 살 수 있을지는 경
험적 검증이 필요한 문제'(베다우가 말한 세 번째 조건)지만, 그런
것 없어도 우리는 '더 잘 살 수 있으리라' 믿는다고 말했죠. 이것
들은 분명 경험적 검증이 필요한 문제이긴 하지만 그렇게까지
많은 가능성이 열려 있지는 않아요. 나로선 어떻게 우리가 응분
체계 없이 더 잘 살 거라 보는지 짐작도 못 하겠군요. 당신이 내
가 말하는 응분을 받아들이고 아직도 의미를 알 수가 없는 '기
본적인' 응분 없이 우리가 더 잘 살 수 있다 주장하는 게 아니라

면요(그런 것은 없는 편이 낫다고 확신합니다). 내가 말하는 응분이 없다면 누구도 선의의 경쟁에서 승리했을 때 그에 걸맞은 보상을 받지 못하고, 이유 없이 중요한 약속을 어겨도 비난받지 않고, 음주운전을 해도 면허가 취소되지 않으며, 법정에서 위증을 하더라도 합당한 처벌을 받지 않을 거예요. 사기와 절도, 성폭행과 살인으로부터 보호받을 권리도, 국가에 보호를 요청할 수단도 없겠죠. 한마디로 도덕이 사라지는 겁니다.

　당신의 말은 충격적이기까지 합니다. '자유의지회의론의 관점에서는 어떤 사람이 얼마나 합리적이고, 유능하고, 자기 효능감이 높고, 의지가 강하고, 분별력이 있든 간에 그를 도덕적 책임이 있는 존재로 대하는 일을 정당하다 여기지 않는다'고요. 설마 토머스 홉스가 삶이 비참하고 잔인하며 짧다고 묘사한 자연상태로 인류의 삶을 되돌리길 바라는 건 아니겠죠? 혹시 도덕적 책임에 의지하지 않고도 안정적이고 안전하며 공정한 국가를 이룰 방안을 따로 구상해둔 거라면 자세히 좀 듣고 싶군요. 브루스 윌러가 《처벌의 부당성The Injustice of Punishment》(2018)에서 그런 방안을 구상하려는 과감한 시도를 하지만, '처벌의 부당한 필요성'이라는 2장의 제목에서 알 수 있듯 그 또한 처벌 없는 사회를 이루는 건 불가능하다고 인정합니다.

　그런데 우리가 처벌이 꼭 필요하다 말할 때 그 말은 논리적, 물리적 차원에서 필요하다는 뜻이 아니에요. 처벌은 국가가 현실적인 범위 내에서 최대한의 정의를 실현함으로써 성공

　　　　　　　　　　　　　　　　철학 논쟁

적으로 존속하기 위해 필요합니다. 이러한 필요성이 '부당하다'는 건 어떤 의미일까요? 내 생각에 처벌이 필요하다는 사실을 부당하다고 보는 것은 모든 사람이 평균 이상의 외모나 힘, 지성 등을 가질 수 없다는 사실을 '불공평하다'고 보는 것이나 다름없어요. 삶은 고달프지만, 그 사실 때문에 부당한 건 아니에요. 우리는 이성을 활용해 우리의 삶과 제도를 더욱 정의롭고 공정하게 만들어 모두에게 더 나은 세상을 이룰 수 있습니다.

카루소───── 감사합니다. 덕분에 몇 가지 의문이 정리되었네요. 당신이 줄곧 전망적 근거를 제시하고 강조했는데도, 응보주의를 거부하는지 아닌지를 두고 의혹을 제기하는 것이 당황스러웠다는 점은 알겠습니다. 그런 의혹을 품은 건 앞서 당신이 '응보주의를 거부한다 해서 처벌을 회고적인 이유로 설명할 수 없는 건 아니다'라고 주장했기 때문입니다. 이후로도 당신은 응분에 따른 비난과 처벌을 회고적으로 정당화하는 듯한 논리를 계속 옹호했죠. 당신이 처벌을 전망적·결과주의적 관점에서 이해한다면, 당신이 사실상 응보주의자가 아닌가 하는 의심을 기꺼이 거두겠습니다. 하지만 전망적·결과주의적 설명을 받아들인다면 당신의 입장은 회의론에 훨씬 더 가까워집니다. 가장 주요한 차이는 당신이 응분에 기반한 언어를 계속 사용하려 하는 반면 회의론자는 그러한 언어를 완전히 없애버리려 한다는 데 있는 것 같군요. 자유의지론자들이 말하는 자유의지, 응보주의, 노력만으로 성공할 수 있다는 믿음(당신 또한 거부하는 것이죠)을 없애버리려 하는 것과 함께 말이에요.

그리고 당신은 이렇게 말했습니다. "나로선 어떻게 우리가 응분 체계 없이도 더 잘 살 거라 보는지 짐작도 못 하겠군요." 글쎄요, 나는 지금껏 비판한 기본적인 응분이야말로 득보다 실이 많은 유해한 관념이라 생각합니다. 이것이 당신이 생각하는 응분과 다르다면 더 이야기하지는 않겠습니다. 하지만 앞서 언급했듯, 기본적인 응분에 따른 도덕적 책임은 응분 관념과 더불어 형사사법제도의 과도한 징벌성을 정당화하고, 사람들을 가혹하고 모욕적인 방식으로 다루도록 부추기고, 사회적·경제적 불평등을 합리화하고 영구화하는 데 활용되는 경우가 너무도 많습니다. 일례로 징벌성의 문제를 생각해 보죠. 몇몇 연구에 따르면 자유의지에 대한 믿음이 큰 사람일수록 강한 징벌을 옹호하는 경향이 있으며, 자유의지에 대한 믿음이 약해지면 처벌을 응보적 관점에서 바라보는 태도가 누그러진다고 합니다.[7] 실증 연구가 내놓는 이러한 결과를 보면 걱정이 앞섭니다.

우려스러운 점은 또 있습니다. 내가 《응보주의를 거부하다》에서도 논의했듯, 범죄 행동의 사회적 결정요인은 건강의 사회적 결정요인과 대체로 비슷합니다. 그 책과 다른 연구를 통해서 나는 범죄 행동과 건강에 영향을 끼치는 공통 요소를 파악하고 그에 대한 조치를 마련하는 방안으로서 광범위한 공중보

철학 논쟁

건적 접근법을 제안했습니다. 내가 주목하는 문제는 사회적 불평등과 구조적 모순이 건강수준health outcomes과 범죄 행동에 어떤 영향을 주는지, 가난이 두뇌 발달에 어떤 영향을 주는지, 범죄자가 사전에 질병을(특히 정신건강과 관련한 문제를) 가진 경우가 얼마나 많은지, 노숙 생활이나 교육이 건강수준과 안전 문제에 어떤 영향을 주는지, 환경 위생이 공중보건과 안전에 얼마나 중요한지, 형사사법제도와 얽히는 일이 어떻게 그 자체만으로 건강과 인지능력에 문제를 일으키거나 심화시킬 수 있는지, 그리고 공중보건적 접근법이 어떻게 형사사법제도에서 잘 활용될 수 있는지 등입니다. 사람들의 건강수준을 높이고자 한다면 건강의 사회적 결정요인을 파악해 조치를 마련하는 일이 중요하듯, 범죄 행동의 사회적 결정요인을 파악하고 해결책을 찾는 일도 마찬가지로 중요합니다. 내가 우려하는 것은 당신이 보전하고자 하는 응분 체계가 개인의 책임에 근시안적으로 몰두하게 만들어 범죄 행동을 유발하는 구조적 원인을 다루지 못하게 한다는 점입니다.

일례로 버락 오바마 전 미국 대통령이 "당신이 사업을 **성공적으로** 일구었다면 그건 당신 혼자 이룬 일이 아닙니다"라고 말했을 때 일어난 광적인 반응을 생각해보죠. 공화당 의원들은 이 말에 어찌나 격분했던지 2012년 공화당 전당대회 둘째 날을 통째로 "우리가 일궜다!"라는 주제에 할애했어요. 하지만 오바마가 한 말의 요지는 단순하고, 무해하며, 현실에 부합합니다. 그의 말을 더 직접적인 표현으로 옮겨볼까요. "당신이 성공을 거두었다면 당신은 혼자 힘으로 그 자리까지 오른 게 아닙니다." 자, 이 말의 어디가 그렇게 위협적이죠? 내 생각에 그 답은 응분 관념에 있습니다. 응분 체계는 우리가 가난에 빠지거나 감옥에 가게 된다면 그것이 응분의 대가를 치르는 '정당한' 일이라는 믿음을 주입합니다. 마찬가지로 우리가 삶에서 성공을 거둔다면 그건 오롯이 우리 자신의 몫이 되는 거죠. 이러한 사고방식으로 인해 우리는 비난과 수치심을 강요하는 응분 체계에 갇힌 채 가난과 불평등, 인종주의, 성차별주의, 교육 불평등 등을 낳는 구조적 원인을 방치하게 됩니다. 그렇기에 이러한 사고방식을 버리고, '인생이라는 복권'이 늘 공평하지는 않고, 운은 장기적으로 보아 균등하게 작용하지 않으며, 우리가 누구이고 무엇을 하는지는 본디 통제 불가능한 요소들이 만든 결과라는 점을 인정하자고 제안하는 것이죠.

마지막으로 자유의지와 기본적인 응분에 따른 도덕적 책임을 거부하는 것이 인류의 삶을 "토머스 홉스가 삶이 비참하고 잔인하며 짧다고 묘사한 자연 상태"로 되돌리는 일이라는 말에는 동의할 수 없습니다. 이어서 당신은 이렇게 말했죠. "혹시 도덕적 책임에 의지하지 않고도 안정적이고 안전하며 공정한 국가를 이룰 방안을 따로 구상해둔 거라면 자세히 좀 듣고 싶군요." 먼저 내가 거부하는 도덕적 책임 유형은 기본적인 응분에 따른 도덕적 책임이라는 점을 다시 한번 강조해야겠군

철학 논쟁

요. 자유의지회의론자들은 회의론에 부합하는 여러 도덕적 책임 개념을 구상해왔습니다. 브루스 월러가 말한 담당책임take-charge responsibility이나 아인슈타인의 사례를 들며 언급한 귀속적 책임attributability responsibility이 그 예죠. 또 피어붐은 미래의 보호, 화해, 도덕 형성을 필수 요건으로 규정하면서 응분에 의존하지 않는 전망적 책임 관념을 구상합니다.

　다음으로, 어떻게 기본적인 응분에 따른 도덕적 책임 없이 안정적이고 안전하며 공정한 사회를 유지할 수 있을지 설명이 필요하다는 말에는 동의합니다. 다행히 더크 피어붐은 이미 《자유의지 없이 살아가기Living Without Free Will》(2001)와 《자유의지, 행위성, 삶의 의미Free Will, Agency, and Meaning in Life》(2014)에서 이를 설명하며 세부적인 문제들을 충분히 논의했습니다. 그리고 나는 《응보주의를 거부하다》에서 기본적인 응분에 따른 도덕적 책임을 배제한 채 범죄 행동을 다룰 방안을 더욱 자세히 설명했고, 이를 '공중보건격리모형'으로 명명했습니다. 여기서 이 모형이 갖는 이점을 논의하면 좋겠지만, 아쉽게도 시간이 없어 보이는군요. 자세한 설명은 관심이 있는 사람이라면 어렵지 않게 찾을 수 있을 겁니다.[8] 공중보건격리모형을 비롯한 주제들은 세 번째 대담에서 다시 논의하기로 합시다.

자유의지와 결정론 문제

카루소——— 지금부터는 결정론에 대한 당신의 생각을 더 들어보고 싶군요. 여태 이 문제를 거의 다루지 않았으니까요. 전통적인 정의에 따르면, 결정론이란 어떤 시점에서든 오직 하나의 미래만이 물리적으로 가능하다고 보는 이론입니다.[9] 시간 t에서 사물들이 존재하는 방식이 정해져 있고 이후 사물들이 자연법칙에 따라 그대로 움직인다면, 오직 그 경우에만 세계가 결정론의 지배를 받는다고 할 수 있죠.[10] 달리 말해, 결정론은 먼 과거의 사실들이 자연법칙과 함께 하나의 특정한 미래를 가져온다고 보는 이론입니다.[11] 양립가능론자인 당신은 결정론을 받아들이거나 지금 논의하고 있는 유형의 자유의지와 도덕적 책임에 결정론이 아무런 위협이 되지 않는다고 주장하겠죠.

나는 앞서 "우리는 심리적 성향이나 호불호, 그 밖에 우리가 어떤 사람인지를 결정하는 요소들 같은 특정 이유에 민감하게 반응하죠. 하지만 그런 이유 자체는 본디 통제할 수 없는 요소들이 만든 결과입니다."라고 말했습니다. 여기에 당신은 "그

철학 논쟁

래서 어떻다는 거죠?"라고 답했죠. 그러고 나서 진정 중요한 것은 주체성과 자기 통제력, 도덕적 역량이라고 덧붙였습니다. 물론 이건 양립가능론자의 일반적인 논리예요. 양립가능론자들은 인과적 결정이 있는지 없는지가 아니라 우리의 행동이 제약과 강요로부터 자유로우며 적절한 방식으로 유발되었는지가 무엇보다 중요하다고 말합니다. 양립가능론자들이 말하는 자유의지의 요건은 저마다 차이가 있지만, 널리 받아들여지는 견해들은 이유 반응성, 자기 통제, 반성적 판단을 행동으로 연결하는 능력 등을 꼽죠. 하지만 지금은 양립가능론의 관점에서 자유의지를 견지할 수 있는지를 논하기에 앞서, 결정론이 인간 행동에 정확히 어떤 함의를 갖는지 구체적으로 밝힌 다음 그에 대한 당신의 의견을 듣고 싶습니다.

당신은 결정론이 참이라면 물리적 세계에 속한 다른 모든 존재와 마찬가지로 인간의 행동 또한 자연법칙에 따라 정해진 선행조건에 의해 인과적으로 결정된다는 데 동의하나요? 또, 결정론은 행위자가 똑같은 조건에서 달리 행동할 능력을 지닐 가능성을 없앤다는 데 동의하나요? 일상적인 예를 하나 들어보죠. 오늘 아침 나는 샤워를 한 후 옷장 문을 열고 안을 들여다보며 잠시 생각한 다음, 여러 검정색 버튼다운 칼라 셔츠 중 하나를 입기로 했습니다. 결정론이 참이라면, 내가 내린 선택은 그 순간까지 우주 만물의 흐름이 완벽히 일치하는 똑같은 상황에서 할 수 있는 유일한 선택입니다. 우리의 선택과 행동은 일련

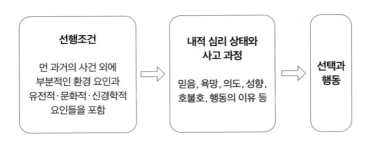

의 결정론적 사건에 의해 정해진 결과이며, 이 사건들은 본디 통제할 수 없는 요소들(먼 과거의 사건이나 자연법칙 등)로부터 유래하기 때문이죠. 따라서 결정론이 참이라면 모든 자발적 행동은 위의 그림과 같이 나타낼 수 있습니다. 무수히 많은 선행조건이 내적 심리 상태와 사고 과정이 특정한 방식으로 조합되도록 결정하고, 이 조합이 다시 이후의 선택과 행동을 결정하는 것이죠.

이에 따르면, 시간 t라고 하는 특정 순간에 이르기까지 우주 만물의 흐름이 완벽히 일치하는 똑같은 상황에서 행위자의 선택은 인과적으로 결정되어 있을 것이므로 행위자는 달리 행동할 수 없었다는 결론이 나옵니다.

물론 일부 양립가능론자는 '할 수 있다', '힘', '능력' 같은 용어를 조건적, 혹은 가정적으로 분석해야 한다고 주장합니다. 이들은 행위자가 무언가를 할 수 있다(힘이나 능력이 있다)는 말에는 만약 그것을 하기를 원했다면(욕망하거나 선택했다면) 그렇

철학 논쟁

게 했을 것이라는 의미가 들어 있다고 보죠. 이러한 견해에 따르면, '달리 행동할 수 있었다'는 말은 만약 (사실과 반대로) 과거 또는 자연법칙이 달랐다면 달리 행동했을 것이라는 반사실적 조건문counterfactual입니다. 그러나 '나는 달리 행동할 수 있었다'는 말을 '내가 원했다면(선택했다면) 달리 행동했을 것이다'라는 말로 분석할 경우 당연히 또 다른 물음이 따라 나옵니다. '나는 달리 원할(선택할) 자유나 능력을 갖고 있는가?'라는 물음이죠. 양립가능론의 논증이 성립하려면 달리 원할 능력 자체가 결정론과 양립할 수 있다는 것을 입증해야 하므로, 조건 분석을 시도하는 사람은 이를 설명하기 위해 후퇴할 수밖에 없습니다. 게다가 이러한 분석으로도 무조건적으로 달리 행동할 능력을 설명할 수 없기는 매한가지죠. 따라서 행위자에게는 여전히 자연법칙과 선행조건이 완벽히 동일한 상황에서 달리 행동할 능력이 없는 것입니다. 결국 조건 분석을 통해 '달리 행동할 능력'을 해석하더라도 결과는 기껏해야 '할 수만 있었다면 했을 테지만 할 수가 없으니 하지 않겠다'는 말밖에 안 되는 겁니다.

'달리 행동할 능력'이 자유의지의 필요조건인지, 양립가능론에서는 자유의지를 어떻게 옹호하는지는 잠시 제쳐두기로 하고, 우선은 당신이 지금 내가 요약한 결정론과 결정론이 인간 행동에 갖는 함의에 동의하는지 묻고 싶습니다. 결정론이 참이라면, 당신은 물리적 세계에 속한 다른 모든 존재와 마찬가지로 인간의 행동 또한 자연법칙에 따라 정해진 선행조건에 의해 인과적으로 결정된다는 데 동의하나요? 또 결정론은 행위자가 무조건적으로 달리 행동할 능력을 지닐 가능성을 없앤다는 데 동의하나요?

데닛—— 결정론의 일반적인 정의를 명쾌하게 요약했군요, 그레그. 마지막 두 질문도 각기 다른 문제를 정확히 구별하고 있으니 거기에 맞게 답을 해야겠네요. 맞아요, 나는 '결정론이 참이라면, 물리적 세계에 속한 다른 모든 존재와 마찬가지로 인간의 행동 또한 자연법칙에 따라 정해진 선행조건에 의해 인과적으로 결정된다'고 생각합니다. 그리고 나는 결정론에 반박할 마음이 없습니다. 인간의 행동이 선행조건에 의해 결정되지 않기를 바라야 할 이유가 없으니까요.

하지만 결정론이 행위자가 달리 행동할 능력을 지닐 가능성을 없앤다고 보느냐는 두 번째 물음에는 그렇지 않다고 답해야겠군요. 당신은 '무조건적으로'라는 말을 덧붙였지만, 내가 수십 년간 주장해온 대로 이런 조목은 심각한 오류예요. (그 이유는 나중에 더 이야기하도록 하죠.) 어떤 존재가 어떤 행동을 할 능력에 관심 갖는 일은 그 존재가 '똑같은 상황에서' 어떻게 행동할지에 관심을 갖는 일과 명백히 다릅니다. 이 문제는 논의를 진행하면서 자세히 설명하도록 하죠.

한 가지 덧붙이자면, 당신은 '일부 양립가능론자들'이 어떻게 '달리 행동할 수 있었다'는 말을 욕망에 관한 조건문으로

철학 논쟁

해석하는지 정확히 설명했지만, 이를 통해 알 수 있는 건 그들도 핵심을 놓치고 있다는 사실뿐이에요. '달리 행동할 수 있었다'는 말에 대한 해석(꽤 일반적이지만 그릇된 해석)을 계속 파고들면 당신의 의도대로 자유의지가 허상이라 주장할 수 있겠지만, 결국에는 자유의지뿐 아니라 삶도 허상이라는 결론이 나와요. 무엇도 진짜로 살아 있다 할 수 없는 겁니다. 나는 귀류법reductio ad absurdum*에 따라 이를 모순으로 봅니다만, 당신의 생각은 다를 수 있겠죠.

카루소—— 단도직입적이고 솔직한 답변 감사합니다, 댄. 덕분에 좋은 출발점이 생겼군요. 결정론이 인간 행동에 갖는 의미에 대해서는 대체로 의견이 일치하는 듯하네요. 다만 당신은 달리 행동할 능력을 '똑같은 조건에서 달리 행동할 능력'으로 보아야 한다는 주장에 반대하는군요. 그렇다 하더라도 결정론이 참이라면 우리에게 그런 능력이 없다는 데는 동의하리라 보는데, 그렇지 않나요? 당신의 입장에 대해서는 이후에 다시 이야기하도록 하죠. 그런데 어쩌면 당신은, 달리 행동할 능력은 내가 양립가능론에 반대하는 주된 이유가 아니며 오히려 내가

---

* 제시된 주장이 참인 것을 증명하는 대신, 그 부정명제가 참이라고 가정하여 모순이나 이치에 닿지 않는 결론을 이끌어냄으로써 그 주장이 잘못되었음을 증명하는 방법.

그런 능력을 자유의지의 필요조건으로 간주한다는 사실에 놀랄지도 모르겠습니다. 내가 양립가능론에 반박하고자 제시하는 핵심 논증들은 대안적 가능성이 아니라 행위자의 행동에 깔린 인과적 배경에 초점을 맞춥니다. 다음 대담에서는 그중 조작 논증과 강한 운hard luck 논증을 자세히 설명하고 논의했으면 합니다. 하지만 우선은 결정론이 자유의지와 응분에 따른 도덕적 책임을 위협한다고 보는 몇 가지 이유를 간단히 설명하겠습니다.

먼저 양립불가능론에 관한 다음의 논증을 살펴보죠. 이 논증은 대안적 가능성이나 달리 행동할 능력을 전혀 고려하지 않습니다. 논증을 제시한 사람은 미국의 철학자이자 노트르담대학교의 철학 교수인 피터 반 인와겐Peter van Inwagen입니다. 그는 이렇게 말합니다.

> 결정론이 참이라면, 먼 과거에는 세계의 어떤 상태인 P가 있고, P는 자연법칙에 의해 현재 누군가가 수행하는 A라는 행동과 연결되어 있다고 볼 수 있다. 하지만 누구도 먼 과거 세계의 상태 P에 책임이 없으며, 누구도 P와 A를 연결하는 자연법칙에 책임이 없다. 따라서 현재 수행되는 행동 A에는 누구도 책임이 없다는 결론이 나온다.[12]

이 논증은 내가 양립불가능론자로서 결정론에 갖는 직관을 정확히 포착합니다.[13] 내가 보기에 결정론이 제기하는 문제

는 '결정론이 참이라면, 세상 누구도 결코 책임질 수 없는(자유의
지와 관련한 의미에서) 조건들이 존재하며, 이 조건들이 행위자의
행동을 유발하는 일련의 실제 사건을 결정한다'는 것입니다. 이
러한 까닭에 나는 동료 회의론자인 더크 피어붐과 함께 결정론
에 관한 다음의 양립불가능론적 직관을 지지합니다. "도덕적 책
임을 질 수 있다는 의미에서 자유로운 행동이란 행위자가 통제
할 수 없는 인과 요인들로부터 유래한 결정론적 과정에 의해 유
발되지 않을 때만 비로소 가능하다."[14]

　　둘째, 자유의지에 관한 소위 일반인 직관folk intuitions에 따
르면, 보통 사람들 혹은 철학자들이 흔히 말하는 '일반인folk'은
자신의 선택이 결정되어 있다고 보지 않습니다. 실험 철학자 숀
니컬스Shaun Nichols는 이렇게 설명합니다. "이는 단지 '일반인들
은 자신의 선택이 결정되어 있지 않다고 믿는다'는 말이 아니
다. 엄밀히 말해 그들은 자신의 선택이 결정되어 있지 않다는
것을 긍정적으로 생각한다. 그리고 이러한 믿음은 자유의지에
관한 생각과 밀접한 연관이 있다."[15] 가령 실험에서 결정론적 세
계에 대한 설명을 들은 참가자는 대부분 그 세계에 사는 사람들
에게 자유의지가 없다고 답합니다.[16] 구체적인 예로 한 대표적
인 연구에서 참가자들에게 결정론적 세계 (A)와 모든 것이 결
정되어 있지만 인간의 선택만은 예외인 비결정론적 세계 (B)에
대한 설명을 들려주었습니다. 그리고 이런 질문을 했죠. "우리
가 사는 세계는 어느 쪽과 더 닮았나요?" 참가자의 90% 이상이

비결정론적 세계 (B)를 골랐습니다.[17] 또 다른 실증 연구에 따르면, 사람들은 자신들이 비결정론적 자유의지를 지닌다고 믿는 경향이 있을 뿐 아니라, 선택과 결정을 통해 그런 비결정론적 (혹은 자유의지론적) 자유를 경험합니다.[18] 또 다른 연구자들은 참가자들이 양립가능론적인 직관을 드러내는 것처럼 보이는 실험 사례들을 분석했고, 참가자의 대부분이 주어진 결정론적 시나리오를 가지고 자유의지와 도덕적 책임 문제를 판단할 때조차 비결정론의 잣대를 들이댄다는 사실을 밝혀냈습니다.[19] 보통 사람들의 생각은 대체로 비결정론적이라고 볼 근거가 충분한 셈이죠.[20] 마찬가지 이유로 사람들이 일상에서 떠올리는 자유의지 개념은 결정론과 상충한다고, 아니면 적어도 사람들의 직관이 혼란스럽고 불분명하다고 볼 수 있습니다. 따라서 일반인들이 응분에 근거한 일상적 관행을 정당하다 여기더라도 이는 비결정론이 참이라는 잘못된 전제에 기댄 결과일 수 있죠.

이러한 연구 결과와 관련해 당신에게 묻고 싶은 건 네 가지입니다. 첫째, 비결정론적 자유의지를 믿는 경향이 일반인들 사이에 널리 퍼져 있다는 사실을 어떻게 보나요? 둘째, 일반인들이 당신이 구상한 양립가능론적 자유의지 개념을 중요하게 여긴다고 보는 이유가 무엇인가요? 셋째, 일반인들이 당신의 양립가능론적 자유의지를 중요하게 생각하지 않는다면, 그것이 자유의지 논쟁에서 유일하게 의미 있는 자유의지 유형이라고 볼 이유가 있을까요? 넷째, 당신의 설명이 수정주의적이라는 것, 다시 말해 당신이 보통 사람들의 믿음과 다른 자유의지 관념을 옹호한다는 것만큼은 인정할 용의가 있나요?

결정론에 관해 이야기할 것은 많지만, 이쯤 하고 당신의 답변을 듣도록 하겠습니다.

데닛—— 자세한 이야기는 이후 대담을 위해 아껴두도록 하고, 네 가지 질문에 간략하게 답을 해보죠. 첫째, 비결정론적 자유의지를 믿는 경향이 일반인들 사이에 널리 퍼진 이유는 오해 때문입니다. 우리를 이런 기이한 상황으로 이끈 잘못된 상상에 대해 설명하도록 하죠. 한 가지 예를 들자면 결정론은 우리가 결정을 내리고, 마음을 고쳐먹고, 충동에 덜 휩쓸리고, 결정을 재고하고, 실수로부터 배우고, 더 잘하기로 결심하고, 성공을 거두는 데 (또는 자유의지를 어떻게 보아야 할지에 관한 조언을 받아들이는 데도) 방해가 되지 않아요. 이런 이야기를 처음 듣는다면 지금껏 결정론을 오해하고 있었고, 같은 처지의 동료가 많다는 뜻이죠.

둘째, 일반인들이 내가 구상한 양립가능론적 자유의지 개념을 중요하게 생각한다고 보는 이유는 그것이 부풀려지지 않았기 때문이에요. 사람들은 무언가가 정말로 중요하다고(자유의지야말로 정말로 중요하죠) 생각할 때, 그것이 무엇인지 혹은 무엇이어야 하는지를 과장해서 말하는 경향이 있어요. 평범한 힘보다는 초능력을 바라거나 바란다고 생각하는 것이죠.

셋째, 내가 구상한 자유의지 개념이 유일하게 원할 가치가 있는 자유의지 유형이라 보는 이유는 지난 수십 년간 난다 긴다 하는 지성인들에게 사람들이 중요하게 여겨야 할 다른 자유의지 개념이 있는지 물었지만 아무도 그럴듯한 답을 내놓지 못해서예요. 예를 들자면, 사람들이 '인과에 반하는' 결정이나 완벽히 비결정론적인 선택을 내릴 능력을 바랄 이유가 어디 있을까요? 팔을 날개처럼 퍼덕이면 날 수 있는 능력이나 다른 은하, 다른 시간대로 여행하는 능력(끝내주는 여행이겠죠), 더 내밀하게는 후회하는 일을 되돌리는 능력 같은 것을 바랄 이유는 얼마든지 댈 수 있지만, 비결정론적인 선택을 할 수 있는 능력에 어떤 매력이 있는지 제대로 설명하는 경우는 여태 본 적이 없어요(그런 능력에 대한 열망이 미신에 불과하다는 점을 여실히 보여주는 사례가 있는데, 이에 대해서는 나중에 더 이야기하도록 하죠). 대다수는 그저 과장된 자유의지 개념이 유일하게 고려할 가치가 있는 것이라 짐작할 뿐이에요. "다른 주장에는 신경 쓰지 마! 데닛이 던지는 떡밥을 물지 않게 조심해!" 같은 의미죠.

넷째, 보통 사람들과 다른 자유의지 관념을 옹호한다는 의미에서 내 설명이 수정주의적이라고 한다면, 기꺼이 그렇다고 '인정'할 뿐 아니라 제발 그러고 싶습니다. 현대 철학에서 흔히 보이는 고질병 중 하나는 일상적인 '직관'을 진리의 기준으로 삼는 데 매달려 퇴행을 보인다는 거예요.

카루소── 솔직한 답변 다시 한번 감사합니다. 자유의지에 대한 당신의 설명이 수정주의적, 개혁적이라는 것을 흔쾌히 인정하는군요. 분명히 말하건대, 나는 당신이 전통적인 자유의지 관념을 수정하거나 개혁하려 한다는 이유로 당신의 설명을 거부하는 것이 아닙니다. 자유의지에 대한 수정주의적 입장이 타당하다는 점은 인정해요.

다만 당신의 설명은 기본적인 응분에 따른 도덕적 책임을 지는 데 필요한 행동 통제 즉, 자유의지를 옹호할 근거를 설득력 있게 제시하지 못하기에 받아들이지 않는 것입니다. 이후의 논의에서는 행위자가 통제할 수 없는 요소에서 유래한 결정론적 과정에 의해 어떤 행동이 유발된다면, 행위자에게 응분을 근거로(행위자가 응분의 칭찬과 비난, 처벌과 보상을 받아야 한다는 의미에서) 도덕적 책임을 지울 수 없다는 것을 입증하고자 합니다. 그럼 더 지체할 것 없이 곧바로 다음 논의를 시작하는 게 어떨까요?

데닛── 좋아요, 그렇게 합시다.

두 번째 대담

심화 단계:
철학적 질문들

카루소—— 논의를 이어가기에 앞서 지난 대담의 쟁점 몇 가지를 확실히 정리하고 넘어갔으면 합니다. 첫 번째로, 나는 우리가 비난과 처벌의 근거인 응분 체계 없이도 안정적이고 안전하며 공정한 사회를 세울 수 있다고 주장합니다. 당신은 이것에 동의하지 않죠. 당신은 질서를 유지하고 개인의 주체성을 존중하고 범법자를 벌하기 위해선 응분 체계가 필요하다 봅니다. 그러면서 내가 비판하는 도덕적 책임 유형인 기본적인 응분에 따른 도덕적 책임을 "철학자들이 지어낸 환상"으로 치부하죠. 이와 관련해서는 더크 피어붐의 정의를 참고하면 도움이 될 것 같군요.

> 행위자가 기본적인 응분에 따라 도덕적 책임을 진다는 말은 자신의 행위가 도덕적으로 잘못되었거나 바람직하다는 것을 알면서 그 일을 했다면 마땅한 비난이나 칭찬을 받아야 한다는 뜻이다. 여기서 응분이 기본적인 이유는 행위자가 자신의 행동이 갖는 도덕적 위상을 알면서 그 행동을 했다는 사실만으로 비난이나 칭찬을 받아 마땅하다 보며, 결과주의나 계약주의적 사항만을 고려해 이를 판단하지 않기 때문이다.[1]

내가 보기에 이 정의는 직관적이고 명확합니다. 자유의지 논쟁에서 가장 중요한 철학적·실질적 문제를 정확히 포착하기

도 하죠. 더군다나 이는 자유의지 논쟁에 참여하는 사람 대다
수가 동의할 수 있는 중립적인 정의라는 장점이 있습니다. 예를
들어 이 정의는 양립가능론자나 자유의지론자, 자유의지회의
론자가 받아들일 만한 다양한 자유의지 개념을 처음부터 배제
하지 않아요. 자유의지를 기본적인 응분에 따른 도덕적 책임을
지는 데 필요한 행동 통제력으로 정의함으로써 우리는 모든 전
통적인 쟁점을 터놓고 논의할 수 있습니다. 그 결과 양립가능론
에서 말하는 통제력으로는 기본적인 응분에 따른 도덕적 책임
을 온전히 설명할 수 없다는 결론이 나오고 당신도 그에 동의한
다면, 양립가능론에 큰 문제가 있다는 뜻이겠죠.

데닛—— 피어붐의 정의가 '직관적이고 명확'하며, '자유
의지 논쟁에서 가장 중요한 철학적·실질적 문제를 정확히 포착
한다'는 말이 우리의 차이를 딱 요약해주는군요. 내가 볼 때 피
어붐의 정의는 철학에서 쓰이는 그게아니라술rathering*의 전형
이에요.[2] 기본적인 응분을 부과하는 정책이 '결과주의나 계약주
의적 사항'에 기반할 가능성을 원천적으로 배제하니까요. 당신

---

* 데닛은 충분한 논증 없이 '그게 아니라rather'라는 말로써 두 주장이 양립할 수
없음을 암시하는 그릇된 이분법을 '그게아니라술'로 명명한다. 용어 번역은 대니
얼 데닛 저, 노승영 역, 《직관펌프, 생각을 열다》(동아시아, 2015)를 따랐다. 자
세한 내용은 《직관펌프, 생각을 열다》 9장 참고.

은 피어붐이 그런 사항에 좌우되는 응분 유형을 배제함으로써 기본적인 응분에 이목을 집중시킬 셈이었다고 말하겠죠. 그러면 나는 이렇게 답하겠습니다. 피어붐은 간접적으로 '결과주의나 계약주의적 사항'에 기반을 두면서도 충분히 기본적인 어떤 응분 유형이 응분에 대한 신념의 근거가 될 가능성을 검토하지 않는다고요. 피어붐이 보다 순수하고 절대적인 정의를 세우려 하지만 그런 것은 실체도, 의미도 없는 허깨비일 뿐이에요.

장담하건대, 피어붐이 말하는 '기본적인 응분에 따른 도덕적 책임'은 과학에도 어긋납니다. 더구나 유서 깊은 철학 전통을 끌어오면서도 논리정연하지가 않아요. 충분히 기본적인 응분에 따른 도덕적 책임에는 여러 종류가 있으며, 이것들은 우리가 중요하게 여겨야 할 모든 도덕적 책임을 뒷받침한다는 점에서 마땅히 존중할 만합니다. 당신은 피어붐의 정의가 '양립가능론자나 자유의지론자, 자유의지회의론자들이 받아들일 만한 다양한 자유의지 개념을 처음부터 배제하지 않는다'고 하지만, 그의 정의는 내가 말하는 자유의지를 배제하고 있어요.

카루소—— 당신의 말처럼 피어붐의 정의가 우리의 차이를 단적으로 보여주는군요. 당신이 내세우는 것과 같은 결과주의적·계약주의적 응분 관념을 배제하기 때문에 그의 정의를 거부한다고요. 알겠습니다. 하지만 나는 바로 그러한 이유로 피어붐의 제안을 받아들입니다. 비결과주의적 관점에서 구상한 도덕적 책임과 응분 개념은 전통적인 자유의지 논쟁의 철학적·실질적 요점을 가장 잘 포착하기에, 그런 개념에 주목하게 만드는 정의가 필요한 것입니다. 이러한 맥락에서 보자면, 자유의지는 행위자가 했거나 하지 못한 결정·행동을 두고 기본적인 응분을 근거로 특정한 판단, 태도, 대우를(울분, 의분, 도덕적 분노, 응보적 처벌 등을) 부과하는 일을 정당화하기 위해 행위자가 지녀야할 힘 혹은 능력입니다. 여기서 행위자가 얻는 반응은 회고적인 이유만으로 정당화되며(그렇기 때문에 기본적이죠) 미래의 보호, 화해, 도덕 형성 같은 결과주의적·전망적 사항과 무관합니다.

　　자유의지와 도덕적 책임 개념을 이렇게 규정해야 한다고 보는 이유는 크게 두 가지입니다. 첫째, 누군가의 악행이나 선행에 특정 형태로 도덕적 항의나 지지를 표할 때 이를 정당화할 전망적 근거가 있는지를 쟁점으로 삼는다면, 논쟁을 할 실질적인 이유가 불분명해집니다. 논쟁에 참여하는 사람 대부분은(당신을 제외한 자유의지론자와 양립가능론자, 자유의지회의론자 대부분은) 딱히 논의할 여지가 없다고 생각할 거예요. 자유의지회의론자들은 자유의지와 기본적인 응분에 따른 도덕적 책임을 거부하는 시각과 전혀 모순되지 않는 유형의 전망적 책임forward-looking reponsibility을 받아들입니다. 만약 회의론자들이 당신이 제안하는 도덕적 책임까지도 수용한다면, 당신의 입장은 자유의지회의론과 실질적인 차이가 없는 셈이므로 양립가능론이라 보기 어려워지겠죠. 그래서 나는 당신의 견해가 생각보다 훨씬 더 자유의지회의론에 가깝다고 보는 겁니다.

물론 한 가지 분명한 차이는 있습니다. 나는 자유의지회의론자로서, 당신이 보전하고자 하는 여러 관념을 거부합니다. 가령 나는 우리가 행동에 따른 칭찬과 비난, 처벌과 보상을 받음으로써 응분의 대가를 치러야 한다는 생각을 거부하는 반면, 당신은 응분 관념을 계속 사용하려 하죠. 내가 자유의지를 기본적인 응분에 따른 도덕적 책임을 지는 데 필요한 행동 통제력으로 정의하는 두 번째 이유가 바로 여기에 있습니다. 나는 사람들이 오랫동안 응분 관념을 응보적 응분이나 기본적인 도덕적 책임 관념과 구별 없이 사용해왔고, 그 결과 응분이라는 말 자체가 본래 의미와 무관하게 하나의 포괄적인 개념으로 쓰이게 되었다 생각합니다. 따라서 '응분의 몫'이라는 말이 가진 강한 의무론적·응보적 함의를 고려하면, 당신처럼 결과주의를 지지하는 사람이 그 말을 계속 사용할 필요가 있는지 의문이 들어요.

당신은 응분 체계의 실질적 필요성을 옹호하는 것이지, 범법자가 범법 행위의 정도에 비례하여 비난과 처벌을 받는 일이 본질적으로 옳다고 여기지는 않으리라 봅니다. 그러나 '응분의 몫' 관념에는 범법자에게 범법 행위에 걸맞은 처벌을 부과하면서도 '그것이 가져올 전망적 이점은 전혀 고려하지 않는' 태도가 본질적으로 옳다는 확신이 깔려 있습니다. 이처럼 '응분의 몫'이 정통적으로 어떤 의미를 지니며, 어떻게 응보적 태도와 심판 판단, 대우를 정당화하는 데 쓰이는지 생각해보면, 당신은 그 말을 다소 혼란스러운 방식으로 사용하는 셈이에요. 그러다 보니 원래 생각과 달리 응보주의를 옹호한다는 인상을 주는 거죠.

하지만 지금은 잠깐 이야기를 멈추고 우리가 한 가지 아주 중요한 사안에 동의하는 것처럼 보인다는 사실을 지적해야겠군요. 바로 기본적인 응분에 따른 도덕적 책임을 지는 데 필요한 자유의지는 과학을 통해 이해한 자연 세계와 양립할 수 없다는 (즉, 조화를 이룰 수 없다는) 점입니다. 내 생각이 맞다면, 우리는 크게 한발 나아가는 셈이에요. 자유의지론자들이 말하는 자유의지에 대해 더 논의할 가치가 없다는 데 동의할 뿐 아니라, 양립가능론에서 말하는 통제력으로는 기본적인 응분에 따른 도덕적 책임을 설명할 수 없다는 데도 동의한다는 뜻이니까요.

회의론자들은 기본적인 응분에 따른 도덕적 책임을 지는 데 필요한 자유의지를 의심하거나 부정하는 데 중점을 두므로 평소라면 이를 회의론의 승리라 여겼겠지만, 당신의 말처럼 '충분히 기본적인 어떤 응분 유형'이 정말로 결과주의적 사항에 기반을 둘 수 있다면 껍데기뿐인 승리가 되겠죠. 따라서 우선 양립가능론의 설명으로는 기본적인 응분에 따른 도덕적 책임을 옹호할 수 없다는 데 서로 동의하는지 확인한 다음, 당신이 어떻게 회고적인 응분과 도덕적 책임을 전망적(결과주의적) 근거로 설명하는지 이야기하는 것이 좋을 듯합니다.

데닛——— 당신은 "응분의 몫 관념에는 범법자에게 범법

철학 논쟁

행위에 걸맞은 처벌을 **부과하면서도** 그것이 가져올 전망적 이점은 전혀 고려하지 않는 태도가 **본질적으로 옳다**는 **확신**이 깔려 있습니다"라고 했죠. 방금 온라인 사전을 몇 군데 확인해봤는데 대개 응분의 몫이 '범죄의 심각성에 따라 부과하는 공정하고 적절한 처벌'을 뜻한다는 데는 모두 동의하더군요. 나 역시 그 말을 같은 의미로 사용합니다. 다만 그중 한 사전은 그 말이 때로 '응보 형태의 판결'을 가리키기도 한다고 덧붙이고 있어요. 나는 그 이유가 철학자들이 (당신과 피어붐이 그러하듯) 응분의 처벌을 받는다는 말에 죄인을 처벌하는 것이 '본질적으로 옳다'는 '정통적' 견해를 자꾸 덧붙였기 때문이라고 봐요. 그러니 사람들이 (여러 철학자 때문에) 응분의 몫이라는 말을 '응보적 응분'과 '구별 없이' 허투루 사용한다는 지적에는 동의합니다. 하지만 응분의 몫 개념을 비본질적 사항에 기반한 '공정하고 적절한 처벌'로 이해할 가능성을 검토하면 왜곡된 의미를 바로잡을 수 있어요. 오랫동안 쓰인 개념을 싹 뜯어고치는 대신, 사람들이 인지하지는 못했더라도 늘 그 개념 안에 들어 있던 기본 원리를 드러내는 거죠. 그래요, 당신의 말대로 "자유의지론에서 말하는 자유의지는 더 논의할 가치가 없다는 데 동의할 뿐 아니라, 양립가능론에서 말하는 통제력으로는 기본적인 응분에 따른 도덕적 책임을 설명할 수 없다"는 데도 동의합니다. 그런 개념은 누가 봐도 나쁜 철학에서 비롯한 것이니까요. (즉, 피어붐은 그 개념을 폐기하기 위해 그것을 정의한 것이죠.)

카루소──── 좋습니다. 양립가능론에서 말하는 통제력으로 기본적인 응분에 따른 도덕적 책임을 설명할 수 없다는 데는 다행히 의견이 일치하는군요. 하지만 그러한 도덕적 책임 관념이 '논리정연하지 않다'는 지적은 받아들이기 어렵습니다. 당신이 왜 그렇게 생각하는지 이유도 밝히지 않았고요. 이마누엘 칸트는 섬의 비유를 통해 기본적인 응분에 대한 직관을 이끌어내고 그것이 실제로 중요한 이유를 잘 설명했습니다. 그는 독자에게 다음과 같이 상상해볼 것을 제안하죠. 어느 섬에 사는 모든 주민이 전 세계에 뿔뿔이 흩어져 살기로 마음먹고 '모든 구성원의 동의하에' 사회계약을 해지하기로 결정합니다. 그런데 섬의 감옥에는 살인자 한 사람이 남아 있어요. 칸트는 주민들이 섬을 떠나기 전에 응분의 몫으로서 그에게 사형을 부과하는 일을 정당화할 수 있는지 묻습니다. 이는 근본적으로 기본적인 응분에 관한 물음이에요. 칸트의 비유는 결과주의나 계약주의의 관점에서 전망적인 사항을 고려할 가능성을 배제하도록 잘 짜여 있기 때문이죠. 칸트는 그 물음에 이렇게 답합니다.

모든 구성원의 동의하에 시민사회를 해체하기로 결정한다 해도(어느 섬의 주민들이 전 세계에 뿔뿔이 흩어져 살기로 마음먹는다고 가정해보자) 감옥에 남은 마지막 살인자는 사회가 해체되기 전에 반드시 처형되어야 한다. 이는 모든 사람이 자신의 행동에는 '응분의 몫'이 따른다는 것을 깨닫고, 손에 피를 묻히는 죄가 민중 전체에게 돌아가는 것을 막기 위해 꼭 필요한 일이다. 그렇게 하지 않으면 모든 사람이 정의를 공공연히 위반함으로써 살인에 동참하는 것으로 여겨질 수 있기 때문이다.[3]

우리 두 사람은 사형제에 반대하므로 칸트가 내세우는 이유를 인정하지 않겠지만, 그의 사고실험이 기본적인 응분에 관한 논리정연한 직관을 이끌어낸다는 점은 부인하기 어렵습니다. 실제로 나는 수년간 강의와 토론에서 이 예시를 활용해왔어요. 칸트의 비유는 계약주의적·결과주의적 사항을 배제하므로 대다수는 그 안에 담긴 응분에 대한 직관을 이해했습니다.

데닛── 글쎄요, 나는 칸트의 악명 높은 비유가 논리정연한 직관을 이끌어낸다고 생각하지 않아요. 칸트는 자신의 판단을 설명하면서 "손에 피를 묻히는 죄가 민중 전체에게 돌아가는 것을 막기 위해 꼭 필요한 일이다. 그렇게 하지 않으면 모든 사람이 정의를 공공연히 위반함으로써 살인에 동참하는 것으로 여겨질 수 있기 때문이다"라고 말하지만, 내가 보기엔 사람들이 평판을 지키고 싶어 하리라는 이유로 사형을 정당화하는 것이나 다름없어요. 칸트는 불쌍한 살인자를 목적을 위한 수단으로 쓰고 있으며, 회고적 사실만을 고려한 처벌을 결과주의적 근거로써 옹호한다는 점에서 나와 다르지 않아요. 다만 나는 법에 대한 존중을 유지해야 한다는 이유로 처벌을 옹호하죠. 법에 대한 존중은 안정적이고 행복한 국가의 필수 요소니까요.

반면 칸트는 '시민사회'가 해체되는 상황을 가정하기에 그런 이유를 내세울 수 없고, 그러다 보니 '사람들의 손에 피를 묻히지 않기 위해서'와 같은 옹색한 근거에 기대는 것이죠(결과주의적이면서도 참 이기적인 이유예요). 게다가 바깥세상에서 아무도 살인자의 운명을 모른다면 섬 주민들이 정의를 공공연히 위반했다고 여겨질 일도 없어요(그들 스스로 그렇게 보는 게 아니라면요). 따라서 칸트의 주장은 '살인자를 처형함으로써 사람들의 손에 피를 묻히지 말아야 한다. 왜냐하면 사람들의 손에 피를 묻혀서는 안 되기 때문이다'라는 말로 들립니다. 물론 칸트의 비유가 기본적인 도덕적 응분이라는 개념을 잘 보여준다는 점에는 동의하며, 그래서 당신이 이 사례를 제시한 것이 반갑군요.

카루소—— 당신이 칸트의 비유를 두고 지적한 문제는 일단 제쳐두고, 핵심 질문에 집중해보죠. 버려진 섬에 범죄자(살인자)만이 남겨져 있고 계약주의와 결과주의의 관점에서 그를 처벌할 전망적 이점이 전혀 없는 상황에서도 처벌을 내리는 것이 정당하다고 할 수 있나요?

데닛—— 내 대답은 '정당하지 않다'예요.

카루소——— 좋습니다. 이 점에 서로 동의한다니 기쁘군요(내게는 중요한 문제니까요). 하지만 그 대답은 기본적인 응분 관념을 논리정연하지 않다고 볼 이유가 없다는 뜻이기도 해요. 당신은 이 관념이 자유의지 논쟁에서 중요하지 않다고 말하겠지만요. 내가 보기에 당신이 기본적인 응분을 불편하게 여기는 진짜 이유는 전통적인(혹은 전형적인) 양립가능론자가 아니기 때문입니다.

데닛——— 맞아요, 나는 여러모로 전통적인 양립가능론자와는 거리가 있죠. 하지만 거의 40년 동안 전통적인 유형의 양립가능론을 (두 권의 책과 여러 논문을 통해) 옹호해온 것도 사실이에요.

카루소——— 물론 그랬죠. 하지만 대다수의 전통적인 양립가능론자와 달리, 당신은 비결과주의적 관점에서 구상한 응분 개념을 옹호하려 하지 않습니다. 오히려 응분의 몫을 결과주의적 관점에서 옹호하고, 응분 체계 전체(칭찬과 비난, 보상과 처벌)가 가져오는 이점이 그 체계를 정당화한다 보죠. 그러면서도 이런 이점은 어디까지나 체계 자체의 정당성을 뒷받침할 뿐이며, 비난이나 처벌을 부과한 특정 사례에 구체적으로 어떤 이점이 있는지 하나하나 따지는 일은 없어야 한다고 주장합니다(내가 알기로는 주류 양립가능론자 중 이런 견해를 가진 사람은 마누엘 바르가스뿐이에요).[4] 요약하자면 당신은 '응분 체계'를 받아들일 때의 결과주의적 이점이 칭찬과 비난, 보상과 처벌을 정당화하지만, 우리가 그 체계에 속한 이상 응분 관념에 기반을 두고 회고적인 관점에서 비난과 처벌을 판단하는 것 또한 마찬가지로 중요하다고 보는군요. 당신의 양립가능론이 꽤 보기 드문 유형인 만큼 이야기가 엇갈리기 쉽겠지만, 아무쪼록 그런 일은 피하고 싶습니다.

데닛—— 동감입니다. 그리고 내 생각을 정말 잘 요약했군요. 고맙습니다.

카루소—— 우리의 의견 차이가 단순히 용어를 다르게 사용하는 데서 온 것이었다면 안타까운 일이겠죠. 하지만 당신이 자기통제를 '진정한 응분의 몫을 지기 위해 넘어야 할 문턱'으로 보아야 한다고 했을 때, 나는 그 말을 양립가능론에서 말하는 자기통제가(즉, 자유의지론의 주장과 달리 결정론과 양립 가능한 통제가) 가능하다면 진정으로 응분에 따른 비난과 처벌을 받을 수 있다는 뜻으로 이해했습니다. 범죄자는 처벌을 받아 마땅하다는 당신의 말을 듣고서 그렇게 생각했죠.

데닛—— 맞아요, 그레그. 그 말 그대로예요.

카루소—— 약속을 어긴 사람은 비난받아 마땅하다는 말도 그렇게 생각한 근거입니다. 당신은 이렇게 말했죠. "인간은 모두 다른 사람에 대한 믿음에 기대어 살기에, 주체적인 사람은 자신이 한 일에 마땅히 책임을 져야 합니다. 〔…〕 그렇기에 주체적인 사람이 속아 넘어가거나 술에 잔뜩 취했을 때 그들을 비난할 수 있는 겁니다. 여기서 비난이란 단순히 사람들을 진단하거나 분류하는 일이 아니라 응분에 따른 부정적인 결과를 지우는 일이기도 합니다." 능력 있는 행위자가 의도적으로(변명의 여지 없이) 약속을 어긴 경우 비난과 처벌을 받아 마땅하다고 생각한다면, 당신은 자유의지를 도덕적 책임을 지는 데 필요한 행동 통제력으로 보는 것이 분명합니다(아니라면 바로잡아 주세요). 그리고 이 도덕적 책임이란 '기본적인 응분'은 아니더라도 거의 비슷한 유형의 응분에 기반한 것일 테고요.

데닛—— 그래요, 정확합니다. 다만 이번에는 진화론적인 설명을 조금 덧붙여야겠군요.[5] 인간은 완전히 발달한 응징 본능 같은 것을 조상으로부터 물려받지 않았습니다. 하지만 포유류, 특히 사회성이 있는 포유류가 규칙에 따르지 않는 개체를 만났을 때 나타나는 부정적인 반응(분노, 보복하고 싶은 충동 등)이 강력한 본성에서 비롯한다는 사실을 보여주는 증거는 한둘이 아니에요.[6] 다시 말해, 사회성이 있는 포유류는 여러 방식으로 '부정행위자를 탐지'하는데, 무리나 가족 구성원에게 한

정된 기초적인 상호 신뢰가 존재하는 가운데 이를 배신하는 개체가 있다면 그를 처벌하거나 극단적인 경우 배척하는 것이 일반적이라는 겁니다. 이런 행동은 기껏해야 원시적인 도덕적 성향을 나타내는 것일 뿐, 문화적 진화를 거친 덕분에 제어가 가능해졌습니다. 데이비드 흄이 말한 자연적 덕이 도덕적 덕으로 바뀐 것이죠. 흄은 이렇게 말했습니다. "본성이 우리를 이렇게 특별히 돕지 않는다면, 정치인들이 '명예로운 것'과 '불명예로운 것', '칭찬할 만한 것'과 '비난할 만한 것'을 두고 하는 이야기는 죄다 부질없을 것이다. 그들은 이런 단어들을 전혀 이해할 수 없을 것이다."[7] 인류의 문화가 도덕을 채택하는 데 대체로 합의하고, 후손들이 도덕을 공경하도록 가르친 데는 (결과주의의 관점에서) 합당한 이유가 있습니다. 사람들은 반응적 태도에 깔린 '부유이치free-floating rationale'[*]를 성찰하거나 숙고할 필요 없이 그저 본성의 일부로서 받아들이면 되지만[8], 부유이치는 진화의 역사에서 좋은 결과를 내왔다는 점에서 훌륭히 설계된 특성이라 할 수 있죠. 시대가 바뀌고 지식이 늘면서 우리는 이제 지극히 본능적인 반응을 마음먹기에 따라 억누르거나 다른 곳으로 돌리려 노력할 수 있게 되었습니다. 실제로 지난 수백 년 동안, 그런 반응이 정당하다고 주장하는 응보주의 이데올로기를 거의 폐기함으로써 본능을 꽤 누그러뜨렸죠. 그렇지만 특정 유형의 자유의지를 지닌 사람에게 책임을 물으며 범법 행위를 비난하고 처벌한다는 원칙을 계속 유지해야 할 근

철학 논쟁

거는 충분합니다.

카루소―― 응분에 따라 도덕적 책임을 져야 한다는 믿음이 진화 과정에서 형성된 일련의 반응적 태도와 감정, 충동에 기반할 수 있다는 점은 인정합니다. 하지만 진화 과정에서 중요한 기능을 수행했다는 사실만 가지고서 그런 반응이 정당하다거나 누군가는 그런 반응을 받아 마땅하다고 말할 수는 없겠죠. 우리 자신이나 다른 사람이 부당한 일을 당할 때 즉각 보복하려는 강렬한 충동이 드는 것은 틀림없는 사실입니다. 브루스 윌러에 따르면, 이러한 보복 감정은 도덕적 책임에 대한 완고한 확신의 주 원천입니다.

> 도덕적 책임에 대한 확신은 이성보다는 강렬한 감정에 깊이 뿌리내리고 있다. 도덕적 책임에 대한 완고한 믿음은 여러 원천에서 비롯하며, 그중에는 알아차리기 꽤 힘든 것도 있다. 그러나 가장 기본이 되는 원천은 술집에서 벌어지는 난동, 시골 주민 간의 불화, 목숨을 걸고 미친 듯이 싸우는

---

* 데닛은 인간처럼 이유를 표상하는 존재가 있기 전부터 진화를 이끌어온 이유를 '부유이치'라 일컫는다. 그에 따르면, 일반적으로 생명체는 부유이치를 이해하지 못하며 이해할 필요도 없지만, 진화를 통해 훌륭하게 설계된 행동을 타고난다. 《직관펌프, 생각을 열다》 40장 참고.

쥐들을 보면 알아챌 수 있다. 바로 자기가 당한 피해를 보복하려는 욕망이다.[9]

닐 레비는 또 이렇게 말합니다.

인간은 응징하는 종種이다. 인간은 목표를 이루기 위해 다른 사람의 협력을 필요로 하는 사회적 동물인 탓에 어쩌면 자신을 이용하려 드는 사람을 그토록 벌하고 싶어 하는지 모른다. 누릴 자격이 없는 이득을 챙기려 하는 '무임승차자'는 배척을 당하며, 벌금이나 가혹한 처벌을 받는다. 우리는 자신이 당하든 남이 당하든 관계없이 부정행위를 보면 강렬한 감정이 솟아오르는 것을 느낀다. 억울하고 분한 감정은 배척, 낙인 찍기, 능지처참, 벌금 등 헤아릴 수 없이 다양한 징벌 관행을 부추긴 원인이었다. 처벌은 진화상의 이점을 가져다주었으므로 시간과 장소, 문화에 따라 세세한 차이는 있더라도 모든 인류에게서 보편적으로 나타났다. 그러나 진화에 따른 충동은 현대 사회에서 범법자를 어떻게 다루어야 할지 판단하는 근거로 삼기엔 조악한 지침이다.[10]

조악하다마다요. 쥐나 침팬지에게도 있는 보복 감정을 유심히 살펴보면, 그런 감정이 보통 신중한 생각을 가로막으며 비인간적이고 (내가 보기에) 부당한 관행과 정책을 받아들이도록 이끈다는 것을 알 수 있습니다.

따라서 보복하려는 욕망에 따른 감정적 반응이 '자연스럽다'는 것은 인정하지만, 그런 반응이 '정당하다'는 주장은 받아들일 수 없습니다. 울분과 의분, 비난, 도덕적 분노 같은 반응적 태도를 생각해 보죠. 이런 태도는 해를 끼칠 수 있으므로 그 대상이 되는 행위자에게 '응분의 책임'이 있을 때만 정당화가 가능합니다. 행위자가 자신이 한 일에 칭찬이나 비난을 받아 '마땅할' 때, 즉 그가 했거나 하지 못한 결정과 행동에 따라 응분에 기반한 판단과 태도, 대우를 받아 마땅할 때 우리는 그에게 자신의 행동을 책임질 의무가 있다고 말할 수 있죠. 그러나 만약 자유의지회의론자가 옳다면, 이에 대해 당신의 동의를 얻어낼 수 있을지 모르겠지만 행위자는 결코 응분에 따른 도덕적 책임을 질 수 없으며, 울분과 의분, 도덕적 분노를 표출하는 것은 (적어도 대상이 그런 반응을 받아 마땅하다고 믿는 한) 비합리적인 '억견doxa'*에 따른 행위가 될 것입니다.

물론 혹자는 이렇게 물을 수 있죠. "과연 우리가 그런 반응적 태도를 그만둘 수 있을까요? 설령 가능하다 해도 그렇게

---

* 그리스어 doxa에서 유래한 용어로 감각이나 지각 또는 지식처럼 사실과 합치되는 점에서 진실이지만 논거가 없는 것이나, 사실과 합치되지 않아 거짓인 것을 가리키는 말.

하는 것이 바람직할까요?" 이에 대해서는 우선 울분과 의분 같은 반응적 태도와 도덕적 분노가 대인 관계와 사회정책을 좀먹곤 한다는 점을 지적하겠습니다. 반응적 태도를 표출하는 행위는 아픔과 놀람, 실망을 느끼는 것처럼 우리가 택할 수 있는 다른 대안에 비해 좋은 의사소통 방식이 아니에요.[11] 또 그런 반응적 태도를 그만두는 일이 가능하냐는 물음에 답하려면, 먼저 '품이 좁은narrow-profile' 감정적 대응과 '품이 너른wide-profile' 대응을 구별할 필요가 있습니다.[12] 전자가 어떤 상황에 즉각 감정적인 반응을 보이는 것이라면, 후자는 즉각 반응하는 대신 합리적인 숙고 과정을 거쳐 대처하는 것을 말합니다. 그렇기에 자유의지회의론의 관점에서 울분과 의분을 표출하는 행위가 비합리적이라 주장하는 동시에, 우리 힘으로는 어찌할 수 없는 수준의 울분과 의분이 있을 수 있다고 '인정하는' 것은 결코 서로 모순되는 일이 아니에요. 예를 들어 아내나 딸이 심각한 악행의 피해자가 된다면, 내가 품이 좁고 즉각적인 울분을 조금도 느끼지 않으리라고는 생각하기 어렵죠. 그러나 품이 너른 대응을 할 때, 우리는 분명 울분과 의분을 줄이거나 아예 없애는 능력을 발휘합니다. 아니면 적어도 그런 감정을 이유 삼아 해로운 반응과 정책을 정당화하려는 시도를 거부할 수 있죠. 또, 품이 너른 대응은 공공정책에(가령 법적 처벌을 정당화하는 정책 등에)매우 중요하므로, 자유의지와 도덕적 책임에 반대하는 철학 논증이 우리의 관행과 반응을 바꿀 수 있다고 '확신'합니다.

요컨대, 나는 반응적인 감정·태도·충동에 관한 진화론적 설명만으로는 행위자가 철학적으로 중요한 의미에서 자신의 행위를 책임질 의무를 지닌다는accountable 것을 입증할 수 없다고 생각합니다. 이런 반응들이 자연스러울지라도 철학적으로는 정당하지 않을 수 있죠. 우리가 진정으로 응분의 칭찬과 비난, 처벌과 보상을 받을 수 있는지 판단하려면 자유의지에 찬성하거나 반대하는 철학 논증들을 계속 검토해야 합니다.

데닛——— 좋아요, 그레그. 방금 한 주장에도 동감하는 부분이 많군요. '진화에 따른 충동'은 '조악하다마다요.' 흄이 말했듯, 그렇기에 우리는 그런 충동을 다듬는 제도와 규칙을 세워야 하고, 지금껏 두 가지 과정을 통해 그 일을 해왔어요. 하나는 문화적 진화입니다. 이 과정은 인간의 이해를 필요로 하지 않지만, 유전자에서 비롯한 충동을 다듬고 방향을 바꾸어야 할 이유를 조금씩 보충해줍니다.[13] 다른 하나는 성찰적 평가, 쉽게 말해 철학과 정치학, 법학입니다. 인간은 이런 평가를 통해 태도와 정책을 수정하고 통제하며 관리하는 일을 자연스러울 뿐만 아니라 올바른 행위로서 정당화하기를 열망해요. 당신은 "이런 반응들이 자연스러울지라도 철학적으로는 정당하지 않을 수 있다"고 말했죠. 맞아요, '그럴 수' 있죠. 하지만 당신은 그렇다고 생각할 만한 근거는 전혀 제시하지 않았어요. 내가 반대하는 건 바로 이런 부분입니다.

자유의지론의 비결정성

카루소——— 이제 자유의지회의론에 대해 본격적으로 논증할 때가 된 것 같군요. 내가 자유의지회의론을 지지하는 이유는 결정론이 참인지 여부와 관계가 없습니다. (공식적으로 나는 보편적 결정론에 불가지론적인 입장입니다.) 응분에 따른 도덕적 책임을 지는 데 필요한 자유의지는 행위자가 통제할 수 없는 요소에 의한 인과적 결정이나 자유의지론의 가장 그럴듯한 견해들이 가정하는 행위의 비결정성 '모두'와 양립할 수 없다고 보기 때문이죠. 다시 말해, 결정론과 비결정론 중 어느 쪽이 참인지와 관계없이 인간은 자유의지를 지니지 않는다는 것이 나의 주장입니다. 자유의지론과 양립가능론에서 제시하는 다양한 견해 모두 응분에 따른 도덕적 책임을 지는 데 필요한 행동 통제력을 충분히 설명하지 못하므로, 회의론이 유일하게 남는 합리적 입장이기 때문입니다. 그리고 나는 더크 피어붐을 따라 자유의지가 결정론과 비결정론 모두와 양립할 수 없다는 견해를 '강한 양립불가능론'이라 칭함으로써 전통적인 '강한 결정론'과 구별합니다.

자유의지에 관한 자유의지론의 설명을 반박하려면, 먼저 자유의지론자들이 제시하는 견해를 두 가지로 나누어 볼 필요가 있습니다. 하나는 행동이 오직 사건을 통해 발생하며, 적절한 사건에 의해 행동이 유발되는 과정에서 나타나는 일종의 비결정성이 자유의지와 도덕적 책임의 결정적 조건이라고 보는 견해입니다. 다른 하나는 행위자를 단순한 사건의 집합이 아니라 인과적으로 정해지지 않은 여러 사건을(가령 '자유로운 행동' 같은 사건을) 일으키는 힘을 지닌 실체로 간주함으로써 '독자적인 sui generis' 유형의 행위성 혹은 인과성을 가정하는 견해입니다. 먼저 '사건 원인 자유의지론event-casual libertarianism'으로도 불리는 전자의 견해에 따르면, 행위자에게는 어떤 결정이 일어날지 말지를 '확정하는' 능력이 없습니다. 따라서 이 견해로는 행위자가 도덕적 책임을 지는 데 필요한 행동 통제력(자유의지)을 지닌다는 것을 설명할 수 없죠.[14]

예를 들어 파라라는 사람이 두 가지 행동 방향을 놓고 고민한다고 가정해보죠. 그녀는 내일 아침 직장에서 있을 중요한 회의에 참석할지, 아니면 내일 하루만 근처에 머물 예정인 친구를 만나기 위해 병가를 낼지 고민합니다. 양쪽 모두 선택할 만한 이유는 충분하죠. 결국 어느 쪽을 택하든 그 행동은 그녀의 바람과 목적, 목표, 의도 전반에 부합하기에 우리는 그녀가 '자신의 의도에 따른 결정'을 내렸으며 '그렇게 할 만한 이유'가 있었다고 판단할 수 있습니다. 그런데 만약 행동을 유발하는 일련의 사건에 정말로 비결정성이 끼어든다면, 그녀가 어떤 행동을할지는 그야말로 운에 달린 문제가 됩니다. 어째서 행위자가 전혀 결정되어 있지 않은 사건을 통제할 수 없는지는 이렇게 상상해보면 이해가 쉽습니다. 신이 행위자의 특정 행동과 관련한 역사의 일부분을 비결정적인 사건이 발생하기 전 어느 시점으로돌려 되풀이되도록 한다면 어떨까요? 사건들이 정말로 비결정적이라면 재현 과정에서 처음과 똑같은 방식으로 전개되지 않을 것이며, 행위자의 행동이나 상태가 잠재적 가능성으로 남아있는 사건 중 어떤 것이 실현될지에 아무런 영향을 끼칠 수 없으므로, 이러한 사건들의 배열이 가져올 결과는(이 사례의 경우 파라의 결정은) 운에 달린 문제가 됩니다. 그리고 회의론자들은 운이 책임의 기반을 흔든다고 보죠.

다음으로 '행위자 원인 자유의지론agent-causal libertarianism'으로 알려진 견해를 살펴보죠. 이 견해는 이론상 도덕적 책임을지는 데 필요한 행동 통제력을 설명할 수 있지만, 자연계에 관한 물리학 이론과 맞지 않는다는 문제가 있습니다. 행위자를 단순한 사건의 집합이 아니라 인과적으로 정해지지 않은 여러 사건을 일으키는 힘을 지닌 실체로 간주함으로써 미심쩍은 인과성 관념에 기대기 때문이죠. 행위자 원인 자유의지론을 주장하는 사람들은 행위자가 그 자체로 '자유로운 행동'의 원인이면서도 선행사건이나 환경에 의해 인과적으로 결정되지 않는다고 말합니다. 행위자 원인 자유의지론을 주장한 대표적인 철학자 로더릭 치점Roderick Chisholm은 자기결정이라는 관념을 다음과 같이 설명합니다.

> 우리에게 책임이 있고 내가 **행위자 원인에 관해** 말하고자 한 것 이 참이라면, 누군가는 신만이 지닌다고 볼 법한 특권이 우 리에게 있는 셈이다. 행동할 때 우리는 모두 부동의 원동자 unmoved mover다. 우리는 행동을 함으로써 특정한 사건들을 유발하지만, 아무것도—혹은 누구도—우리가 그런 사건 들을 유발하도록 만들지 않는다.[15]

이러한 주장이 자연계에 관한 과학 지식에 정면으로 배치 된다는 점에는 당신도 동의할 것입니다. 행위자가 실체로서 원 인 없는 원인uncaused cause이(또는 부동의 원동자가) 될 수 있다는 것은 그야말로 허무맹랑한—우리가 사는 자연계에 전혀 들어 맞지 않는—생각이죠.

데닛—— 동의합니다, 그레그. 지금까지 나온 자유의 지론은 어떤 형태이든 간에 전부 (P. F. 스트로슨의 표현을 빌 리자면) '겁에 질린 모호한 형이상학'이며, 우리가 가진 확고한 과학 지식에도 전혀 맞지 않죠. 나는《자유는 진화한다》의 4장 '자유지상주의를 위한 청문회'에서 이 문제를 다루었고, 자유의지론의 관점에서 비결정론적 자유의지를 설명하는 모형을 제시하고자 한 로버트 케인Robert Kane의 대담한 시도를 분석했어요. 그의 시도는 지금까지 본 자유의지론의 해석 중 가장 나은 사례입니다. 그가 제시한 모형에는 몇 가지 흥미로운 점이 있지만, 모두 비결정론을 동원하지 않고도 설명 가능하다는 문제가 있어요. 케인은 주사위를 굴리거나 동전을 던질 때와 같은 수준의 무작위성을 기반으로 모형을 세우지만, 이런 무작위성은 양자물리학에서 말하는 비결정성과 다르죠.

카루소── 자유의지론에서 말하는 자유의지 관념을 받아들일 수 없다는 데는 의견이 일치하니, 이제 본격적으로 서로 동의하지 않는 문제로 넘어가보죠. 나는 두 가지 다른 논증을 근거로 양립가능론에 반대합니다. 첫 번째는 우리의 행동이 통제할 수 없는 자연적 요소에 의해 인과적으로 결정되는 경우와 어떤 조작자에 의해 인과적으로 결정되는 경우 사이에는 유의미한 차이가 존재하지 않음을 보여주는 논증입니다. 이 논증에 깔린 생각은 한 행위자가 다른 행위자에 의해(가령 그의 뇌를 조작하는 신경과학자 집단에 의해) 특정하게 행동하도록 인과적으로 결정된다면, 그는 양립가능론에서 말하는 도덕적 책임의 주요 조건을 모두 만족하더라도 자신의 행동에 도덕적으로 책임을 지지 않는다고 직관에 따라 판단할 수 있다는 것입니다.

예를 들어 한 신경과학자 집단이 엘리자베스라는 여성의

뇌에 장치를 심어 도널드라는 지인을 살해하도록 조작하는 상황을 생각해보죠. 신경과학자들은 원격조작을 통해 엘리자베스의 욕구와 욕망, 신념, 의도 등에 직접 영향을 끼쳐 그녀가 21번째 생일에 여러 이기적인 이유로 도널드를 살해하게 만듭니다. 신경과학자 집단은 엘리자베스의 뇌를 원격으로 직접 조작하는 대신, 엘리자베스가 태어났을 때부터 그녀의 사고가 종종 심각하게 이기적으로 작동하도록 설정할 수 있습니다. 엘리자베스가 이기적인 사고과정을 거쳐 도널드를 죽이기로 마음먹도록 인과적으로 결정함으로써 의도한 결과를 이루는 것이죠. 그렇다면 여기서 도널드를 죽이기로 한 엘리자베스의 결정이 어떻게 양립가능론에서 말하는 도덕적 책임의 주요 조건을 충족하는지 하나하나 살펴보죠.

우선 이 사례는 데이비드 흄이 말한 조건을 충족합니다. 즉, 엘리자베스는 대체로 이기적인 이유에 큰—도덕적 관점에서 보자면 아주 큰—영향을 받으므로 그녀의 결정은 기질에 어긋나지 않습니다. 게다가 엘리자베스는 자신의 행동을 부추기는 욕망에 저항할 수 없는 상태가 아니며, 그런 의미에서 행동에 제약을 받지도 않습니다. 또, 엘리자베스의 행동은 해리 프랭크퍼트가 제시한 조건에도 부합합니다. 엘리자베스는 도널드를 살해하게 만드는 유효한effective 욕망(프랭크퍼트가 말하는 의지)과 그런 욕망을 갖기를 바라는 2차적second-order 욕망을 모두 지닙니다. 다시 말해, 엘리자베스는 도널드를 살해하길 바라는 동시에 그런 바람을 갖기를 원하죠.

엘리자베스의 행동은 존 마틴 피셔와 마크 라비자Mark Ravizza가 말한 이유 반응성 조건 또한 충족합니다. 엘리자베스는 여러 이유를 합리적으로 고려해 욕망을 조정하거나 새로운 욕망을 품을 수 있습니다. 그리고 만약 도널드를 살해했을 때 자신에게 닥칠 나쁜 결과가 예상보다 심각하리라 생각했다면, 그를 죽이지 않기로 결정했을 겁니다.

마지막으로 엘리자베스의 행동은 제이 윌리스가 제기한 관련 조건을 충족합니다. 즉, 엘리자베스는 도덕적인 이유에 따라 자신의 행동을 파악하고 적용하고 조절하는 일반능력general ability을 지닙니다. 가령 도덕적으로 행동하는 것을 방해하는 이기적인 이유가 약할 때는 대체로 도덕적인 이유에 따라 행동할 겁니다.

설령 엘리자베스의 내적 심리 상태가 인과적으로 영향을 발휘하며, 그녀가 원하는 대로 행동하고, 자신이 하는 일을 옳다 여기고, 이유에 적절히 반응하고, 그 밖에 양립가능론에서 말하는 자기통제의 조건을 모두 충족할지라도, 직관적으로 판단하건대 그녀는 자신의 범죄에 대한 응분에 따른 도덕적 책임을 질 수 없습니다. 그리고 이러한 조작 사례의 행위자와 일반적인 결정론 사례의 행위자가 처한 상황은 본 논의와 관련해서 유의미한 정도로 비슷하므로―행위자의 내적 심리 상태와 행동의 이유, 이어지는 선택과 행동이 통제할 수 없는 요소에 의해 인과적으로 결정된다는 점은 양쪽 다 같으므로—엘리자베스가 도덕적 책임을 질 수 없다면 일반적인 결정론 사례의 행위자 또한 마찬가지라는 것이 조작 논증의 결론입니다.[16]

양립가능론에 반대하는 두 번째 논증은 첫 번째 대담에서도 언급한 것입니다. 나는 우주의 인과적 구조와 관계없이, 운의 보편성이 지금 논의 중인 자유의지와 도덕적 책임 관념을 무너뜨린다고 봅니다. 그리고 닐 레비의 논의를 따라(그의 저서 《강한 운Hard Luck》을 참고하여), 모든 행동은 현재적 운(행동하는 순간에 작용하는 운)이나 구성적 운(행위자가 어떤 성격적 특성과 성향을 지니는지에 작용하는 운)의 영향을 받는다고 주장하죠. 구성적 운이 제기하는 문제는 유전자와 부모, 또래 집단, 그 외 환경의 영향은 우리가 어떤 사람이 되는지에 관여하지만 이는 모두 통제할 수 없는 요소이므로 우리가 누구인지는 대부분 운에 따라 정해지는 것처럼 보인다는 점입니다. 게다가 우리가 어떻게 행동하는지는 일정 부분 우리가 누구인지에 따라 결정되므로, 구성적 운은 우리의 행동 또한 운에 달려 있다는 사실을 함축합니다.

그런가 하면 현재적 운은 행동에 직접 영향을 끼치는 일련의 인과적 사건에 진정한 의미의 비결정성이 끼어들 수 있으며, 행위자가 통제할 수 없는 환경적, 상황적 요소가 행위자의 선택이나 행동에 영향을 끼친다는 것을 말해줍니다. 행위자가 행동하거나 행동하려는 순간 통제할 수 없는 상황적 요소가 그의 결정에 큰 영향을 끼친다면, 그 결정은 현재적 운에 따른 결과라

볼 수 있죠. 상황적 요소에는 행위자의 기분, 우연히 든 생각, 행위자가 그런 생각을 중요하게 여기는 정도, 주변 환경의 상황적 특징 등이 있습니다. 이렇듯 도덕적으로 중요한 모든 행동이 구성적 운이나 현재적 운의 영향을 받는 한, 행위자는 책임에 필요한 수준의 통제력을 발휘하지 못하므로, 운은 응분 체계의 근간이 되는 도덕적 책임 유형을 무너뜨린다는 것이 강한 운 논증의 결론입니다.

이 두 논증이 양립가능론 전반에 반대하는 근거라면, 마지막으로 양립가능론과 전망적 근거로써 회고적 응분을 정당화할 수 있다는 당신의 독특한 주장을 거부하는 이유를 이야기하겠습니다. 자유의지에 대한 당신의 설명은 당신이 옹호하려는 여러 제도, 특히 의도적으로 심각한 피해를 유발하는 법적 처벌을 정당화하기에 지나치게 도구주의적이라 봅니다. 여기서 지나치게 도구주의적이라는 말은 당신이 응분에 따른 도덕적 책임을 지우는 제도를 유지해야 한다고 보는 이유가 인간이 실제로 그러한 책임을 지니기 때문이 아니라, 그렇게 하는 것이 다른 대안에 비해 가장 나은 결과를 가져오기 때문으로 보인다는 말입니다. 당신이 자연적 결정론에 맞서 응분 체계를 정당화하면서 들 법한 결과주의적 근거들을 가지고 조작 사례를 판단하면, 엘리자베스가 자신의 범죄에 응분의 비난과 처벌을 받음으로써 도덕적 책임을 져야 한다는 결론이 나오겠죠. 하지만 나는 그런 결론이 불공평하고 부당하다 봅니다. 도널드를 살해한 엘리자베스의 결정은 그녀가 통제할 수 없는 요소에서 비롯하므로, 그녀는 자신의 행동에 대해 진정으로 응분에 따른 비난과 처벌을 받을 수 없기 때문이죠. 그리고 나는 자연적 결정론이 작용하는 상황 또한 같은 관점에서 판단해야 한다 봅니다.

따라서 당신에게는 두 가지 문제를 나누어 질문하는 것이 좋겠군요. 첫 번째, 결정론을 참이라고 가정할 경우 진정으로 응분의 칭찬과 비난, 처벌과 보상을 받는 데 필요한 행동 통제력이 실제로 행위자에게 있다고 보나요? 두 번째, 결정론을 참이라고 가정할 경우 행위자에게 응분에 따른 도덕적 책임을 지우는 일이 실질적으로 유익하다고 보나요? 한 가지 우려스러운 점은 당신이 두 번째 질문에 답하기 위해 첫 번째 질문을 희생하여 두 질문을 뭉뚱그리지 않을까 하는 겁니다. 그렇게 한다면 진정한 응분, 공정, 정의에 관한 중요한 질문을 도구적 가치와 유용성에 관한 질문으로 뒤바꾸는 일이 되겠죠.

도덕적 책임과 조작 논증

데닛── 이거 참, 답해야 할 문제가 많군요. 조작당한 살인자 엘리자베스의 사례부터 당신이 제시한 세 논증을 하나하나 논의하는 게 좋겠네요. 우선 고맙습니다, 그레그. 사악한 신경과학자 집단과 그들의 조작 행위를 다룬 모든 논의를 주요 사례와 함께 알기 쉽게 정리했군요. 덕분에 이 오랜 논쟁의 문제점을 지적하기가 편해졌습니다. 조작 논증이라는 직관펌프intuition pump*에는 지금껏 거의 다루어지지 않았고 당신 역시 외면한 한 가지 조건이 있습니다. 바로 '엘리자베스가 조작 행위를 알고 있는가'하는 것이죠. 나는 이것이 조작 사례의 핵심이라 보지만, 당신은 이 문제를 다루지 않았어요. 만약 엘리자베스가 조작 행위를 알고 있고, 당신이 설명한 불행한 과거를

---

* 데닛은 직관을 불러일으켜 어떤 명제를 명쾌하게 이해하도록 돕는 생각 도구를 직관펌프라 명명하며, 《직관펌프, 생각을 열다》에서 이를 상세히 다룬다.

전부 파악했다면 결과는 둘 중 하나일 겁니다.

(1) 엘리자베스는 합리적으로 사고할 기본적인 능력을 잃
지 않았으며(이 경우 제이 월리스가 말한 '일반능력' 조건을 충
족하겠죠), 따라서 과거 사실을 낱낱이 살펴 자신의 행동
을 계속할지 말지를 '스스로' 결정할 수 있습니다. 즉,
그녀는 행동의 방향을 바꾸거나 결정을 '자유의지에 따
라' 밀고 나갈 수 있습니다.
(2) 조작자들이 어떤 식으로든 엘리자베스의 능력에 손상을
입혀 그녀가 이 문제를 깊이 생각할 수 없게 만듭니다.

첫 번째 경우, 엘리자베스는 자유의지에 따라 행동합니다
(사고실험 속 상황이 충분히 명확하게 제시되었다고 가정하겠습니다). 반
면 두 번째 경우, 살인에 책임이 있는 다른 행위자가 엘리자베스
의 능력에 손상을 입혔으므로 그녀는 최소한 책임을 감경받거나
완전히 면제받아야 합니다.

이건 결코 사소한 문제가 아니지만, 프랭크퍼트식의 사악
한 신경과학자 사례를 비판하는 철학자들이나 그 후학들은 이
상할 정도로 이 문제를 간과해왔어요. 몇몇 철학자와 과학자가
60여 년도 전에 예언자가 누군가에게 그가 내릴 선택을 예언하
는 행위는 그 예언의 인식론적 근거를 무너뜨린다는 점을 지적
했는데 말이죠.[17] 조작자는 언제나 일종의 예언자일 수밖에 없

으며, 조작자의 존재와 활동이 조작 대상에게 알려진다면 둘 사이의 상호작용으로 인해 조작자는 대상의 선택을 통제할 힘을 잃습니다. 우리에게는 조작당한다는 사실로부터 여러 가지를 배우고 그에 따라 행동하는 능력이 있기에, 우리를 조작하려는 이들에게 저항할 수 있죠. 엘리자베스가 조작당한다는 사실을 알면 경찰을 불러 조작자들을 체포하고 조작 장치를 즉시 제거하라고 요구할 겁니다. (당신이라도 그러지 않겠어요?) 그렇게 하지 않는다면 그녀의 인식능력이 어떤 식으로든 손상을 입었다고밖에 볼 수 없겠죠. 사고 능력이 있는 사람을 조작하는 일은 비밀에 부쳐질 때만 성공할 수 있어요. 조종당하는 사람이 행위를 알고 있다는 변수를 반영하면, 조작 사례를 다음과 같은 직관펌프로 바꿔 생각할 수 있습니다.

내가 살을 빼려고 하지만 잘 되지 않자, 친절한 신경외과 의사를 찾아가 뇌에 일종의 안전장치를 심는 수술을 받았다고 해봅시다. 도넛이나 컵케이크에 손을 대려 하면(이런 세부 사항은 얼마든지 바꿀 수 있겠죠) 의사와 24시간 대기 중인 보조 팀이 리모컨 버튼을 눌러 실수를 막아주는 식이죠. 조작이 알려진다는 점을 제외하면 프랭크퍼트, 피셔, 라비자가 제안한 예와 똑같은 상황입니다. 나는 이 모든 일을 알고 있으며, 실수를 저지르지 않으려 노력하므로, 도넛을 먹지 않을 때는 인공적으로 강화된 자유의지에 따라 행동하는 셈입니다. 게다가 안전장치가 있다는 사실을 아는 것만으로 의지박약, 즉 아크라시아akrasia*에서

철학 논쟁

벗어나는 듯한 효과를 경험한다고 해보죠. 그럴 경우, 의사와 보조 팀은 버튼을 누를 필요조차 없겠지만(프랭크퍼트의 사례와 마찬가지죠), 나는 수술에 들인 돈에 걸맞은 충분한 가치를 누립니다. 그 장치가 나를 치료하는 건 아니더라도 원하지 않는(혹은 원하는) 선택을 내리지 않도록 도와주니까요. 이 사례는 엘리자베스 사례나 당신이 인용한 다른 예시와 같은 조건을 충족하면서도 전혀 다른 직관을 불러일으킵니다. 내가 요청한 조작이 필요한지 아닌지 관계없이 먹을 것을 자제할 책임은 나에게 있다는 직관이죠. (당신은 여기에 동의하지 않을지 모르지만, 이 사례에서 내가 조작당했기 때문에 책임을 지지 않는다고 단정할 수 없다는 것만큼은 인정해야 합니다. 반면 다른 조작 사례들은 그렇게 '단정하도록' 직관을 펌프질하죠.)

그럼 이번에는 또 하나의 직관펌프를 가지고 조작당한다는 사실을 아는 것이 자유의지에 어떤 영향을 끼치는지 조금 다른 관점에서 살펴보도록 하죠.[18]

A: 내가 잘 알고 신뢰하는 주치의가 브랜블롭스라는 시리얼이 콜레스테롤을 낮추는 데 탁월하다며 아침으로 먹을

---

* 고대 그리스 철학의 용어로 최선의 행동이 무엇인지 알면서도 그에 반하는 행동을 하는 상태를 말한다.

것을 권합니다. 이 시청각적 경험의 효과로 나는 슈퍼마켓에 가서 브랜블롭스 한 상자를 삽니다.

B: 슈퍼마켓을 둘러보다가 새로운 시리얼을 사보기로 합니다. 진열대에서 브랜블롭스라는 처음 보는 시리얼 한 상자를 꺼내 새콤한 맛과 영양 성분을 설명해놓은(눈에 확 들어오는 샛노란 글자로 쓰인) 제품 정보를 꼼꼼히 읽습니다. 상표를 보니 정직하기로 유명한 시리얼 회사에서 나온 제품이라 한번 믿어보기로 하고 한 상자를 삽니다.

C: 슈퍼마켓을 둘러보다가 영화배우 캐머런 디아스의 매력적인 사진이 들어간 브랜블롭스 상자가 눈에 띄어 한 상자를 삽니다.

D: 슈퍼마켓을 둘러보던 중 브랜블롭스 상자가 놓인 진열대 근처로 갑니다. 그러자 상자 안에 숨겨진 마이크로칩 무선 응답기가 뇌의 측좌핵을 자극해 한 상자를 사도록 유도합니다.

이 사례들은 환경상의 여러 특징과 그것이 신경계에 자극을 주어 브랜블롭스를 사게 만드는 상황을 보여줍니다. 게다가 모든 사례에는 내 선택에 영향을 끼치려 하는 다른 행위자가 등장해요. 하지만 A와 B는 공개적으로 제품을 사야 할(혹은 사지 말아야 할) 이유를 제시하며 합리적 사고를 유도하는 반면, C와 D는 합리적 사고를 교묘히 피해갑니다. 만약 C가 온실 속 화초처럼 어수룩하기만 한 사람을 대상으로 한다면 심각한 조작 사례가 되겠지만, 나는 그 정도로 세상 물정 모르는 사람은 아니에요. 나는 기업들이 섹스어필을 통해 물건을 판다는 사실을 잘 알지만, 오랫동안 캐머런 디아스라는 지적이고 아름다운 배우의 팬이었기 때문에 기념 삼아 한 상자 사는 겁니다(만약 브랜블롭스 상자에 칼 세이건이나 데이비드 애튼버러*의 사진이 붙어 있다면 대여섯 상자는 사겠죠). C와 D의 가장 큰 차이는 D의 경우 누군가 나를 조작하려 한다는 사실을 전혀 알 수 없다는 거예요. 여기서 주목해야 할 점은 만약 D가 가진 것 같은 마이크로칩 조작 장치가 온 세상에 넘쳐난다면, 우리는 온전히 이성적 행위자로서 행동하기 위해 그런 장치를 탐지하고 무력화할 수 있는 대응책을 가지고 시장에 참가하리라는 것입니다.

다른 사람을 자기 뜻대로 움직이려 설득하는 사람과 그 대상, 혹은 희생자 사이의 경쟁은 수천 년 넘게 이어져왔어요. 민간설화에는 순진한 사람이 약삭빠른 이야기꾼의 사탕발림에 속

---

* 영국의 동물학자이자 방송인. 영화감독이자 《쥬라기 공원》에 배우로 출연하기도 한 리처드 애튼버러의 동생으로, 50여 년 동안 자연의 신비를 다룬 여러 다큐멘터리의 해설을 맡았다.

아 넘어가는 이야기가 수두룩하죠. 우리는 자녀가 속임수에 잘 대비할 수 있도록 이런 이야기를 일종의 방어수단으로서 전해줍니다. 자기 자식이 다른 사람의 꼭두각시가 되길 바라는 사람은 아무도 없으니까요. 이런 행동은 아무런 소용이 없다고 말하는(우리는 이미 환경의 통제를 받는 꼭두각시나 다름없으므로) 철학자나 신경과학자가 있다면, 그 사람은 잠재적으로 해를 끼칠 수 있는 큰 실수를 하는 거예요.

당신은 어떤 행동의 이면에 조작 행위가 있는 상황과 다른 인과적 사건들이 있는 상황 사이에 '유의미한 차이'가 없음을 보여주는 사례들을 근거로, 양립가능론에 반대하는 조작 논증의 결론을 내립니다. 나는 그에 맞서 두 상황 사이에 크고 유의미한 차이가 있음을 보여주는 반례를 제시하는 것이고요. 내가 생각하는 자유의지란 무엇보다도 나를 조작하거나 통제력을 빼앗거나 주체성을 파괴하려는 다른 행위자를 감지하고 자신을 통제하는 능력입니다. 사실 인간을 통제하기란 매우 어려운 일이에요. (철학자들이 꾸며낸 사고실험에서나 쉽게 일어나는 일이죠.) 만약 그런 일이 일상적으로 벌어진다면 우리는—적어도 우리 중 다른 행위자에 의해 통제당하는 사람은—자유의지를 지니지 않겠죠. 하지만 다행스럽게도 우리는 그런 행위자는 물론, '자신의 과거'로부터도 좋은 의미로든 나쁜 의미로든 통제를 받지 않습니다. 과거는 행위자가 아니기에 우리를 통제하면서 피드백을 받을 수가 없어요.

카루소——— 고맙습니다, 댄. 여러모로 유익한 예시들이로군요. 하지만 그것이 양립가능론에 반대하는 조작 논증을 해결하거나 논박한다고 보기 어려운 이유가 몇 가지 있습니다.

우선 소위—처음 해당 사고실험을 제시한 해리 프랭크퍼트의 이름을 딴—프랭크퍼트식 사례와 내가 제안한 조작 사례를 구별할 필요가 있어요. 프랭크퍼트식 사례는 대안 가능성의 원리가 도덕적 책임의 필요조건이 아님을 입증하려는 의도에서 나왔지만, 나는 원천 양립불가능론(결정론은 행위자가 행동의 고유한 원천이라거나 행동을 적절히 통제할 수 있다는 생각과 상충한다고 보는 입장)을 논증하기 위해 조작 사례를 들었습니다.

여기서 잠깐 해리 프랭크퍼트의 유명한 논증이나 프랭크퍼트식 사례에 익숙하지 않은 독자를 위해 설명을 덧붙이는 것이 좋겠군요. 지금껏 연구자들은 무수히 많은 프랭크퍼트식 사례를 고안했지만, 큰 틀은 대체로 비슷합니다. 어떤 행위자를 자기 뜻대로 움직일 수 있는 신경과학자(조작자)가 있는데, 그는 행위자가 알아서 자신이 원하는 방향으로 움직인다면 간섭하지 않습니다. 행위자는 어떤 행동을 하려는(가령 투표소에서 A라는 후보를 찍으려는) 생각을 가지고 있으며, 신경과학자는 행위자가 그 생각대로 하지 않을까봐 신경을 곤두세우고 있습니다. (신경과학자는 행위자가 A 후보를 찍기를 바라며, 필요하다면 그렇게 하도록 개입할 겁니다.) 따라서 만에 하나 행위자가 신경과학자가 원하는 행동(A를 찍는 행동)을 하지 않으려는 조짐이 보이면 신경과학자는 즉각 개입하겠죠. 하지만 행위자가 알아서 원하는 대로 움직여준다면 신경과학자는 아무 일도 하지 않습니다. 이 사례는 행위자가 다르게 행동할 가능성이 없었다 하더라도, 자신의 행동에 도덕적 책임을 지는 것이 직관적으로 타당할 수 있음을 보여줍니다. 오늘날 많은 양립가능론자가 프랭크퍼트식 사례를 근거 삼아 달리 행동할 능력이 도덕적 책임의 필요조건이 아니라 주장하죠.

나는 프랭크퍼트와 그를 따르는 사람들이 대안 가능성의 원리, 즉 우리는 오직 달리 행동할 가능성이 있었던 경우에만 자신의 행동에 도덕적 책임을 진다는 견해를 반박하는 데 성공했다고 보지 않습니다. 하지만 지금은 가능하면 옆길로 새지 않는 편이 낫겠죠. 여기서는 프랭크퍼트식 사례가 내가 제시하는 조작 사례와 어떻게 다른지만 설명하도록 하겠습니다.

프랭크퍼트식 사례에서는 신경과학자가 실제로 개입하지 않으므로 조작 행위가 전혀 일어나지 않습니다. 반면 내가 말한 엘리자베스 사례에서는 신경과학자 집단이 엘리자베스가 도널드를 살해하기로 마음먹는 데 영향을 주는 일련의 인과적 사건에 실제로 개입하므로 직접적인 조작 행위가 일어납니다. 이 사례는 어떤 행위자가 다른 행위자에 의해 특정한 행동을 하도록 인과적으로 결정된다면, 그 행위자는 양립가능론에서 말하는 도덕적 책임의 주요 조건을 모두 만족하더라도 자신의 행동에 책임이 없다고 직관적으로 판단할 수 있음을 보여줍니다. 그리

철학 논쟁

고 조작 사례 속 엘리자베스와 일반적인 결정론 사례 속 행위자의 처지는 유의미한 정도로 비슷하므로, 전자가 도덕적 책임을 질 수 없다면 후자 또한 마찬가지라는 것이 본 논증의 결론입니다. 이 마지막 주장에 대한 당신의 대답을 다루기 전에, 다이어트 사례—신경외과 의사가 당신의 뇌에 도넛이나 컵케이크를 먹는 일을 막는 장치를 심지만, 당신이 스스로 그런 음식을 먹지 않게 잘 참아내므로 '버튼을 누를 필요가 전혀 없는' 경우—가 엘리자베스의 조작 사례보다는 프랭크퍼트식 사례에 더 가깝다는 점을 지적하고 싶습니다. 따라서 당신이 든 예는 내가 고안한 사례와 차이가 있어요.

　　이 점을 확실히 밝혀두고, 이제 당신이 제기한 핵심 반론으로 넘어가보죠. 내가 제대로 이해한 것이 맞다면 당신의 생각은 이렇습니다. 엘리자베스가 조작 행위를 알고 있다면 도널드를 죽이기로 한 결정에 도덕적 책임을 져야 한다(조작자들이 '이 문제를 깊이 생각할 능력'을 발휘할 수 없도록 방해하지는 않는다고 가정한다). 내가 볼 때 이 대답에는 이상한 점이 크게 세 가지가 있습니다. 첫째, 조작 사례는 흔히 그렇듯 행위자가 자신이 조작당한다는 사실을 모른다고 가정합니다. 처음 엘리자베스 사례를 언급할 때 이 점을 확실히 밝히지 않았다면 내 실수로군요. 따라서 적어도 처음 이 논증을 다룰 때는 엘리자베스가 조작당한다는 사실을 모른다고 가정해야 합니다. 엘리자베스가 조작 행위를 모른다고 하면 그녀의 도덕적 책임에 관한 대답이 달라지나요? 만약 그렇다면 엘리자베스가 양립가능론에서 말하는 주요 조건을 모두 충족하더라도 도덕적 책임을 질 수 없다는 결론이 나오지 않나요? 그럴 경우 양립가능론에서 말하는 조건 하나하나, 혹은 전체가 자유의지의 충분조건이 아니라는 뜻이 됩니다.

이러한 결론을 피하려면 일종의 인식이나 앎의 조건을 내세워 행위자가 추론과 의사결정에 영향을 줄 수 있는 (어떻게 보면 비도덕적인) 인과적 요소나 자신의 과거와 관련한 정보를 낱낱이 알아야 한다고 주장할 수 있겠죠. 하지만 그런 조건을 내세우면 몇 가지 다른 문제가 생깁니다.

예를 들어, 우리가 관련한 정보를 낱낱이 아는 것이 가능하기나 할까요? 또, 여기서는 무엇을 '관련한' 정보로 간주해야 할까요? 우리를 조작하려는 시도가 있다는 것만 알면 될까요, 아니면 우리의 추론과 의사결정에 영향을 주는 다른 인과적 요소에 대해서도 알아야 할까요? 조작하려는 시도가 있다는 점만 알면 된다고 가정하는 것은 선결문제 요구의 오류가 되지 않을까요?(다른 결정론적 요인이 자유의지를 위협하지 않는다고 가정하기 때문이죠.) 그런 조건을 고려하기 전에 당신은 어떤 종류의 인식이나 앎이 필요하다 보는지 명확히 제시해주었으면 합니다. 당신이 하지도 않은 말을 가지고 허수아비를 때리는 오류를 범하고 싶지는 않으니, 먼저 자세한 설명을 듣고 내 생각을 더 이야기하도록 하죠.

데닛——— 간단히 말하자면 엘리자베스가 조작자에 의해 어떤 식으로든 영향을 받는다는 사실을 모른다고 한다면 그녀는 자신의 행동에 책임이 없습니다. 엘리자베스는 조작자가 부리는 꼭두각시일 뿐이므로 책임은 조작자에게 있죠.

카루소——— 엘리자베스가 조작당한다는 사실을 모른다면 조작 행위와 관련한 일에 책임을 질 수 없다는 데는 동의한다는 말이군요. 좋습니다. 그게 바로 내가 꼭 입증하고 싶었던 점이에요. 하지만 당신이 앎과 인식을 중요한 조건으로 본다는 데는 변함이 없으니 이 문제를 더 다뤄보도록 하죠.

나는 엘리자베스가 조작 행위를 안다고 가정한다 해서 양립가능론에 반대하는 조작 논증이 곧바로 무너진다고는 전혀 생각지 않습니다. 신경과학자 집단이 엘리자베스의 뇌에 장치를 심는 상황을 다시 한번 생각해보죠. 이번에는 조건을 바꿔서 엘리자베스가 신경과학자들이 자신을 뜻대로 조작할 수 있다는 사실을 안다고 해봅시다. 가령 엘리자베스가 치료를 위해 필요하다거나 하는 신경과학자들의 거짓말에 속아 조작 장치를 심게 되었다 가정할 수 있겠죠. 그러나 수술이 끝나자 신경과학자들은 이제 자신들이 그녀의 뇌를 원격으로 통제해 뜻대로 조작할 수 있다고 실토합니다. 불쌍한 엘리자베스는 자신이 외부의 힘에 조종당하는지 아닌지 알 길이 없죠. 엘리자베스의 21번째 생일날 신경과학자들은 장치를 작동시켜 그녀의 머릿속에 매우

이기적인 사고과정, 즉 도널드를 살해한다는 결론이 나오도록 정해져 있는 사고과정을 불러일으킵니다.

이번에도 마찬가지로 엘리자베스의 결정이 양립가능론에서 말하는 도덕적 책임의 주요 조건을 충족하는지 하나하나 따져볼 수 있죠. 가령 엘리자베스의 결정은 그녀의 기질에 어긋나지 않습니다. 또, 그녀는 이유에 적절히 반응하고, 도널드를 죽이기로 한 결정을 옳다 여기며, 도덕적인 이유에 따라 자신의 행동을 파악하고 적용하고 조절하는 능력을 지닙니다. 이 수정된 사례에서 엘리자베스는 도덕적으로 책임을 져야 하나요? 나는 결코 아니라고 직관적으로 판단합니다. 내 직관이 옳다면, (아마도 당신은 이 결론에 반대하겠지만) 엘리자베스가 신경과학자들의 존재를 안다고 해서 조작 행위와 관련한 일에 책임을 져야 한다고 말할 수는 없어요.

당신은 이 사례에 적절한 종류의 인식이 빠져 있다고 말할지 모릅니다. 그렇다면 도덕적 책임에 어떤 종류의 인식이 필요하다 보는지 설명해달라고 다시 한번 요청할 수밖에 없겠죠. 엘리자베스가 머릿속 조작 장치가 언제 실제로 작동하는지까지 알아야 한다고 볼 이유는 없습니다. 사실 엘리자베스 사례는 우리가 현실에서 접하는 광고나 기업의 조작 사례를 꽤 정확히 재현하고 있어요. 일상의 조작 사례에서 우리는 보통 외부의 행위자가 여러 물건을 구매하도록 부추기려 한다는 사실을 알지만, 아주 사소한 조짐까지 빠짐없이 알아챌 수는 없으니까요. 현실

철학 논쟁

적으로 우리는 다른 사람이 우리의 뇌에 계속 영향을 끼치려 한다는 정도의 상식만 가지고 살아야 하죠. 따라서 행위자가 도덕적 책임을 지기 위해서 모든 조작 시도를 빠짐없이 알아야 한다고 말하는 건 비현실적입니다.

마지막으로, 엘리자베스가 조작 행위와 관련한 정보를 다 안다 하더라도(즉, 신경과학자들의 존재와 21번째 생일에 일어날 일 모두를 안다 하더라도) 이것만으로 도널드를 죽인 결정에 도덕적 책임이 있다 말하기는 어렵다고 봅니다. 신경과학자들은 엘리자베스가 그런 정보를 따져보면서도 도널드를 살해하기로 한 결정을 '옳다 여기고', 그것을 '그녀 자신의' 결정으로 여기도록 조작할 수 있어요. 그리고 이 경우에도 엘리자베스는 여전히 양립가능론에서 말하는 주요 조건을 전부 충족하죠.

이런 식의 조작이 일어난다고 가정하면, 나와 마찬가지로 엘리자베스가—적어도 지금 논의 중인 응분의 비난과 처벌을 받아야 한다는 의미에서— 도덕적 책임을 져서는 안 된다고 직관적으로 판단할 사람이 많을 것입니다. 엘리자베스가 이기적으로 사고하고, 한 단계 높은 차원에서 자신의 결정을 옳다고 여겨 승인하는 행위는 모두 그녀가 통제할 수 없는 요소들(신경과학자들의 조작)이 낳은 결과이기 때문이죠.

이 결론이 양립가능론에 문제가 되는 이유는 조작 사례와 일반적인 결정론 사례 사이에 유의미한 차이가 없기 때문입니다. 내적 심리 상태와 사고, 한 단계 높은 차원에서 행동을 옳다고 여기고 승인하는 일이 행위자가 통제할 수 없는 요소에 의해 인과적으로 결정된다는 점은 양쪽 다 같으니까요. 조작 사례 속 행위자가 도덕적 책임을 질 수 없다면 일반적인 결정론 사례 속 행위자 또한 마찬가지이므로, 나는 우리가 양립가능론을 거부해야 한다고 주장합니다(당신은 이 문장의 선행사건에 반대하겠지만, 나는 방금 당신이 반대하는 이유가 설득력이 없음을 밝혔습니다. 내 주장이 옳다면 우리는 조작 논증의 결론을 받아들여야 합니다).

하지만 여기서 당신이 둘 만한 수가 한 가지 더 있습니다. 조작 사례에서 엘리자베스에게 도덕적 책임이 없다는 직관을 공격하는 대신, 그 점을 인정하면서 조작 사례와 자연적 결정론 사례를 구별하는 것이죠. 다시 말해, 둘 사이에는 유의미한 차이가 있으며, 이 차이로 인해 조작 사례의 행위자에게는 자유와 도덕적 책임이 없는 반면, 조작 없이 인과적으로 결정된 상황 속 행위자에게는 자유와 도덕적 책임이 있다고 주장하는 겁니다. 당신도 바로 그런 생각에서 "과거는 행위자가 아니기에 우리를 통제하면서 피드백을 받을 수가 없어요"라고 말한 것이 아닌가요? 이 말은 조작 사례에서는 외부 행위자가 의도를 가진 조작자로서 행동하는 반면, 자연적 결정론 사례에는 그런 행위자가 없다는 점을 유의미한 차이로 지적하는 말로 들립니다. 하지만 나는 이런 지적에 두 가지 대답을 제시하겠습니다.

첫째, 이것이 유의미한 차이라고 가정하는 것은 선결문제 요구의 오류입니다. 양립불가능론자들은 양립가능론에서 말하는 '자유로운 행동'을 낳는 행위자의 내적 상태가 다른 행위자에 의해 유발되었는지, 아니면 완전히 비인격적인 힘에 의해 유발되었는지는 조금도 중요하지 않다고 주장할 겁니다. 양립가능론자들이 말하듯 자유의지와 도덕적 책임이 우리의 행동을 결정하는 통제 불가능한 요소와 양립할 수 있다면, 그 요인이 인격적인지 비인격적인지는 문제가 되지 않아야 합니다.

둘째, 지금까지 나온 대부분의 조작 사례에는 의도를 가진 조작자로서 행동하는 외부 행위자가 등장하지만, 그런 행위자가 전혀 나오지 않는 새로운 조작 사례를 고안할 수도 있어요. 일례로 다음과 같은 상황을 생각해보죠.

뇌 이식 장치 오작동 사례: 엘리자베스는 조작이 아니라 치료 목적으로(가령 파킨슨병으로 인한 발작이나 떨림을 막으려는 목적으로) 뇌에 장치를 이식받습니다. 이 장치는 정상 작동할 경우 엘리자베스의 사고에 영향을 주지 않습니다. 그런데 어느 날 장치가 오작동하여 그녀의 머릿속에 도널드를 살해한다는 결론이 나오도록 정해진 이기적인 사고과정을 불러일으키고 맙니다. 그리고 이 과정은 양립가능론에서 말하는 주요 조건을 모두 충족하는 방식으로 일어납니다. 즉 엘리자베스의 결정은 그녀의 기질에 어긋나지 않으며, 그녀는 이유에 적절히 반응하고, 도널드를 죽이기로 한 결정을 옳다 여기고, 도덕적인 이유에 따라 자신의 행동을 파악하고 적용하고 조절하는 능력을 지닙니다. 이것은 엘리자베스의 뇌에 이식된 장치가 오작동을 일으킨 탓에 우연한 조작이 발생한 사례입니다. (우리는 이와 비슷한 사례를 얼마든지 쉽게 떠올릴 수 있습니다. 가령 고양이가 원격제어장치의 버튼을 밟고 지나갔다는 식으로 말이죠.)

이 사례는 의도를 가진 조작자로서 행동하는 외부 행위자 없이도 조작당한 행위자가 범죄를 저지르도록 결정지어지는 상황을 보여줍니다. 양립가능론자도 장치가 특정한 의도로 심어졌다는 이유로 이 사례에 반박하지는 못할 겁니다. 장치가 특정한 의도로(치료 목적으로) 심어졌다는 사실은 이 사례의 철학적 요지, 즉 장치의 오작동과 그로 인한 조작이 의도를 가진 조작자로서 행동하는 외부 행위자에 의해 일어나지 않았다는 점에 조금도 영향을 주지 않으니까요. 따라서 외부 행위자의 의도적인 조작이 있는지 없는지는 중요한 차이가 아닙니다.

데닛——— 우선 다시 한번 당신의 훌륭한 작업을 칭찬해야겠군요. 철학자들이 프랭크퍼트식 사례(현재 조작이 일어나지는 않지만, 행위자가 과거에 조작 장치를 이식받은 탓에 잠재적인 조작 가능성이 있다고 가정하는 사례)와 현재 조작이 일어나는 사례를 다루면서 둔 다양한 '수'를 잘 분류했어요. 게다가 이런 사례를 가지고 논쟁을 벌이는 철학자들이 보통 어떤 식으로 논의를 전개

철학 논쟁

하는지도 똑똑히 보여주었어요. 바로 더 많은 직관펌프를 만들어내는 것이죠. 철학자들은 모든 허점을 메우고 직관이라는 최종 시험을 만족스럽게 통과했다는 생각이 들 때까지 자신이 드는 사례를 손보고 가지를 치고 단단히 다집니다. (그런데 이런 직관은 어디서 오는 걸까요? 철학자들은 어째서 그런 직관을 갖고 있죠? 그런 직관을 지탱하고 설명하는 근거는 뭘까요? 내가 설명하려는 것은 바로 이런 의문들입니다.) 그러나 결국 당신은 내가 흔히 무시당해 왔다고 말한 문제에 맞닥뜨릴 수밖에 없어요. 엘리자베스가 무엇을 알고 있고, 그녀의 앎이 상황에 어떤 영향을 끼치는가 하는 문제 말이에요.

내가 왜 지금껏 철학 논쟁에서 이 문제를 다루지 않은 것을 큰 실수라 보는지 그 배경을 조금 더 설명할게요. 나는 조작 사례와 일상적인 결정론 사례에 차이가 있다고 가정하지 않아요. 그런 차이가 존재한다는 사실을 입증할 뿐이죠. 그리고 지금부터 그 차이를 간단히 설명할 겁니다. 돌, 산, 밀물과 썰물은 행위자가 아닙니다. 박테리아, 나무, 늑대, 침팬지, 인간은 행위자고요. 모든 생물은 이런저런 행위자죠. 그리고 행위자와 비행위자를 나누는 차이 중 하나는 전자가 자신에게 쏟아져 들어오는 무수한 외부 자극으로부터 정보를 얻고, 이 정보를 이용해 생존 가능성을 높이는 능력을 (자연선택에 의해) 지닌다는 겁니다.

유기체 중에는 오직 호모사피엔스라는 종의 일원만이 언어를 통해 자기 통제력을 엄청나게 끌어올릴 수 있습니다. 우리는 인간이 달성하는 일반적인 수준의 능숙함을 보통 이해력이라 부르죠.[19] 화학자는 실험실에서 다루는 물질에게 지금 어떤 실험을 하는지 속삭일 필요가 없습니다. 심리학자는 초파리나 침팬지, 돌고래를 대상으로 실험을 할 때, 어떤 조작을 가할 계획인지, 혹은 종속변인에서 어떤 변화가 나타나기를 기대하는지 말하지 않으려 조심할 필요가 없죠. 하지만 인간을 대상으로 할 때는 피험자가 자신이 받을 실험의 요지를 다 알지 못한 채 '순진한' 상태로 있도록 각별한 주의를 기울여야 합니다. 이유가 뭘까요? 앞에서 지적했듯, 인간 피험자에게 조작이나 예측에 관한 정보를 주면 그 피험자는 실험자의 통제에서 벗어납니다. 당연한 일 아닌가요? 피험자는 실험자에게 협력하거나 하지 않을 이유를 떠올릴 수 있을 뿐만 아니라, 다른 조언자나 자료로부터 실험자가 (전지전능한 신이 아닌 이상) 전혀 통제할 수 없고 알지도 못하는 정보를 구할 수도 있으니 말이죠.

이건 결정론과 아무런 관계가 없어요. 제 기능을 하는 인간 행위자의 '정의'를 알기 쉽게 보여주는 이야기일 뿐이죠. 나는 방금 '정의'라는 단어에 의문을 표하고자 따옴표를 쳤어요. 당연한 말이지만 어떤 사람이 자기가 하는 행동을 이해하는지, 책임을 질 능력이 충분한지 확실히 판단할 수 없는 모호한 경우가 허다하기 때문이죠. 이것은 다윈의 점진주의gradualism가 어떻게 철학 논증을 무너뜨리는지를 보여주는 또 하나의 사례입니다. 당신이 내게 요구한 것처럼 '관련 요인'을 하나도 빠짐없이 규정하려는 시도는 반증 불가능한 포유류의 본질을 정의하려는 것만큼이나 부질없는 일이에요. 그러니 관련 조건을 전부 나열하려 헛수고를 하기보다는, 그 조건들을 생성하는 원리를 설명하도록 하죠.

사회계약에 따라 인간 행위자는 정치적 자유(자유롭게 이동하고 단체를 결성하고 각종 활동에 참여하는 데 필요한 보호와 안정을 요구할 권리 등)를 누리지만, 그 대가로 자신의 통제권을 빼앗고 책임 능력을 침해할지 모르는 잠재적 조작자를 경계함으로써 주체성을 지킬 의무도 지닙니다. 태어날 때부터 도덕적 책임을 지니는 사람은 아무도 없어요. 사람은 보통 성장 과정에서 부모와 동료, 스승, 나머지 사회 구성원, 책과 오락거리 등으로부터 도덕 교육을 받으며 책임을 성취하죠.

다만 누군가 적절한 책임 능력을 갖추었을 때 그 사실을 알리는 자연적인 신호 같은 건 존재하지 않기에, 우리는 법을 통해 인위적인 신호를 설정합니다. 자유롭게 성적 자기결정권을 행사하고 운전을 하고 술을 살 수 있는 나이를 법으로 정해놓는 것처럼요. 이런 기준은 임의로 정한 것이지만, 우리가 장차 인간의 능력을 더 잘 알게 된다면 정치적 설득과 행동을 통해 얼마든지 기준을 바꿀 수 있겠죠. 그리고 누군가 노화로 인해 잠재적 조작자로부터 자신과 다른 사람을 지킬 수 없게 될 경우, 안타깝지만 우리는 그를 책임 능력이 없는 사람으로 격하합니다. 이런 일을 규정하는 법률의(그리고 그 이면에 깔린 암묵적인 도덕 규범과 기준의) 핵심 근거가 이해력에 달려 있다는 점에 주목합시다. 우리는 책임을 지니고 태어나지 않으며, 평생 책임을 유지하리라는 보장도 없지만, 일단 책임 능력을 갖추면 그 능력을 지킬 책임을 지게 됩니다.

따라서 엘리자베스의 인지능력이 조작으로 인해 훼손되지 않았으며, 그녀가 자신의 상황을 이해하고 조작이 끼칠 영향이 어느 정도인지를 알면서도 조작에 따른 충동에 저항하지 않는다면, 그녀는 범죄 행위에 동참한 것이나 다름없으므로 처벌을 받아야 합니다. (반대의 경우라면 조작자만이 살인자로서 처벌을 받아야겠죠.) 이 경우 엘리자베스는 상황을 잘 알았고, 어떻게 행동할지 직접 선택했으며, 다른 행위자의 통제를 받지 않았어요. 또, 그녀의 결정은 '통제할 수 없는 요인에 의해' 유발되지도 않았죠. 이것은 문제의 핵심을 찌르는 주장이므로 조금 더 자세히 설명하겠습니다.

첫 대담에서 나는 "바람을 부릴 수는 없어도 돛을 조작할 수는 있지"라는 리키 스캑스의 노랫말을 인용했어요. 스캑스는 수많은 요인이 영향을 미쳐 어찌할 수 없는 곤경에 빠지더라도, 자신이 탄 배만큼은 —그가 통제할 수 없는 또 다른 요인들 덕분에— 조작할 수 있음을 노래하고 있죠. 그가 어려운 상황에서도 통제력을 발휘할 수 있는 이유는 배를 모는 법을 익혔기 때문이라고 가정할 수 있습니다(스캑스가 실제로 배를 몰아봤는지는 확실치 않아요. 아마 노련한 뱃사람이라면 '돛을 매만질 수는 있지'라고 말

철학 논쟁

했을 테니까요). 설령 그가 자신이 통제할 수 없는 상황 덕분에 운 좋게 유능한 뱃사람이 되었다 하더라도, 그에게 돛을 매만지고 배를 조작하는 능력이 있다는 사실은 변함이 없죠.

마찬가지로 엘리자베스가 정상적인 인지능력을 가지고 있고, 조작 행위에 대해 안다면 이렇게 말하는 것이 맞아요. "나를 조작하려는 시도를 통제할 수는 없지만, 그런 시도를 예측하고 방해하려 노력할 수는 있어. 그들이 나를 통제하고 있다 믿는다면 큰 오산이야." 당신과 다른 회의론자들은 엘리자베스의 과거를 유심히 들여다보면 그녀의 자기 통제력이 통제할 수 없는 상황에서 비롯했음을 알 수 있다는 사실을 중요하게 생각하죠. 하지만 이것은 지금 그녀에게 통제력이 없다는 뜻도, 사악한 신경과학자들이 그녀를 통제할 수 있다는 뜻도 아니에요. 신경과학자들은 전지전능한 존재가 아닌 이상 엘리자베스를 통제할 수 없습니다.

첫 대담에서도 말했듯, 철학자들은 인과와 통제의 차이를 구별하지 못할 때가 많아요. 당신이 집중해서 업무를 하려던 차에 아름다운 저녁노을에 주의를 빼앗기는 경우와 아름다운 저녁노을을 찍은 유튜브 영상에 정신이 팔리는 경우 사이에는 어떤 차이가 있을까요? 후자는 통제자, 혹은 잠재적 조작자에 의해 유발된 반면, 전자는 때마침 일어난 일일 뿐이에요.

우리에게 (저녁노을이나 사람들이 내는 소음, 몽상 등에) 주의를 빼앗기지 않는 능력을 키우고 유지할 책임이 있는 것은 사실이지만, 보통은 우리의 주의를 빼앗고 (어느 정도) 통제하려 하는 다른 행위자의 의도적·반복적 시도를 특히 경계해야 한다고 생각하죠. 게다가 이런 시도가 성공할 경우, 우리는 그 행위자에게 마땅히 책임을 물을 수 있습니다. 우리의 책임을 그들에게 떠넘기는 것이죠. 만약 당신이 차를 운전하다 저녁노을에 정신이 팔려 사고를 낸다면 저녁노을을 탓해선 안 되지만, 갑자기 운전하는 동안 힐끔힐끔 쳐다봐야 하는 내비게이션 화면에 몇 초간 포르노 영상이 나와 누군들 얼떨떨할 수밖에 없는 상황에서 사고가 난다면 당연히 내비게이션 회사를 탓하며 대부분의 책임을 떠넘길 수 있어요. (그리고 당신이 말한 장치 오작동으로 인한 조작 사례에서 엘리자베스는 아무런 책임이 없지만, 장치를 만든 쪽은 그렇지 않죠. 만약 그 오작동이 의도된 일이라면 제조자는 범죄를 저지른 것이고, 설계를 잘못해서 일어난 일이라면 태만에 의한 과실로 법적 책임을 질 수 있습니다.)

앞서 태어날 때부터 도덕적 책임을 지니는 사람은 아무도 없다고 말한 김에, 이 문제를 다룰 때 흔히 제기되는 논증 하나를 잠깐 살펴보죠. 최근에는 갈렌 스트로슨이 '절대적 자유의지와 도덕적 책임'에 반대하는 기본 논증이라는 이름으로 아래와 같은 논증을 제시했어요.[20]

(1) 주어진 어떤 상황에서 내가 하는 일을 하는 이유는 내

철학 논쟁

가 나이기 때문이다.

(2) 따라서 내가 하는 일에 궁극적 책임을 지려면 내가 나인 것에 (적어도 중요한 정신적 측면에서) 궁극적 책임을 져야 한다.

(3) 하지만 내가 나인 것에는 어떤 측면에서도 궁극적 책임을 질 수 없다.

(4) 따라서 내가 하는 일에 궁극적 책임을 질 수는 없다.

여기서 가장 문제가 되는 항목은 (3)이에요. 내가 나인 것에 어떤 측면에서도 궁극적 책임을 질 수 없는 이유는 뭘까요? 답을 찾으려면 이 논증을 자세히 풀어볼 필요가 있습니다.

(a) 애초에 내가 나인 이유는 유전과 초기경험early experience에 따른 결과라는 사실은 명백하다.

(b) 내가 유전과 초기경험에 어떤 식으로도 책임을(도덕적 책임 또는 다른 유형의 책임을) 질 수 없다는 사실은 명백하다.

(c) 그러나 이후 생애단계에서도 유전과 초기 경험에 따른 결과로 이미 주어진 나를 바꾸려 노력함으로써 내가 나인 것에 진정한, 또는 궁극적인 책임을 갖기를 기대할 수는 없다.

(d) 왜 그런가? 내가 나를 어떤 방식으로 바꾸려 하는지, 그리고 나를 바꾸려 하면서 얼마나 성공을 거두는지는 유

전과 초기 경험에 따른 결과로 이미 주어진 나에 의해
결정될 것이기 때문이다.

(e) 그리고 처음에 내가 일으킨 어떤 변화 이후 추가로 일으
킬 수 있는 변화는 모두 유전과 초기 경험, 그리고 처음
의 변화에 의해 결정될 것이다.

이 논증의 오류는 어디에 있을까요? 스트로슨은 피어붐이
나과 다른 여러 철학자와 마찬가지로 궁극적, 절대적 책임이라
는 관념을 정의하려 들어요. 하지만 당신이 '기본적 혹은 궁극
적' 책임을 버리고 부분적 책임이나 책임인 셈sorta이라는 개념
을 받아들이는 순간, 모든 문제가 풀립니다(셈이라는 표현을 중요
하게 생각하는 이유는 《직관펌프, 생각을 열다》에서 설명했습니다).

스트로슨의 말마따나 삶을 시작하는 단계에서는 아무것
도 책임질 수 없어요. 책임이 있는 셈이라고 할 수조차 없죠. 이
때는 모든 것이 운에 달려 있습니다. 하지만 자라면서 더 많은
능력을 갖추면 보통은 행동의 일부 측면에 책임을 집니다. 부모
의 허락이 필요한 단계에서는 그 정도 책임을 지는 것조차 아직
자신의 몫이 아닌 셈이지만, 이런 식으로 차츰 성장하는 것이
죠. 열세 살짜리 아이가 심부름으로 걸음마를 시작한 동생을 돌
보는 상황을 떠올려보면 이해가 쉬울 겁니다.

그리고 책임 있는 존재로 성장할수록 나의 행동이 인과적
배경, 즉 나를 나로 만드는 연구개발R&D 활동에서 차지하는 비

중은 점점 커집니다. 이제 어느 정도 행동에 책임이 있는 셈이죠. 인간은 자기원인이나 절대적인 자기 창조자 같은 가상의 존재가 아니라 늘 변화하는 존재예요. 불완전하게나마 자기 힘으로 성장하며, 끊임없이 행동하고 (연습, 연습, 또 연습하고) 성찰함으로써 아이였던 자신을 다듬어 어른이 되어가죠. 어떤 사람이 모형 비행기를 조작하다 피해를 주면 그에 대한 책임을 묻듯, 몸을 통제하는 법을 배운 사람이 남에게 직접적인 해를 가하면 마땅히 책임을 묻는 것이죠.

나는 내 이야기의 절대적인 단독 저자가 아니지만, 열망, 계획, 태도, 특성, 성향, 약점과 관련해서는 많은 부분 단순한 공동 저자 이상의 지위를 갖습니다. 또, 내가 자신을 바로잡는 데―의도적으로―더 많은 주의를 기울이지 않는다면, 그 역시 나의 책임이에요. 만약 내가 알람을 맞추라는 충고를 무시했다가 당신과 만나기로 한 약속 시간을 깜빡한다면, 당신은 나를 탓하고 나는 잘못을 사과하는 것이 당연하겠죠. 그런데 만약 내가 '달리 행동할 수 없었던' 상황에서도 당신이 나를 탓할 수 있다면 이유가 뭘까요? 일전에 세라 흘라디코바라는 학생이 에세이에 이런 말을 쓴 적이 있어요. "이번에는 달리 행동할 수 없었지만, 다음번에는 꼭 그렇게 하고 말겠다." 자신을 만들어가는 과정은 어른이 된다고 해서 끝나는 일이 아닙니다.

물론 안타깝게도 어떤 사람들은 어쩔 수 없는 이유로 이러한 성장 과정을 충분히 거치지 못합니다. 만약 능력에 결함이 있는 경우라면, 결코 책임을 물어선 안 되겠죠. 또, 제대로 된 성장 과정을 거치지 못한 사람 중 상당수는 불우한 어린 시절을 보냈고, 이런 과거 역시 책임을 물을 수 없는 일이에요. 하지만 그들 중 일부(어쩌면 대다수)는 어린 시절 겪은 고생과 부당한 상황으로 인해 남들보다 일찍 자기 통제력과 책임감을 갖춘다는 점을 생각해볼 필요가 있어요. 부모가 자식을 내팽개친 탓에 혼자서 몇 년간 어린 동생들을 돌본 열다섯 소녀는 자상하고 온화한 부모 밑에서 태어나 똑똑한 가정교사를 두고 조랑말을 애완동물로 키우는 동갑내기보다 아이를 돌보는 일을 책임지고 잘해낼 가능성이 훨씬 크겠죠.

철학자들이 결정론이 참이라면 무언가에 책임질 수 있는 사람은 아무도 없다는 일반 형이상학적 주장을 펼치며 이런 중요한 차이를 어물쩍 넘기는 걸 보면 어안이 벙벙합니다. 나는 이것이 궁극적 책임이라는 관념을 귀류법으로 논박하면서 나온 결론이라 봅니다. 철학자 데이비드 샌퍼드David Sanford도 이런 방식으로 포유류가 존재할 수 없음을 증명하는 우스꽝스러운 논변을 내놓았죠. "모든 포유류에게는 (본질상 혹은 정의상으로) 포유류 어미가 있는데, 이를 따라 올라가면 무한한 수의 포유류가 존재해야 한다. 그러나 포유류는 무한히 존재할 수 없으므로, 포유류라는 것은 존재하지 않는다(나는 《의식의 수수께끼를 풀다》를 비롯한 여러 저서에서 이 논변을 다루었습니다)." 이런 논변은 소리테스의 역설, 즉 더미의 역설이라는 케케묵은 철학적 오류를 (잘못) 끌어다 쓴 또 하나의 사례예요. 모래 한 알은 모래 더미가 아니며, 더미가 아닌 것에 모래 한 알을 더한다 해서 더미가 되지는 않으므로 모래 두 알은 더미가 아니며… 질릴 때까지 반복해도 되는 겁니다.

그러면 이번에는 내가 당신이 빠져나갈 논리를 하나 제안하죠. 엘리자베스는 조작자의 존재를 알아차렸으면서도 너무 바빠서 그 문제를 깊이 생각할 겨를이 없었을지 모릅니다. 아니면 터무니없는 실수를 저질러서 새로운 정보의 의미를 제대로 이해하지 못했거나요. 현실에서 우리는 이런 사례를 무수히 접합니다. 앞서 당신은 이렇게 말했죠. "행위자가 도덕적 책임을 지기 위해서 모든 조작 시도를 빠짐없이 알아야 한다고 말하는 건 비현실적입니다." 물론 그렇겠죠. 하지만 사람들이 최선을 다해 그런 시도를 막고 그 문제에 관한 믿을 만한 정보에 귀를 기울여야 한다고 말하는 건 전혀 비현실적이지 않아요.

2020년 1월 정보기관에서 코로나바이러스의 위험성을 알리는 보고서를 냈을 때, 그것을 인지하지 못한 책임은 누구에게 있죠? 철학적, 신경생리학적 사실들을 가지고서는 이런 물음에 답을 할 수 없어요. 우리가 서로에게 얼마나 엄격하게 책임을 물을지는 직접 판단을(최종적으로는 정치적 판단을) 내려야 할 문제입니다. 예전에는 사고가 발생하면 보통 대통령이 나서서 주요한 원인을 인지하고 사고를 예측하지 못한 데 책임을 지겠다는 뜻에서 "제가 알았어야 했"다고 밝히기도 했어요. 우리는 도덕적 책임이 낡아빠진 개념이라는 생각에 익숙해져서는 안 됩니다.

카루소—— 이번에는 내 쪽에서 답할 것이 많군요, 댄. 아무래도 몇 가지 중요한 사안에 초점을 맞춰 답을 하는 편이 좋을 것 같습니다. 첫 번째로 당신의 논지에 따르면, 엘리자베스와 같은 조작 사례는 양립가능론에서 말하는 행동의 주요 조건을 전부 충족할 수는 없습니다. 당신은 엘리자베스가 조작 장치의 존재와 신경과학자들의 악행을 알아야 한다고 보는 동시에 그것을 안다면 조작에서 벗어난다고 주장하니까요. (그렇지 않다면 그녀는 양립가능론에서 말하는 통제력을 지니지 않는다는 뜻이 되죠.)

글쎄요, 이건 너무 편리한 논리 아닌가요? 물론 당신이 조작 사례가 불가능하다 보고 이를 이용한 철학적 가정조차 받아들이지 않겠다고 한다면, 지금 이 자리에서 조작 사례를 직관펌프 삼아 자연적 결정론 사례에 관한 명확한 직관을 이끌어내려 하는 것은 무의미한 일이겠죠. 하지만 내가 이런 '사고실험'을 언급한 의도는 몇 가지 사실에 대해 동의를 구하려는 것이었습니다. 그렇기에 엘리자베스 사례를 들어 그녀가 양립가능론에서 말하는 자유의지와 도덕적 책임의 주요 조건을 모두 충족한다는 점을 밝힌 다음, 이것이 어떻게 가능한지를 설명하기 위해 조작 사례를 계속 수정한 것이죠.

철학 논쟁

안타깝지만 조종당하는 사람이 그 사실을 아는지를 놓고 지금껏 벌인 논의는 핵심 쟁점에서 벗어난 것입니다. 만약 일반적인 결정론 사례에서 신경적, 물리적 요인이 우리의 행동에 인과적으로 어떤 영향을 주는지 알 수 있고, 그에 대응할 능력을 갖추고 있다면, 우리는 그런 영향 아래서도 행동에 책임을 질 수 있습니다. 그러나 현실에서 우리는 그런 영향을 인지하지 못하며, 그에 대응할 능력을 지니고 있지도 않아요. 엘리자베스 사례를 처음에 제시한 형태(즉, 엘리자베스가 자신이 조작당한다는 것을 모르며 조작에 대응할 능력도 지니지 않는다는 가정)로 고안한 것은 이런 이유에서였습니다. 따라서 엘리자베스 사례와 일반적인 결정론 사례는 유의미한 정도로 비슷하며, 전자와 마찬가지로 후자 속 행위자 또한 자신이 처한 상황에 책임을 질 수 없다는 결론이 나옵니다. 자신의 행동이 어떻게 인과적으로 결정되어 있는지 알 수 없는 일반적인 결정론 사례에서는 행위자가 응분에 따른 도덕적 책임을 질 수 없다는 데 동의하나요?

데닛—— 천만에요. 당신이 방금 강조한 문장은 전혀 사실이 아니에요. 현실에서 우리처럼 책임이 있는 성인은 신경적·물리적 영향에 대응할 능력과 그 영향을 경계할 의무를 지니며, 다른 사람이 자신을 꼭두각시로 부리지 못하도록 합리적인 조치를 취할 책임이 있습니다. (이는 내가 브랜블롭스 사례라는 직관펌프를 통해 지적하려 한 사실 중 하나입니다.) 따라서 내 이야기는 그저 편리한 논리가 아니라 진실을 담고 있어요.

내가 보기에 당신이나 다른 조작 사례를 고안한 연구자들은 자신이 드는 예를 면밀히 검토하지 않은 것 같습니다. 앞서 말했듯, 행위자와 비행위자 간에는 어마어마한 차이가 있으며, 성인과 아이, 동물 간에도 지적 능력과 관계없이 어마어마한 차이가 있죠. 정상적인 성인은 이해력을 지니므로 조작 사례에서는 행위자가 자신의 행동을 예측하고 통제하려는 조작 시도를 아는 경우를 고려해야 해요. 만약 행위자가 그 사실을 안다면 (조작자가 행위자의 인지능력을 어떻게든 무력화하지 않는 이상) 그로 인해 행위자는 조작자의 통제에서 벗어나죠.

그리고 당신이 말하는(조작자가 존재하지 않는) '일반적인 결정론 사례'에서 행위자는 보통 자신이 비밀리에 조작당하지 않는다는 평범한 믿음을 가지고 있으며, 그렇게 믿는 것이 당연해요. 행위자의 과거 전체가 현재 그가 어떤 사람인지를 결정하는 '원인'이며 행위자가 벗어나거나 인지하기 어려운 방식으로 영향을 끼치지만, 그렇다 해서 이를 근거로 현재 행위자에게 책임감과 자기 통제력을 갖춘 사람이 되려 노력할 책임이 없다고 볼수는 없습니다.

카루소—— 때로는 우리가 '신경적·물리적 영향에 대응' 할 수 있다는 데는 동의하지만, 결정론을 가정하면 그에 대응하는 능력 자체가 인과적으로 결정되어 있으리라는 점만큼은 당

철학 논쟁

신도 인정해야 합니다. 내가 심각한 초콜릿 중독에 빠져 초콜릿이 보일 때마다 전부 먹어치운다고 가정해보죠. 이때 초콜릿을 향한 나의 욕망은 여러 신경적·물리적 영향에 따른 결과라 할 수 있습니다. 초콜릿의 중독 성분이 뇌의 화학 반응에 끼치는 영향이나 TV에 나오는 갖가지 초콜릿 광고 등을 예로 들 수 있겠죠. 그러던 어느 날 나는 초콜릿 중독자 갱생 모임에 나가기로 마음먹고, 모임에 꾸준히 참석한 끝에 마침내 초콜릿을 향한 욕망에 저항할 수 있게 됩니다. 당신의 설명에 따르면, 자신을 통제하는 훈련이 성공을 거둔 덕에 나는 칭찬이나 비난을 받아 마땅하다는 도덕적 책임을 갖추었다 볼 수 있습니다.

　나는 이 사례가 중독을 방치하는 경우와 달리 일정 수준의 자기 통제력을 보여주는 건 맞지만, 이 정도 자기 통제력을 가지고는 응분에 따라 칭찬을 할지 비난을 할지 판단하는 일을 정당화할 수 없다고 주장합니다. 여기서 내가 알고 싶은 문제는 이겁니다. 초콜릿 욕망하기를 멈추고자 하는 2차적 욕망은 어디서 오는 걸까요? 양립가능론자들은 결정론과 자유의지를 조화시키기 위해 결정론적 가정을 고수하므로, 2차적 욕망 자체는 내가 통제할 수 없는 요소(예를 들면 의사의 충고, 아내의 몸무게 지적, 신문에서 읽은 기사 등)에 의해 인과적으로 결정되었으리라는 점을 인정해야만 합니다.

　따라서 조작 사례처럼, 결정론적 사례의 행위자도 응분에 따라 도덕적 책임을 지는 데 필요한 행동 통제력을 지니지 않는다는 말은 결국 그가 어떻게 생각하고 행동할지는 가깝거나 먼 원인들에 의해 결정되며, 그에게는 이 원인들을 직접 통제할 능력이 없다는 말입니다. 물론 행위자가 당신이 말하는 것과 같은 자기 통제력을 지닌다는 점은 인정합니다. 하지만 그러한 통제력은 행위자가 자신의 행동에 (기본적이든 그렇지 않든) 응분의 칭찬과 비난, 보상과 처벌을 받을 수 있는지를 판단하는 문제와 관련이 없어요. 조작 논증과 운 논증은 왜 그런지를 보여주기 위한 근거이고요. (운 논증은 이후에 꼭 다루도록 하겠습니다.)

둘째, '행위자와 비행위자 사이에는 어마어마한 차이가 있다'는 주장에는 전적으로 동의합니다. 하지만 나 같은 양립불가능론자들은 '자유로운' 것처럼 보이는 행동을 인과적으로 결정하는 행위자의 내적 심리 상태가 다른 행위자에 의해 결정되는지, 아니면 완벽히 비인격적인 요인에 의해 결정되는지는 조작 논증에서 전혀 중요한 문제가 아니라고 말할 겁니다. 내가 앞서 언급한 대로, "양립가능론자들이 말하듯 자유의지와 도덕적 책임이 우리의 행동을 결정하는 통제 불가능한 요인과 양립할 수 있다면, 그 요인이 인격적인지 비인격적인지는 문제가 되지 않아야" 하죠. 조작 논증에서 인격적 요인과 비인격적 요인의 차이가 중요하다고 주장하는 것은 선결문제 요구의 오류예요.

또, 나는 의도를 가지고 조작자로 행동하는 외부 행위자가 없더라도 조종당하는 행위자가 범죄를 저지르도록 결정될 수 있음을 보여주고자 뇌 이식 장치 오작동 사례를 제시했습니다.

철학 논쟁

당신도 이 사례에서 '엘리자베스는 아무런 책임이 없다'는 데 동의했죠. 그런데 내가 보기엔 여기에 동의한다는 사실이 오히려 당신을(그리고 다른 양립가능론자들을) 난처하게 만듭니다. 오작동 사례는 행위자인 엘리자베스가 양립가능론자들이 말하는 관련 조건 전부를 충족하도록 짜여 있기 때문이죠. 따라서 엘리자베스가 이 사례에서 도덕적 책임을 질 수 없다고 인정한다면, 사실상 그런 조건들 하나하나 혹은 전체가 도덕적 책임을 정당화하기에 충분치 않다는 것을 인정하는 셈입니다.

데닛———— 여기서 우리의 견해가 완전히 엇갈리는군요, 그레그. 일부 행위자가 내가 말한 것과 같은 자기 통제력을 지닌다는 점은 인정하지만, 그러한 통제력은 행위자가 "응분의 칭찬과 비난, 보상과 처벌을 받을 수 있는지를 판단하는 문제와 관련이 없"다고요. '내가 말한'(제어이론control theory에 뿌리를 두지만, 더 중요하게는 일상에서 우리가 자신과 다른 사람의 행동을 평가하면서 내리는 판단과 구별에 근거한) 자기 통제력이 도덕적으로 중요한 이유는 앞에서 설명했습니다. 내가 조작하던 드론이 당신이 운전하던 차의 앞 유리를 들이받는 바람에 당신이 차에 대한 통제력을 잃고 행인을 치어 숨지게 할 경우, 나 역시 통제할 수 없는 상황으로 인해(가령 드론 제조사의 잘못으로) 드론에 대한 통제력을 잃은 게 아닌 이상 당신이 아니라 내가 도덕적인 책임을 져야겠죠.

우리는 우리가 통제하는 것에 책임이 있으므로, 일반적인 경우라면 행동에 책임을 져야 하며, 그 행동의 결과에 따라 응분의 칭찬과 비난, 보상과 처벌을 받으리라는 것을 알고 있어요. 이런 원칙은 결정론을 받아들이는지 아닌지와 아무런 관계가 없습니다. 그런데 아직 당신은 자기 통제력을 어떻게 이해하는지 전혀 이야기하지 않았으니, 그것이 응분과 관련해 더 중요한 역할을 하는지 판단할 수가 없군요.

카루소—— 당신이 자기 통제력이 도덕적으로 중요한 이유를 앞에서 설명한 것은 맞지만, 나는 그 설명이 썩 설득력 있지는 않다고 답했습니다. 그 근거로 조작당한 행위자가 당신이 말한 통제력을 지니면서도 정작 가장 중요한 응분에 따른 도덕적 책임을 질 수 없는 사례를 들었죠. 엘리자베스가 조작당한다는 사실을 모르는 경우나 뇌 이식 장치 오작동 사례에서는 행위자가 도덕적 책임을 질 수 없다는 점을 당신도 인정했고요. 당신은 엘리자베스가 신경과학자들의 사악한 행위를 안다면, 조작에서 벗어나거나 양립가능론적인 의미의 통제력을 지니지 않거나 둘 중 하나라는 논리를 내세워 조작 사례에 반박했죠. 하지만 나는 그런 주장 역시 설득력이 떨어진다고 봅니다. 지금부터 이유를 설명하죠.

당신의 가정은 애초에 공정해보이지 않지만 그것을 받아들여 엘리자베스가 조작 행위를 안다고 가정해도 문제가 해결

되는 것은 아닙니다. 당신은 이렇게 말했죠. "따라서 엘리자베스의 인지능력이 조작으로 인해 훼손되지 않았으며, 그녀가 자신의 상황을 이해하고 조작이 끼칠 영향이 어느 정도인지를 알면서도 조작에 따른 충동에 저항하지 않는다면, 그녀는 범죄 행위에 동참한 것이나 다름없으므로 처벌을 받아야 합니다."
내가 이런 주장을 받아들이지 않는 이유는 엘리자베스가 외부 조작자에 의해 촉발된 지극히 이기적인 사고과정에 저항하거나 저항하지 않기로 마음먹는다고 할 때, 그 결정이나 욕망을 낳은 원인을 고려하지 않기 때문(혹은 중요하지 않다고 보기 때문)이에요.

앞서 말했듯 엘리자베스가 외부 조작자들의 조작 행위를 안다 해도, 신경과학자들은 엘리자베스가 그런 정보를 따져보면서도 도널드를 살해하기로 한 결정을 '옳다 여기고', 그것을 '그녀 자신의' 결정으로 여기도록 조작할 수 있어요. 그리고 이 경우에도 엘리자베스는 여전히 양립가능론자들이 말하는 주요 조건을 전부 충족하죠.

예를 들어 신경과학자 집단이 엘리자베스에게 (1) 이기적인 사고과정, (2) 조작 행위 전반에 대한 무관심이라는 다른 두 가지 상태를 유발한다고 상상해보죠. 이 두 가지 상태는 동시에 작용해 그녀가 도널드를 살해하도록 결정합니다. 게다가 우리는 엘리자베스가 외부의 조작에 따라 품게 된 무관심(신경과학자들에 대한 정보에 관심이 없는 상태)과 도널드를 죽이려는 이기적인 생각이 양립가능론에서 말하는 주요 조건을 전부 충족한다고 가정할 수 있습니다. (엘리자베스의 결정은 그녀의 기질에 어긋나지 않으며, 그녀는 이유에 적절히 반응하고, 도널드를 죽이기로 한 결정과 신경과학자들에 대한 정보에 관심을 두지 않기로 한 결정을 옳다 여기며, 도덕적인 이유에 따라 자신의 행동을 파악하고 적용하고 조절하는 능력을 지니기 때문입니다.) 따라서 이 사례는 엘리자베스가 신경과학자들의 행위를 알아야 한다는 당신의 요구를 충족하지만, 직관적으로 판단하건대 그녀에게는 도널드 살해라는 결정을 책임질 의무가 없습니다. (적어도 나는 그렇다고 주장합니다.)

당신은 이 결론에 반대하면서 그런 경우에도 엘리자베스는 자유의지와 도덕적 책임에 필요한 행동 통제력을 지닌다고 주장하겠죠. 내 생각에 당신이 그렇게 보는 이유는 나와 다른 직관에 바탕을 두기 때문인 듯합니다. 당신의 추론 과정에 대한 내 추측이 맞다면, 당신은 행위자가 자유와 응분의 도덕적 책임을 지녀야 한다는 믿음을 논의의 출발점으로 삼습니다. 그런 믿음이 없다면 사회가 제대로 돌아가지 않을 거라 보기 때문이죠. 이어 당신은 엘리자베스처럼 조작당한 행위자가 자연적 결정론 사례의 행위자에게 요구되는 모든 조건(양립가능론자들이 말하는 조건)을 충족한다면, 마찬가지로 자유와 응분의 도덕적 책임을 지녀야 한다는 주장으로 나아갑니다.

반면 나는 행위자의 내적 심리 상태가 통제할 수 없는 요소(외부 조작자 집단)에 의해 인과적으로 결정되는 것이 분명한 상황에서 우리의 직관이 어떤 판단을 내리는지 밝히기 위해 엘리자베스 사례에서 출발하며, 그로부터 얻은 직관적 판단을 자연적 결정론 사례로 확장하죠. 이렇듯 우리의 출발점이 다르다면, 우리가 전혀 다른 결론에 이른다 해도 이상할 것이 없습니다. 하지만 나는 당신의 추론 과정이 선결문제 요구의 오류를 범한다고 생각합니다. 도덕적 책임과 관련한 일반적인 관행을 당연한 것으로 가정한 다음(아마 그런 관행이 없어서는 안 된다고 보기 때문이겠죠), 브루스 월러의 표현을 빌려 도덕적 책임 체계에 대한 완고한 믿음을 근거 삼아 엘리자베스와 같은 조작 사례를 판단하기 때문입니다. 둘 중 어떤 추론 방식이 더 설득력 있는지는 독자의 판단으로 남겨두도록 하죠.

데닛—— 당신은 조작 사례에 대한 나의 분석을 받아들이지 않는 이유가 "엘리자베스가 외부 조작자에 의해 촉발된 지극히 이기적인 사고과정에 저항하거나 저항하지 않기로 마음먹는다고 할 때, 그 결정이나 욕망을 낳은 원인을 고려하지 않기 때문(혹은 중요하지 않다고 보기 때문)"이라고 했죠. 여기서는 '원인the source'과 '촉발the triggered'이라는 두 단어에 주목해야겠군요. 엘리자베스가 조작에 저항하거나 저항하지 않는다고 할 때, 그 결정이 수백 가지 다른 원인이 아니라 조작자들의 행동이라는 하나의 원인에서 비롯한다고 볼 이유가 있나요? 예를 들어 조작자들은 엘리자베스가 가진 여러 이성적 능력을 망가뜨리지 않고서는 그녀가 자신들에게 불리한 조언에 귀 기울이지 못하도록 만들 수 없어요. 조작자들은 (마치 총을 쏘듯) 엘리자베스의 사고가 그릴 궤적의 시작점을 결정할('촉발할') 수 있을지는 몰라도, 일단 총을 쏜 이상 발사된 총알을 통제하기란 불가능해요. 유도미사일이 아니라 탄도미사일을 쏠 때처럼 총을 쏜 사람은 바람이나 표적의 움직임 등을 보고 총알의 궤적을 수정할 수 없죠. 엘리자베스 사례에서는 이 같은 통제 불가능성이 총을 쏠 때와 비교도 안 될 만큼 늘어납니다. (그녀가 다른 어떤 행위보다도 자유도가 높은, 생각이라는 행위를 계속할 수 있다면 말이죠.)

조금 전 당신은 엘리자베스 사례에 조작으로 인한 무관심이라는 조건을 더하면서 마치 그것이 그녀의 자기통제 체계에 전혀 문제를 일으키지 않는 것처럼 말했죠. 그러나 이는 분명 생각의 자유도를 낮추는 조건이에요. 그녀가 다른 사람을 죽이려는 결정을 내리면서도 그에 따른 이해득실을 따지는 데 조금도 신경 쓰지 않을 만큼 냉담하다면, 즉 그런 끔찍한 결정을 내리면서도 자신의 냉담함에 놀라지 않고, 조작자들의 행동을 알게 되었으면서도 전혀 신경을 쓰지 않는다면 조작자들이 그녀를 망가뜨렸다고 볼 수밖에 없어요. 그런 점에서 엘리자베스 사례의 최신판은 특히 더 쓸모가 있어요. 사악한 신경과학자를 다룬 직관펌프들을 '개선'하고, 살을 붙일수록 오히려 조작 행위가 불가능하다는 사실만 두드러진다는 것을 잘 보여주니까요.[21] 당신은 어떤 경우에든 '양립가능론에서 말하는 주요 조건을 전부 충족'하는 사례를 고안하려 하지만, 그런 사례가 있다 한들 지금 논의와 무슨 상관이 있나요? 정작 그 사례는 지금껏 내가 설명한 조건을 충족하지 못할 텐데 말이에요.

　마지막으로 당신은 추론 과정의 차이를 이야기하면서 "당신의 추론 과정에 대한 내 추측이 맞다면"이라고 운을 뗐지만, 그 추측은 틀렸어요. 당신이 말하는 기본적인 응분은 기껏해야 '직관적'이며 전통에 기반할 뿐이지만, 내가 말하는 비기본적인 응분 개념(당신은 이렇게 부르겠죠)은 결과주의적 근거와 전통 모두에 기반합니다. 그러니 선결문제 요구의 오류와는 관련이 없죠. 반대로 당신은 자신의 추론 과정이 "행위자의 내적 심리 상태가 통제할 수 없는 요인(외부 조작자 집단)에 의해 인과적으로 결정되는 것이 분명한 상황에서 우리의 직관이 어떤 판단을 하는지 밝히기 위해 엘리자베스 사례에서 출발"한다고 말하지만, 내가 보기에 이건 명백한 사실 오류factual error예요. '행위자의 내적 심리 상태가 통제할 수 없는 요인에 의해 인과적으로 결정'되는지는 '분명'하지 않기 때문이죠.

　게다가 이는 분명하지 않을뿐더러 대체로 사실이 아니기도 해요. 그러다 보니 당신이 '통제할 수 없는'이라는 말을 쓸 때면 어색하거나 앞뒤가 안 맞는 부분이 생기죠. 가령 당신의 논리에 따르면, 통제자가 통제 가능한 것이 하나라도 있나요? 당신이 제안한 조작 논증은 사악한 신경과학자들이 엘리자베스를 통제한다고 가정하는데, 그건 대체 무슨 수로 가능하죠? 그 사람들은 슈퍼맨이라도 됩니까? (개인적인 경험에 비추어보면 신경과학자들은 자존심이 센 경향이 있긴 하더군요.)

당신은 엘리자베스가 처한 기이한 곤경을 가지고 논증을 펼친 끝에 이렇게 결론 내리죠. "조작 사례 속 행위자가 도덕적 책임을 질 수 없다면 일반적인 결정론 사례 속 행위자 또한 마찬가지이므로, 나는 우리가 양립가능론을 거부해야 한다고 주장합니다." 그런데 만약 엘리자베스가 통제할 수 있는 게 아무것도 없다면, 사악한 신경과학자들은 어떻게 과거라는 족쇄로부터 자유로울 수 있죠? 신경과학자들이 엘리자베스의 생각을 통제할 수 있다면, 엘리자베스가 약간이라도 자신을 통제하지 못할 이유가 있나요?

반 인와겐을 비롯한 여러 연구자가 제안한 악명 높은 결과 논증Consequence Argument[22]을 보면 세상에 무언가를 통제할 수 있는 존재는 아무것도 없다는 결론을 넌지시 내비치는 듯합니다. 혹여 당신이 이런 결론을 받아들이는 거라면, 당신의 논증은 한마디로 요약할 수 있어요. 팔다리든 자동차든 뭐가 됐든 간에 인간이 통제할 수 있는 건 아무것도 없으므로 인간에게는 자유의지가 없다. 설마 이것이 당신의 입장은 아니겠죠? 그렇게 주장할 생각이 아니라면, 행위자가 언제, 무엇을 통제할 수 있는지 확실하게 설명할 필요가 있습니다.

철학 논쟁

카루소── 지금까지의 논의를 간략히 정리해보죠. 당신은 양립가능론에 반대하는 조작 논증을 두고 엘리자베스(조종당하는 행위자)가 신경과학자들의 사악한 행위를 알아야 하는 동시에 그것을 안다는 사실이 그녀를 조작에서 벗어나게 한다고 주장했습니다. (그렇지 않다면 그녀는 양립가능론에서 말하는 통제력을 지니지 않는다는 뜻이 되죠.) 그리고 나는 엘리자베스가 신경과학자들의 행동을 알고 있으면서도 여전히 조종당하는 경우를 반례로 제시했죠. 이에 당신은 내가 제시한 반례는 성립할 수 없다며 다음과 같이 반박했습니다.

조금 전 당신은 엘리자베스 사례에 조작으로 인한 무관심이라는 조건을 더하면서 마치 그것이 그녀의 자기통제 체계에 전혀 문제를 일으키지 않는 것처럼 말했죠. 그러나 이는 분명 생각의 자유도를 낮추는 조건이에요. 그녀가 다른 사람을 죽이려는 결정을 내리면서도 그에 따른 이해득실을 따지는 데 조금도 신경 쓰지 않을 만큼 냉담하다면, 즉 그런 끔찍한 결정을 내리면서도 자신의 냉담함에 놀라지 않고, 조작자들의 행동을 알게 되었으면서도 전혀 신경을 쓰지 않는다면 조작자들이 그녀를 망가뜨렸다고 볼 수밖에 없어요.

여기에 대해서는 두 가지 답변을 하겠습니다. 첫째, 특정 정보 전반에 대한 무관심이(더 구체적으로 말하면 그 정보가 다른 고려 사항보다 덜 중요하다는 판단이) 반드시 어떤 결함을 뜻하는 것은 아니며, 그렇지 않은 경우가 실제로 많습니다. '만약 그것을 결함이라고 한다면', (그 기준을 누가 정할지는 모르지만) 완벽히 합리적인 고려를 하지 않은 모든 판단을 결함으로 간주해야 한다는 뜻이 될 수 있지만, 당신이 그렇게 생각할 리는 없겠죠. 이런 기준을 적용하면 모든 범죄자는 올바른 유형의 도덕적 고려moral considerations를 거쳐 행동하지 못한 셈이므로 도덕적 책임을 질 수 없습니다. (이것은 당신이 바라는 결론은 아닐 겁니다.) 사실 따지고 보면, 폭력적인 범죄를 저지르는 모든 사람은 범죄와 관련한 사회적·법적 규범에 무관심하다고 볼 수 있지 않나요?

세상에는 잘못된 판단을 하는 사람이 수도 없이 많습니다. 내 기준에서 보자면 도널드 트럼프에게 표를 준 사람은 모두 자신의 눈앞에 있는 정보를 적절히 평가하지 못했어요. 그렇다 해서 그들에게 결함이 있어 양립가능론적 의미의 통제력을 지니지 못한다고 말할 수 있을까요? 그렇지 않다면 신경과학자들의 조작으로 인해 엘리자베스가 중요한 정보를 두고 도덕적으로 최선의 판단을 하지 못한다 해서, 이를 가지고 결함이 있다거나 양립가능론에서 말하는 주요 조건을 충족하지 못한다고 판단해서도 안 되겠죠.

둘째, 당신은 앞서 내가 제시한 반례가 이론상으로도 가능하지 않다고 보나요? 아니면 단지 현실에서는 그런 식의 조작이 어렵거나 드물다고 보는 건가요? 후자라면 당연한 지적이고 더 할 말은 없습니다. 다만 그것이 조작 논증을 반박할 근거가 되진 않겠죠. 통제라는 주제와 관련해서 당신은 신경과학자들이 엘리자베스의 심리 상태와 사고과정을 조작해 도널드를 살해하는 판단을 하도록 결정론적인 영향을 끼치는 경우, 엘리자베스가 신경과학자들을 통제할 수 없다는 사실 만큼은 인정하나요? 나는 엘리자베스가 신경과학자들을 통제하지 못하는 상황이 자연적 결정론 사례에서 우리의 내적 심리 상태가 먼 과거의 사건이나 자연법칙에 따라 정해지고 우리가 그런 요인을 통제하지 못하는 상황과 유사하다고 봅니다.

데닛── 우스갯소리로 철학자들은 이런 말을 한다고들 하죠. "그게 실제로 가능하다는 건 압니다. 내가 알고 싶은 건 그게 이론적으로도 가능하냐는 거예요." 당신이 제시한 사례는 철학자들이 모순 없이 관념화할 수 있다는 의미에선 가능할지 모르지만, 정작 '중요한 의미'에서는 불가능합니다. 엘리자베스가 머릿속 장치와 그것이 끼치는 영향에 대해 알고 있으며, 합리적으로 생각하고 질문하는 정상적 능력을 잃지 않았다면(당연히 이건 엄청나게 중요한 조건입니다) 그녀를 조작하려는 사람들이 그녀의 생각을 통제하는 건 동전 던지기를 해서 원하는 면만 나오게 하겠다는 것만큼이나 말도 안 되는 일이니까요. 만약 누군가 일부러 정보를 숨겼다면 엘리자베스에게는 책임이 없겠죠. 꼭두 각시가 된 건 그녀의 잘못이 아닙니다. 그녀가 주체성을 위협하는 최신 기술을 모르고 있던 탓에 조작자들의 침해 행위를 눈치 채지 못했다면, 무지로 인한 과실에 해당하여 살인에 대한 책임을 일정 부분 나눠 질 수 있겠지만, 이 경우 그녀는 공범이 아니라 이용해먹기 좋은 숙맥 취급을 받겠죠. 하지만 엘리자베스가 자신을 조작하는 첨단 기술을 알 방법이 전혀 없었다면 당신의 직관대로 그녀에게는 도덕적 책임이 없습니다.

당신은 '신경과학자들은 엘리자베스의 여러 추론 과정을 부추기기만 해도 충분하다'고 반박하겠죠. 그런데 과연 어떤 식으로든 이성을 망가뜨리거나 주변에 도움을 요청하는 걸 막지 않고서 추론 과정을 부추기기만 하는 일이 가능할까요? 조작자들이 그 정도 기술을 갖추려면 아마 영구기관* 정도는 있어야 할 겁니다. 물론 조작자들이 불리한 정보를 몰래 원천적으로 차단하거나 엘리자베스가 일련의 합리적인 생각을 거쳐 혐오에 사로잡히도록 만드는 경우라면 그녀는 꼭두각시가 맞겠죠.

또 하나 명심해야 할 사실은 과거는 첨단 기술로 무장하고 온갖 피드백 수단을 활용해 발사한 무기의 궤도를 바꾸는 조작자가 아니라는 점이에요. 과거는 엘리자베스를 통제할 수 없으

---

* 외부로부터 에너지를 공급받지 않고도 계속 작동할 수 있는 가상의 기관.

철학 논쟁

므로, 당신이 말하는 '자연적' 또는 '일반적' 결정론 사례(조작자로서 행동하는 행위자가 없는)에서 그녀는 꼭두각시가 아니에요.

신경과학자 샘 해리스는 《자유 의지는 없다》라는 책에서 양립가능론을 경멸하는 투로 정의하며 이렇게 말합니다. "꼭두각시는 자신을 조작하는 줄을 사랑하는 한 자유롭다." 나는 이 말을 받아들여 자유의지를 제법 그럴싸하게 정의하는 말로 재해석하죠. 우리는 아이들에게 '네가 책임감 있는 행위자가 될 만큼 운 좋은 사람이라면, 네게는 자신의 줄을 사랑하고 너를 조작하려는 사람들에게서 그 줄을 지킬 의무가 있다'고 가르칩니다. (엘리자베스가 조작으로 인해 망가지지 않았다면, 이 사실을 알겠죠.) 오래전 만화가 워런 밀러Warren MIller가 그린 근사한 풍자만화는 자신의 줄을 사랑하는 행복한 자동인형이라는 발상을 완벽히 담아내고 있습니다.

그래도 당신은 아직 수긍이 가지 않겠죠. 나는 정말로 나를 조작하려는 사악한 신경과학자들의 모든 시도에 맞설 수 있다고 생각할까요? 그들이 조작 행위가 드러나지 않도록 조치한다면 당연히 어렵겠죠. 하지만 만약 그들이 어떤 식으로 나를 통제할지 전부 알려주고 명료하게 사고할 능력을 망가뜨리지 않은 경우라면, 그들의 악행을 확실히 막아낼 방안을 찾기란 식은 죽 먹기일 거라 확신해요. 나는 계획대로 내 몸에 달린 장치를 훌훌 떨쳐버리고, 자유로운 자동인형으로서 걸어나가겠죠. 여기서 내가 철학자들과 달리 '만약 … 하다면 행위자에게는

(정의상) 정신적 결함이 있는 것이며, (정의상) 주체적인 행위자는 자신에게 가해지는 모든 영향력을 알고 있다'는 식으로 형식적인 논증을 제시하지 않는다는 점에 주목하기 바랍니다. 우리는 지금 유클리드 기하학이 아니라, 판단하기 모호한 경우가 무수히 많은 구체적인 현상을 다루고 있어요.

카루소── 조작 사례가 "중요한 의미에서 불가능하다"는 주장에 변함이 없다면, 지금까지 한 이야기에 덧붙일 말은 없을 것 같군요. 마지막으로 내가 앞서 했던 이야기를 한 번만 더 짚고 넘어가겠습니다. "당신의 논지에 따르면, 엘리자베스와 같은 조작 사례는 양립가능론에서 말하는 행동의 주요 조건을 전부 충족할 수는 없습니다. 당신은 엘리자베스가 조작 장치의 존재와 신경과학자들의 악행을 알아야 한다고 보는 동시에 그것을 안다면 조작에서 벗어난다고 주장하니까요. 그렇지 않다면 그녀는 양립가능론에서 말하는 통제력을 지니지 않는다는 뜻이 되죠." 조작 사례에 대한 당신의 비판은 공정하지 못해요. 프랭크퍼트식 사례나 다른 철학적 사고실험이 성립한다면 조작 사례 또한 성립할 수 있습니다.

게다가 나는 (1) 엘리자베스가 신경과학자들의 행동을 알고 (2) 그러면서도 여전히 조종을 당하지만 (3) 양립가능론에서 말하는 주요 조건을 전부 충족하는 사례를 제시했어요. 당신은 그런 사례가 (적어도 '중요한 의미에서') 성립할 수 없다고 말하겠지만, 이를 직관펌프로 삼아 양립가능론의 직관적 호소력과 일관성을 확인하는 일 자체를 반대하는 것은 선결문제 요구의 오류라 봅니다. 하지만 이 문제를 두고 더 논쟁해보아야 큰 의미는 없을 것 같군요. 각자 자기 생각을 충분히 설명했으니, 다음 주제로 넘어가보죠. 양립가능론에 대한 나의 두 번째 반론인 운에 대한 논증으로 넘어가면 어떨까요?

양립가능론과 도구주의

데닛—— 운 논증으로 넘어가기 전에 내 입장이 '도구주
의적'이라는 세 번째 지적부터 다루었으면 합니다. 지금이 답하
기 딱 알맞은 시점 같군요. 당신은 이렇게 말했죠. "여기서 지나
치게 도구주의적이라는 말은, 당신이 응분에 따른 도덕적 책임
을 지우는 제도를 유지해야 한다고 보는 이유가 인간이 실제로
그러한 책임을 지니기 때문이 아니라 그렇게 하는 것이 다른 대
안에 비해 가장 나은 결과를 가져오기 때문으로 보인다는 말입
니다." 틀렸어요. 이 말이 어떻게 내 입장을 잘못 해석한 것인지
는 간단히 밝힐 수 있습니다.

앞서 말했듯, 나는 당신이 도덕적 책임에 부여하는 '기본
적인 응분'이라는 의미를 전혀 인정하지 않기에, 그것이 좋은
결과를 가져오리라는 이유로 우리가 사람들에게 그러한 유형의
책임을 지울 수 있는 것처럼 가장해야 한다는 식의 '도구주의적'
또는 '허구적'(누군가는 이렇게 표현하겠죠) 제안을 할 생각이 없습
니다. 대신 그동안 옹호해온 비본질적·비절대적 의미의 책임을

실제로 사람들에게 지워야 한다고 주장하죠. 왜냐하면, 사람들은 정말로 그런 의미에서 책임이 있기 때문입니다. 이렇게 말하면 당신은 사람들에게 책임을 지우는 일과 그들에게 정말로 책임이 있다는 생각을 구별해야 한다는 논리를 펴고 싶어질 테니, 그런 구별이야말로 내가 철학적 인플레이션이라 비판하는 '기본적', '절대적', '본질적' 책임에 의존하는 일임을 먼저 지적해 두도록 하죠.

1달러짜리 지폐에는 기본적, 절대적, 본질적 가치 같은 건 전혀 들어 있지 않지만, 그것은 경제적인 역할을 한다는 점에서 가치를, 그것도 실재적인 가치를 지니죠. 도덕적 책임 역시 마찬가지로 '본질적'이지 않은 책임입니다. 달러의 가치가 그러하듯, 사회의 합의가 지속적·역동적으로 변화함에 따라 도덕적 책임의 중요성 또한 달라지죠. 따라서 우리는 여러 방법을 통해 도덕적 책임의 중요성을 부풀리거나 쪼그라뜨릴 수 있습니다. 당신이 의도했든 아니든 간에, 나는 당신이나 다른 회의론자들도 책임을 비본질적인 의미에서 이해함으로써 책임의 중요성에 낀 거품을 빼는 데 동참하고 있다 봅니다. 내 생각에는 당신도 본질적인 도덕적 책임이 철학자들의 실책이라는 데 동의할 것 같은데요. 그렇다고 한다면, 더 문제 될 것이 있나요?

카루소───── 우선 기본적인 응분에 따른 도덕적 책임 관념이 '철학자들의 실책'이라는 데는 동의할 수 없습니다. 실은 정반대죠. 나는 언제 어디서나 기본적인 응분에 따른 도덕적 책임이 철학적으로나 실질적으로 자유의지 논쟁에서 가장 중요한 개념이라 주장해왔어요. 우리가 동의한(아니라면 바로잡아 주세요) 부분은 '양립가능론에서 말하는 통제력으로는 기본적인 응분에 따른 도덕적 책임을 제대로 설명할 수 없다'는 것이었어요. 여기에는 서로 합의를 보았습니다. 따라서 기본적인 응분에 따른 도덕적 책임을 지는 데 필요한 자유의지 유형에 대해서는 우리 둘 다 회의론적인 입장이라 할 수 있어요.

다만 유대 기독교적 신 관념처럼 무신론적 입장을 취하면서 다른 유형의 신 관념을 믿을 수 있듯, 기본적인 응분에 필요한 자유의지에는 회의론적 입장을 취하면서도 원할 가치가 있는 자유의지만큼은 지켜야 한다고 주장할 수 있죠. 나는 합의점을 찾으려는 뜻에서, 당신의 주장대로 비기본적인 응분에 기반해 비본질적인 자유의지 관념으로 '충분히 기본적인' 응분 관념을 설명할 수 있는지 알아보자 제안한 겁니다.

당신은 행위자가 진정으로 응분의 비난과 처벌을 받아야 한다는 응분 관념이 간접적으로 '결과주의나 계약주의적 사항'에 근거할 수 있다고 주장합니다. 일례로 앞선 대담에서는 자기 통제를 "우리가 진정 응분의 몫을 지기 위해 넘어야 할 문턱"으로 보아야 한다고 말했죠. 내가 제시한 세 번째 논증의 목적은 당신이 구상하는 비기본적인 도덕적 책임 관념에 이의를 제기하는 것입니다. 당신이 응분을 기반으로 도덕적 책임을 지우는 일을 옹호하면서 지나치게 도구주의적인 설명을 내놓는다는 것이 그 이유죠.

이에 대해 당신은 다음과 같이 해명했습니다. "나는 당신이 도덕적 책임에 부여하는 '기본적인 응분'이라는 의미를 전혀 인정하지 않기에, 그것이 좋은 결과를 가져오리라는 이유로 우리가 사람들에게 그러한 유형의 책임을 지울 수 있는 것처럼 가장해야 한다는 식의 '도구주의적' 또는 '허구적' 제안을 할 생각이 없습니다. 대신 그동안 옹호해온 비본질적·비절대적 의미의 책임을 실제로 사람들에게 지워야 한다고 주장하죠. 왜냐하면, 사람들은 정말로 그런 의미에서 책임이 있기 때문입니다." 모르는 체를 하려는 것이 아니라, 나는 행위자가 정말로 그리고 진정으로 책임을 질 수 있다는 말이 무슨 뜻인지 통 이해가 가지 않습니다. 아무리 봐도 '응분 체계'를 채택하면 결과주의적인 이점이 있으므로(물론 나는 우리가 이런 체계 없이도 더 잘 살 수 있다 믿기에 여기에 동의하지 않습니다), 그 체계에 속한 행위자를 회고적인 응분에 따라 도덕적 책임을 질 수 있는 것처럼 취급해야 한다는 이야기로밖에는 해석이 안 되는군요. 당신은 이런 식으로 회고적인 응분을 전망적 관점에서 정당화하죠. 방금 말한 '책임질 수 있는 것처럼'이라는 표현이 눈에 거슬릴 거라는 점은 압니다. 당신은 당신이 말하는 응분과 도덕적 책임이 더없이 실재적이라 보겠죠.

내 생각은 다릅니다. 그보다 더 실재적인 응분과 도덕적 책임 관념, 즉 기본적인 응분 관념이 있으니까요. 어쩌면 당신이 옹호하려는 도덕적 책임 유형을 '책임인 셈'인 것으로 지칭하기 시작한 이유도 여기에 있는지 모르겠군요. 그런데 누군가에게 '책임이 있는 셈'이라고 말할 수 있다면, 그가 종신형을 받아 마땅한 셈이라고도 할 수 있는 건가요?

마지막으로 아래의 두 질문 사이에 중요한 차이가 있다는 점만큼은 인정할 의향이 있는지 묻고 싶습니다. (1) 결정론이 참이라고 가정할 경우 진정으로 응분의 칭찬과 비난, 처벌과 보상을 받는 데 필요한 행동 통제력이 실제로 행위자에게 있다고 보나요? (2) 결정론이 참이라고 가정할 경우 당신이 말한 대로 행위자에게 도덕적 책임이 있는 셈이라 간주하는 것이 실질적으로 유익하다고 보나요? 회고적인 응분을 전망적 관점에서 옹호하는 논리는 두 번째 질문에 대한 답이지 첫 번째 질문에 대한 답은 아닙니다. 더군다나 당신이 추구하는 대로 응분 관념에서 응보적·비결과주의적 의미를 떼어버리고 나면 남는 것은 도구주의적 응분 관념뿐입니다. 그러한 관념은 기본적인 응분만도 못하며, '응분인 셈인 것'이나 '도구주의적 응분'이라 부르는 편이 적절할 겁니다.

데닛—— 응분과 경제적 가치의 유사성에 대한 제 설명의 의미를 과소평가하는군요. 유추parity of reasoning해보자면 (혹은 언젠가 어떤 학생이 냈던 오타처럼 '추론을 패러디parody of reasoning'

철학 논쟁

해보자면), 당신은 달러에 대해서도 이렇게 말할 겁니다. "그보다 더 실재적인 경제가치 관념, 즉 '기본적인' 본질적 경제가치가 존재하죠. 그러니 당신은 달러에 실재적 가치가 아니라 가치인 셈인 것만 있다고 말해야 합니다." 그야말로 금본위제Gold Standard에 딱 맞는 주장이죠. 이제 우리는 한때 쓸모 있었던 신화에서 벗어났으며, 돈은 오직 사회 체계와 경제 체제, 그리고 모두가 받아들이는 관행이 뒷받침할 때만 가치를 지닌다는 것을 압니다. 사람들이 지폐와 은행 계좌를 경제가치를 지닌 것처럼 취급한다는 사실이 그것들이 가진 모든 가치의 근원이죠. 따라서 세상에는 본질적인 경제가치 같은 것은 없습니다. 기본적인 응분 같은 것도 없을 테고요. 그럼에도 불구하고, 돈은 엄연히 존재하고 정말로 가치가 있으며, 실재적인 응분 또한 마찬가지예요.

나는 심리철학에서 말하는 철학적 좀비*의 존재를 패러디하면서도 똑같은 문제를 지적한 적이 있습니다.[23] 그러니 내 견해를 분명히 밝히자면, 피어붐과 당신이 이른바 '기본적인' 응분 개념을 가지고 처벌과 응분을 논해야 한다 고집하는 것은 통화정책을 논하면서 금본위제, 즉 금이 절대적·본질적 가치를

---

* 의식을 지니지 않는다는 것 외에는 인간과 완벽히 동일한 가상의 존재. 심리철학에서는 철학적 좀비가 존재하는 것이 가능한지를 중요한 논제로 다루며, 데닛은 여러 저서를 통해 철학적 좀비가 존재할 수 있다는 논증을 비판해왔다.

지닌다고 보는 논리에 따라 모든 논의를 기본적 경제가치라는 틀에 끼워 맞춰야 한다고 고집하는 것이나 다름없습니다. 금본위제가 있던 시절에는 그런 주장이 의미가 있었겠죠. 나는 실재적인 도덕적 응분의 토대를 다룬 '전통적인' 이데올로기 논증 역시 같은 시각으로 보자고 또, 받아들이자고 제안합니다.

응보주의나 칸트주의를 비롯해 응분의 몫을 회고적으로만 판단하는 견해들은 한때 사람들의 상상을 불러일으키는 유용한 도구였어요. 사람들이 도덕을 진지하게 받아들이고, '신의 눈으로 본 죄'라는 관념을 죄와 응분에 관한 참되고 실재적이며 기본적인 관념으로 여기도록 만드는 편리한 신화나 다름없었죠. 따라서 내 제안은 실재로서 존재할 수 있을지 모르는 응분을 대신해, 실용적인 관점에서 받아들일 만한 '응분인 셈인 것'을 내세우자는 말이 아닙니다. '기본적인 도덕적 응분'은 결코 철학적인 필요에 의해 나오지 않았으며, 기껏해야 사람들이 충성을 다하도록 이데올로기를 과장·강화하는 편리한 도구였음을 인정하자는 말입니다. 이런 관념은 전지전능한 신이 우리의 모든 행동을 심판해 불타는 지옥에 떨어뜨린다는 교리에나 어울리는 것이죠.

마지막으로 '셈'이라는 말을 쓰는 방식에 대한 추측에 답하도록 하죠. 처음에 나는 (논의할 가치가 있는 모든 경험적 문제에는) 모호한 사례들, 특히 더미의 역설을 반박하는 점진적 과정들이 존재한다는 점을 상기시키고자 이 말을 사용했습니다.[24] 모든 포유류가 포유류인 셈인 것은 아니며(후기 수궁류 therapsid*가 그랬듯이), 모든 정상적인 성인이 자신의 행동에 책임을 지니는 셈인 것도 아닙니다. 아이들이나 판단력이 흐려진 노인들 같은 경우가 단지 어느 정도의 책임을 지니는 셈이죠.

조금 전 당신은 아래의 두 질문 간에 차이가 있다는 것을 인정하는지 물었습니다.

> (1) 결정론이 참이라고 가정할 경우 진정으로 응분의 칭찬과 비난, 처벌과 보상을 받는 데 필요한 행동 통제력이 실제로 행위자에게 있다고 보나요?
> (2) 결정론이 참이라고 가정할 경우 당신이 말한 대로 행위자에게 도덕적 책임이 있는 셈이라 간주하는 것이 실질적으로 유익하다고 보나요?

물론 차이가 있죠. 그 차이는 다음 두 질문 간의 차이와 똑같아요.

> (1) 달러가 진정한 경제가치라는 속성을 실제로 지닌다고 보나요?

---

* 현생 포유동물의 조상격에 해당하는 수궁목 동물을 총칭하는 말.

(2) 달러에 경제가치인 셈인 것을 부여하는 제도를 채택하는 것이 실질적으로 유익하다고 보나요?

우리는 본질적인 응분과 본질적인 경제가치라는 환상을 버려야 해요. 그리고 도중에 나온 또 다른 질문에 답하자면, 돈이 단지 가치가 있는 셈이라는 데 당신이 동의할 경우, 나도 당신의 돈을 전부 훔치는 사람이 단지 오랫동안 징역을 살아야 마땅한 셈이라는 데 동의하겠습니다. 그 사람이 당신에게 실재적인 피해를 준 건 아니니까요. 그렇지 않나요?

카루소── 당신의 입장과 돈 비유를 듣다 보니 당황스럽군요. 그에 따르면, 세상에 변하지 않는 건 아무것도 없으며, 사회 구성원들이 합의하는 관행이 달라질 경우, 행위자가 t_1 시점에서는 자유의지를 지녔다가 t_2 시점에서는 지니지 않는 일도 얼마든지 가능합니다.

돈의 가치가 사회 체계와 경제 체제, 그리고 사회적 관행에서 나온다는 데는 동의합니다. 그러나 남북전쟁 당시 남부연합에서 쓰던 화폐가 전쟁 이후 휴지 조각이 된 것도 틀림없는 사실이죠.

마찬가지로 우리가 자유의지, 응분, 도덕적 책임을 돈과 똑같이 취급한다면 제도와 관행이 바뀌는 경우, 그런 관념을 버리고 새로운 관념을 받아들여야 할 겁니다. 그런 일이 가능하다고 본다면(틀림없이 그렇게 보겠죠) 당신의 설명은 그야말로 뼛속까지 도구주의적입니다. 인간이 구성한 사회 체계와 경제 체제는 사람들의 부분적인 욕구와 목적에 쉽게 영향을 받으며 시간에 따라 변화할 수 있고, 실제로도 종종 변화합니다. 도덕적 책임과 관련한 관행 또한 그럴 수밖에 없고요.

그런데 이러한 사실은 당신의 설명에 잠재적으로 문제가 될 수 있습니다. 지금부터 그 이유를 설명하죠. 도덕심리학이나 문화인류학의 연구를 면밀히 살펴보면, 인류가 이런저런 역경에 대처하고, 지역에 따라 다른 욕구와 목적을 충족하는 과정에서 오랜 시간에 걸쳐 다양한 '도덕 생태moral ecology'가 진화해왔다는 것을 알 수 있습니다. 따라서 우리 두 사람이 속한 도덕적 책임 체계는 일각에서 주장하는 것과 달리 사회를 조직하는 유일한 방식도, (절대적인 의미에서) 가장 좋은 방식도 아닙니다. 그것이 최선이라 믿는 것은 서구 중심적 사고방식(WEIRD 문화의 부산물로, WEIRD란 서구의Western, 교육받은Educated, 산업화된 Industrialized, 부유한Rich, 민주적인Democratic이라는 다섯 가지 기준이 '일반적'이라고 여기는 사고 방식)이겠죠.

오언 플래너건Owen Flanagan이 조리 있게 설명했듯[25], 인간은 다양한 도덕적 가능성을 지닙니다. 가령 사람이 자유의지와 관련한 통제력을 지니는지와 관계없이 (때로는 가혹하게) 그들을 칭찬·비난·처벌하는 일이 전적으로 정당하다고 보는 문화는 예나 지금이나 존재합니다. 일례로 미국 남부의 명예 문화에서는 겉보기에 무고한 사람을 친족의 잘못을 이유로 잔혹하게 처벌하거나, 심지어 살해하는 일까지 허용하죠. (예를 들어 햇필드 가문의 A라는 사람이 맥코이 가문의 B라는 사람에게 잘못을 저지르면, B는 햇필드 가문에 속한 사람이면 누구에게든 보복할 수 있다고 생각합니다.)* 반면 우리 두 사람이 속한 비非명예 문화에서는 이런 일을 절대 공정하거나 정당하다고 보지 않죠.

또, 서구 문화에서는 제삼자가 처벌을 내리는 것이 일반적인 규범이지만, 명예 문화에서는 그렇지 않아요. 요컨대, 명예 문화에서는 피해를 입은 사람이 침해 행위를 인지하고 개인적으로 대응하는 것이 매우 중요하며, 반드시 손해를 끼친 사람을 대상으로 삼을 필요가 없습니다. 각자는 모욕과 무례, 위협 등에 개인적으로 대응함으로써 자신의 명예를 지킬 의무를 지니며, 때로는 이런 의무를 다하기 위해 폭력도 서슴지 않습니다. 예를 들어 부족사회에서 살인자는 보통 목숨으로 죗값을 치릅니다. 하지만 탐러 소머스Tamler Sommers가 지적하듯[26], 다른 식의 처벌도 가능하죠. "살인을 저지르지 않은 사람도 이러한 처벌을 받을 수 있다. 살인자의 가족이나 무리, 씨족 중 다른 일원

---

* 〈햇필드와 맥코이Hatfields & McCoys〉는 남북전쟁을 배경으로 두 가문의 분쟁을 다룬 미국 드라마다.

철학 논쟁

이 그를 대신해 처벌을 받을 수 있는 것이다. 집단은 그 구성원 각자의 범죄 행위에 집단으로 책임을 지기 때문이다."[27]

이렇듯 인류는 각기 다른 지역의 생태 조건에 적응하는 과정에서 다양한 삶의 방식을 이루었고, 그로부터 문화적 차이가 나왔어요. 이러한 차이는 어떻게 설명할 생각인가요? 지금까지 당신이 설명한 대로라면, 각각의 도덕 생태는 그에 속한 사람들에게 효율적으로 작동하는 체계를 낳았으므로, 도구주의적인 관점에서 보았을 때 모든 생태가 동등하게 정당하다 해야 할 겁니다.

더군다나 이러한 접근 방식은 회의론자에게 좋은 발판이 됩니다. 회의론자는 당신이 말하는 유연성을 근거 삼아, 우리가 논의한 철학적 논증들과 사회적 관점에 일어나는 여러 변화가 현재의 제도 대신 더 바람직하고 인간적이고 효율적인 제도를 채택하도록 이끌 것이라 주장할 수 있어요.

응분에 대한 믿음이 변화할 수 있다는 점은 당신도 이미 인정했습니다. 기본적인 응분 관념은 사람들이 다른 욕구와 믿음을 가지고 있던 과거에는 직관에 부합했을지 모르나, 당신의 견해에 따르면 지금은 케케묵은 관념일 뿐이라고 말이에요. 이것이 사실이라면, 사회가 당신이 말하는 비기본적 응분 관념을 버리고 더 효율적인 태도와 판단, 실천을 받아들이는 일도 마찬가지로 가능합니다.

첫 번째 대담에서 당신은, 모든 것을 고려할 때 우리가 응분 체계 없이도 더 잘 살 수 있을지는 경험적 검증이 필요한 문제라는 말에 동의했죠. 정말로 그럴 수 있다고 증명되면, 당신의 말마따나 더는 행위자를 응분의 비난과 칭찬, 처벌과 보상을 받아야 할 존재로 볼 이유가 없겠죠. 물론 당신은 "나로선 어떻게 우리가 응분 체계 없이 더 잘 살 거라 보는지 짐작도 못하겠군요."라고 덧붙이긴 했습니다. 하지만 그건 지금 우리가 속한 응분 체계라는 한계에 갇혀 그 너머를 보지 못하기 때문이에요. 도덕적 책임 체계는 정말로 (브루스 월러의 표현을 다시 한번 빌리자면) 완고하며, 그 너머로 나아가기란 결코 쉬운 일이 아니죠. 그러나 나는 낙관적 회의론자로서 자유의지에 대한 믿음이 없는 (그리고 기본적·비기본적 응분에 대한 믿음이 없는) 삶에 담긴 실천적 의미가 대체로 부정적이기보다는 긍정적인 결과를 가져오리라 믿습니다.

당신은 당연히 동의하지 않겠죠. 그런데 어떤 근거로요? 역사를 돌아보면 나의 낙관론을 뒷받침하는 선례는 한둘이 아니지만, 당신의 비관론을 뒷받침하는 예는 거의 없습니다. 이 점을 잘 보여주는 사례로, 예전에는 신에 대한 불신을 두고 근거 없는 우려를 표하는 일이 많았다는 사실을 들 수 있어요. 신에 대한 믿음이 줄어들면 사회의 도덕심이 무너지며 부도덕하고 반사회적인 행동이 눈에 띄게 늘어날 것이라는 주장은 오랜 세월 되풀이되었죠(일각에서는 지금까지도 되풀이하고 있을 겁니다).

하지만 알고 보니 현실은 정반대였어요. 몇몇 연구에 따르면, 종교의 영향력이 매우 큰 나라의 살인과 폭력 범죄 발생률이 그보다 세속적인 국가에 비해 더 높은 것으로 나타났죠. 미국 내에서도 동일한 패턴을 확인할 수 있습니다. 통계자료를 보면 미국에서 살인 범죄율이 높은 주들은 대개 종교의 영향력이 큰 지역이에요. 비단 살인만이 아니라 모든 유형의 폭력 범죄 발생률이 종교적인 지역에서 더 높아요. 범죄 통계 외에도 이혼, 가정폭력, 편협성과 관련한 통계에서도 비슷한 패턴이 나타납니다.

이렇듯 사람들이 한때 신에 대한 불신이 위험을 가져올지도 모른다고 단단히 착각했던 것을 생각하면, 자유의지에 대한 불신이 가져올 위험을 우려하는 목소리에도 건전한 수준의 회의주의로 대응할 필요가 있다고 봅니다. 물론 당신은 사회가 잘 작동하기 위해서는 신에 대한 믿음보다 자유의지에 대한 믿음이 필수적이라 주장하겠지만, 그렇게 생각할 근거가 있나요? 옛날 사람들도 신에 대한 믿음이 없어서는 안 된다고 확신하기는 매한가지였는데 말이에요.

데닛——— 우선 내가 자유의지와 책임을 설명하는 방식을 따랐을 때 '변하지 않는 건 아무것도 없다'는 점을 염려하는군요. 옳은 지적이지만, 이건 하나의 특성이지 오류가 아니에요. 도덕이 훌륭한 사회적 구성물이며, 서로 다른 환경에서 각양각색의 도덕이 나왔다고 보는 견해에는 동의합니다. 그리고 전 세계 문화에서 나타나는 많은 특징을 보면 문화의 견고함과 안정성을 똑똑히 확인할 수 있지만, 세계 곳곳에서 뜻있는 사람들이 자기 문화의 관습과 규범을 성찰하며, 때로는 아낌없이 지지하고 때로는 동포와 다른 사람들의 마음을 바꾸고자 온 힘을 다하면서 지속적인 조정과 역동적인 변화를 이끌어내는 것도 사실이죠. 오늘날 문화의 차이를 잘 보여주는 대표적인 예는 육식이나 동성애, 사형제를 대하는 다양한 태도를 꼽을 수 있어요. 심지어 아직까지 노예제를 적극 규탄하지 않는 문화도 일부나마 존재합니다. 이 모든 차이도 언젠가는 합의를 통해 사라질 운명일까요? 그럴지도 모르죠. 합의를 통해 모든 차이가 사라지도록 애쓰는 사람도 많지만, 아무리 오랫동안 사람들의 마음을 바꾸려 설득하고 다소 강경한 수단을 동원한다 해도 차이는 쉽게 사라지지 않을 겁니다.

하지만 도덕적 책임과 비난, 처벌이 어떤 형태로도 존재하지 않는 문화는 여태 본 적이 없어요. 그렇다 해서 도덕적 책임, 비난, 처벌이 영원히 그리고 반드시 정당화되어야 한다는 말은 아니지만, 이런 관행이 모든 지속 가능한 사회의 특징이라는 것만큼은 분명해 보이죠. 내가 《자유는 진화한다》에서도 논의했듯[28] 역사를 돌아보면 인류가 가장 나은 제도와 (그에 못지않게 중요한) 모두가 동의하는 이상적 제도라는 개념을 좇아 점진적·합리적으로 발전해왔음을 입증하는 좋은 사례들을 찾을 수 있어요.

처음에는 조악한 충동에서 출발했지만, 오늘날 인류의 문화는 모두가 이해하고 심지어 측정할 수 있는 완벽한 상태에 대한 기준과 그 기준에서 털끝만큼이라도 벗어나는 일을 감지하는 도구들을 가지고 있습니다. 우리는 오만한 문화 식민주의와 바람직하다고 입증 가능한 생각을 전파하는 일을 구별해야 해요. 한 문화의 현재 관습을 존중하고 그 문화에서 자란 사람을 손가락질하는 일을 멈추는 동시에, 그 문화의 여러 특징을 정당한 이유로 거부하는 일은 얼마든지 가능합니다. 다른 의견에 대한 관용과 그에 대한 진심 어린 비판은 서로 상충하지 않아요. 예컨대 오늘날 대다수 채식주의자는 자신들의 믿음에 열성적이면서도 그에 동의하지 않는 사람들을 해코지하거나 모욕하지 않는 현명한 태도를 보인다는 점에서 모범적인 사례라 할 만하죠.

당신의 이런 주장에는 무릎을 쳤습니다. "사람들이 한때 신에 대한 불신이 위험을 가져올지도 모른다고 단단히 착각했던 것을 생각하면, 자유의지에 대한 불신이 가져올 위험을 우려하는 목소리에도 건전한 수준의 회의주의로 대응할 필요가 있다고 봅니다." 그게 바로 내가 하려는 일이에요. 당신과 피어붐은 '기본적인 도덕적 응분'을 절대적이고 본질적인 동시에 최선의 사회정책을 가져오지 못하는 개념으로 정의하고, 그것이 과학과 양립할 수 없다고 주장하죠. 전적으로 동의합니다. 이런 응분 개념은 종교적인 교리에 의해 뒷받침되고는 했지만, 다행스럽게도 신의 명령이 더는 통하지 않는 오늘날에는 해묵은 '직관'만이 그런 개념을 지탱할 뿐입니다.

우리는 둘 다 미신을 없애고, 진정으로 중요한 주제들을 낡은 관점에서 다루기를 거부하려 하죠. 또 신의 존재와 자유의지론에서 말하는 자유의지를 거부하고, 중요한 경험적 차이 위에 도덕을 세우려 합니다. 그뿐만이 아니라 당신은 옹호할 만한 책임 개념(가령 브루스 윌러가 말한 '담당' 책임 등)이 몇 가지 있다는 점을 인정하며, 이를 안정적이고 안전한 사회를 이루는 조건으로 삼을 가능성을 검토합니다. 단지 이런 책임을 도덕적 책임으로 간주하여 그것을 어떤 식으로든 어기는 사람들에게 책임을 묻고 처벌을 부과하는 일을 꺼리는 것이죠.

카루소───── 알겠습니다. 이번엔 내가 당신의 주장을 이어받을 차례군요. 당신의 도구주의적 견해에 따르면, '변하지 않는 건 아무것도 없다'는 점은 하나의 '특성이지 오류가 아니'라고요. 좋습니다. 하지만 그럴 경우에는 무슨 수로 양립가능론에서 말하는 자기 통제력을 응분에 따른 도덕적 책임의 필요조건으로서 확립하죠?

당신이 슬쩍 넘어간 명예 문화의 예를 다시 한번 생각해보죠. 이 사례가 제기하는 문제는 명예 문화가 발달한 도덕 생태 안에서 사람들은 자유의지와 관련한 통제력을 지니지 않더라도 얼마든지 비난과 처벌, 분노의 대상이 될 수 있다는 것입니다. 즉, 명예 문화에서는 한 집단이 각 구성원의 행동에 공동으로 책임을 져야 한다고 보죠. 따라서 햇필드 가문의 A가 맥코이 가문의 B에게 잘못을 저지르거나 피해를 끼치면, 햇필드 가문 전체가 책임을 져야 하므로 B는 그 가문의 일원 중 누구에게나 보복할 수 있는 겁니다. 오늘날 프로야구에도 이와 비슷한 명예 규칙이 남아 있어요.

예를 들어 뉴욕 양키스의 어느 타자가 팀이 크게 앞선 상황에서 만루 홈런을 치면, 투수는 타석에 들어선 다음 타자에게 시속 160킬로미터짜리 빈볼을 던집니다. 그 타자가 아니라 그의 동료가 한 행동에 보복하려고요. 명예 문화 체계 안에서는 양립가능론에서 말하는 여러 통제 조건이나 의도적·자발적으로 잘못을 저지른 사람에게만 비난 가능성을 제한하는 원칙 없이도 응분의 몫을 부과할 수 있는 것이죠. 당신의 도구주의로는 이러한 사례를 어떻게 설명할 건가요? 명예 문화 체계는 보통 권위와 안정성을 바탕으로 처벌을 부과하는 제삼의 기관이 없는 사회에서 발달하는데, 이런 사회에서는 명예 문화 체계가 효율적으로 작동한다면 여느 체계와 마찬가지로 도구주의적으로 정당하다고 봐야 하지 않나요?

두 번째로 자유의지와 도덕적 책임에 관한 도구주의적 관점에 따르면, 행위자는 능력이나 역량에 변함이 없더라도 사회 구성원들이 합의한 관행이 바뀔 경우, t_1 시점에서 자유의지를 지녔다가 t_2 시점에서는 지니지 않을 수 있습니다. 따라서 자유의지는 행위자의 능력이나 역량보다도 어떻게 사회를 구성해야 전체적으로 보아 최선의 결과가 나올지에 달린 문제가 됩니다. 물론 현재 우리가 합의한 사회구조에 의하면 행위자가 응분에 따른 도덕적 책임을 지기 위해서는 통제 조건을 충족해야 하지만, 명예 문화가 말해 주듯 꼭 그래야 한다는 법은 없습니다. 지금껏 존재했거나 앞으로 존재할 수 있는 도덕적 가능성이 얼마나 다양할지 얼핏 생각해 봐도 알 수 있는 일이죠. 그러므로 당신의 도구주의는 우리 두 사람도 인정하는 일반적인 자유의지 관념에 어긋납니다. 사람들은 보통 자유의지를 행위자가 지닌 특유의 힘이나 능력으로 이해하며, 행위자는 자유의지를 지님으로써 행동에 대한 응분의 칭찬과 비난, 처벌과 보상을 받을 수 있다고 보니까요.

또, 당신의 설명에 따르면 자기 통제력과 응분의 연관성은 현재 우리가 합의한 사회구조의 특성에 따라 우연히 발생한 사실에 지나지 않습니다. 자유의지와 관련한 행동 통제력과 도덕적 응분의 관계가 (동전의 양면처럼) 필연적이지는 않기 때문이죠.

세 번째로 당신은 도덕적 책임 관행이 변화하는 것이라 인정함으로써, 앞서 언급한 대로 나같은 낙관적 회의론자들에게 응분 체계에 실질적인 이점이 있으리라 넘겨짚는 주장을 반박할 기회를 준 셈입니다. 모든 것을 고려할 때 우리가 자유의지와 응분 체계에 대한 믿음 없이도 더 잘 살 수 있을지가 경험적 검증이 필요한 열린 문제라면, 당신의 주장대로 현재의 관행을 결과주의적 이유로 정당화할 수 있는지도 마찬가지로 열린 문제예요. 그런데도 논쟁에서 승리한 것처럼 의기양양하게 말하는 이유를 모르겠군요. 오히려 당신의 논리대로라면 회의론적 관점이 더 나은 결과를 가져올 가능성도 충분한데 말이에요.

더군다나 당신은 이론적으로는 이런 가능성을 기꺼이 인정하려는 것처럼 보여도, 약간은 빈정대는 투로 재빨리 한마디를 덧붙이곤 합니다. "나로선 어떻게 우리가 응분 체계 없이 더 잘 살 거라 볼 수 있는지 짐작도 못하겠군요"라는 식으로 말이죠. 또, 당신은 과거의 문화적 믿음과 관행을 근거로 자유의지와 도덕적 응분에 대한 확신이 앞으로 '모든 지속 가능한 사회의 특징'이 될 것이 '분명해보인다'고 주장하지만, 그래야만 한다고 볼 이유가 뭔가요? 현재의 도덕적 책임 체계가 '영원히 그리고 반드시 정당화되어야' 한다고 볼 근거는 없다는 것을 다름 아닌 당신의 이론으로 인정하지 않았나요?

그뿐만이 아니라, 과거의 문화적 믿음과 관행은 현재의 도덕적 책임 체계를 유지해야 할 필요성을 뒷받침하는 근거로 보기도 어렵습니다. 앞서 당신은 "도덕적 책임과 비난, 처벌이 어떤 형태로도 존재하지 않는 문화는 여태 본 적이 없어요"라고 말한 다음, "이런 관행이 모든 지속 가능한 사회의 특징이라는 것만큼은 분명해 보이죠"라고 덧붙였습니다. 우선 첫 번째 문장에서 당신은 중요한 것 하나를 통째로 빠뜨렸어요. 응분이

라는 관념 말이에요. 자유의지회의론자들은 자유의지를 부정
하면서도 여러 형태의 도덕적 책임(귀속적 책임과 응답적 책임
answerability responsibility)이 성립할 수 있음을 인정합니다. 응분
에 기반하지 않고 전망적 관점에서 도덕적 반대와 책임 개념을
구상할 가능성 또한 인정하죠.

　따라서 나는 당신의 말을 여태껏 어떤 문화도 응분을 기본
적인 의미로 보든 그렇지 않든 관계없이 응분에 기반한 도덕적
책임과 비난, 처벌을 완전히 폐기한 적이 없다는 말로 받아들이
겠습니다. 그렇다 해서 이런 주장에 반박할 근거가 없는 건 아
니에요. 불교문화, 아니면 적어도 불교의 가르침에서는 당신이
옹호하는 반응적인 도덕적 태도를—울분, 의분, 도덕적 분노,
비난 등을—대체로 거부하기 때문이죠.[29] 요컨대, 내가 지적하
려는 진짜 문제는 당신의 논증이 과거의 믿음과 관행에 너무도
큰 의미를 부여한다는 겁니다.

　가령 우리는 종교적 믿음을 유지해야 하는 이유에 대해서
도 얼마든지 비슷한 주장을 할 수 있죠. "종교적 믿음이 어떤 형
태로도 존재하지 않는 문화는 여태 본 적이 없어요. 따라서 이
런 믿음이 모든 지속 가능한 사회의 특징이라는 것은 분명해보
이죠"라고요. 당신이나 내가 이런 논증을 듣는다면 대번에 반
박하려 들 겁니다. 마찬가지로 나는 당신의 논증에도 반대해요.
때로는 변화가 바람직하며, 과거의 믿음과 관행은 시간이 지남
에 따라 더 나은 믿음과 관행에 자리를 내어줍니다.

마지막으로 당신은 우리가 회의론적 관점을 받아들일 경우, 끔찍한 일이 벌어질 것이라는 예측을 여러 번 언급했어요. 예를 들어 첫 번째 대담에서는 회의론적 관점을 받아들인다면 인류가 "토머스 홉스가 삶이 비참하고 잔인하며 짧다고 말한 자연 상태로" 되돌아갈 것처럼 말했죠. 그런 세상에서는 "사기와 절도, 성폭행과 살인으로부터 보호 받을 권리도, 국가에 보호를 요청할 수단도 없겠죠. 한마디로 도덕이 사라지는 겁니다"라고 말하기도 했고요.

두 번째 지적은 단순한 철학적 오류라고 보지만, 전반적으로 당신의 비관론은 근거가 없어요. 그 이유를 설명하면서 나는 옛날 사람들이 신에 대한 불신이 가져올지 모르는 위험을 단단히 착각했다는 것을 예로 들었고, 오늘날 자유의지에 대한 불신이 가져올 위험을 우려하는 당신이나 다른 사람들의 비슷한 주장을 어째서 의심해봐야 하는지 지적했습니다. 당신은 이 비유에 '무릎을 쳤다'고 했지만, 그 또한 당신의 비관론에 전혀 맞지 않는 일이에요. 자유의지에 대한 믿음이 없다 해서 사회가 무너지고 인류가 자연 상태로 되돌아가리라 보는 것은 근거 없는 우려일 뿐입니다. 오히려 내 주장이 맞다면, 회의론적 관점은 많은 이점을 가져다주겠죠.

데닛—— 만약 명예 문화가 정말 효율적으로 작동했다면, 꽤 까다로운 반례가 될 겁니다. 하지만 명예 문화에 대해 잘은 몰라도, 당신의 입장을 뒷받침할 만한 근거로 보이지는 않는 군요. 도덕이 초기 단계의 사회적 합의로부터(이 단계에서는 도덕이 부재한다고 보는 편이 더 정확할 수도 있을 겁니다) 점차 진화해왔다는 점은 앞에서도 지적했죠. 그 과정에서 과연 응분과 처벌을 특징으로 하는 우리의 도덕적 책임 문화와 '동등하게 정당한' 명예 문화를 찾을 수 있을지는 의문입니다. 야구에서 빈볼을 용인하는 것은 그럴듯한 예라 보기 어렵고(빈볼을 던진 투수는 그 자리에서 적절한 규칙에 따라 처벌을 받죠), 당신이 성폭행당한 딸을 명예 살인하도록 허용하는 규범을 옹호할 리도 없으니까요. 인류가 지난 2000년간 배운 게 없지는 않겠죠.

그리고 명예 문화 체계가 '양립가능론에서 말하는 여러 통제력 조건'과 관련이 없다는 말은 명백한 확대해석입니다. 햇필드 가문의 A가 맥코이 가문의 B를 낭떠러지로 밀었는데, 추락하던 B가 햇필드 가문의 C를 덮쳐 C가 죽는 일이 벌어진다면, 햇필드 가문은 B가 (통제력을 잃은 채였더라도) 자기 가문 사람을 죽였다는 이유로 보복하려 들까요? 그런 일을 용인하는 명예 문화가 있다면 그거야말로 놀라운 발견이겠죠. 명예 문화는 책임이 있는 당사자의 범위를 우리와 다르게, 우리보다 넓게, 그리고 결국에는 우리가 옹호할 수 없는 방식으로 설정한다고 볼 수 있지만(나는 이렇게 주장하겠습니다), 만약 어떤 명예 문화가 자기 통제력을 조금도 고려하지 않는다면, 그 지역 사람들의 합의는 일종의 에토스ethos*일지 몰라도 그들이 도덕이라 할 만한 것을 가지고 있다 말하기는 어려울 겁니다.

예를 들어 명예 문화 가운데 아주 어린 아이와 성인을 완전히 동등하게 대하는 문화가 있을까요? 서너 살짜리 아이도 자기가 지닌 다양한 수준의 자유를 인식합니다. 한번은 인공지능이라는 용어를 처음 제안한 과학자 존 매카시John McCarthy가 네 살 된 딸 세라에게 뭘 좀 해달라고 부탁했더니 "할 수 있어. 근데 안 할래"라고 대답하더라는 이야기를 들려준 적이 있어요. 그는 딸의 대답을 자유의지를 나타내는 절묘한 표현으로 보았고, 이로부터 영감을 얻어 〈로봇도 지닐 수 있는 자유의지Free will - even for robots〉라는 논문을 썼습니다. 이 논문에서 매카시는 설계적 태도**를 바탕으로 양립가능론적 자유의지를 이렇게 설명합니다. "자유의지는 극도로 복잡한 체계를 필요로 하지 않는다. 어린아이와 꽤 단순한 컴퓨터 시스템도 '할 수 있어. 근데 안 할래'라는 말을 내부에서 표상하고, 그에 따라 행동할 수 있다." 물론 어린아이(혹은 비교적 단순한 로봇)의 자유의지는 도덕적 책임을 지기엔 아직 모자라죠. 아이가 책임을 질 수 있으려면 수년간 도덕 교육을 거쳐 자유를 온전히 누리면서도 통제하

* 어느 사회 집단의 기풍이나 관습.
** 데닛은 인간이 대상을 대하는 태도를 크게 물리적 태도, 설계적 태도, 지향적 태도로 구분하는데, 그중 설계적 태도는 대상이 특정하게 설계되었으며 설계된 대로 작동할 것이라는 가정을 뜻한다. 《직관펌프, 생각을 열다》, 18장 참고.

는 기술을 익혀야 하니까요. 어느 문화든 간에 이 점을 암묵적으로라도 인정하지 않는 경우는 없으리라 봅니다.

또 당신은 내 주장을 두고 이렇게 말했죠. "당신의 설명에 따르면 자기 통제력과 응분의 사이의 연관성은 현재 우리가 합의한 사회구조의 특성에 따라 우연히 발생한 사실에 지나지 않습니다. 자유의지와 관련한 행동 통제력과 도덕적 응분의 관계가 (동전의 양면처럼) 필연적이지는 않기 때문이죠." 여기서도 역시 앎이라는 조건을 분명히 밝히는 것이 중요합니다. 어떤 사람이 뜻하지 않게 '현재 우리가 합의한 사회구조'로 들어오게 되어 우리 사회의 규범을 모르는 상태라면, 그 규범을 어기더라도 책임을 (때로는 전적으로) 묻지는 않겠죠. 그리고 우리가 다른 문화권을 방문하는 경우, 공연히 그 문화의 규범을 어기거나 우리 문화에서는 허용되지만 그곳에서는(그 지역 사람들의 눈에는) 심각한 문제가 되는 잘못을 저지르지 않기 위해 문화적 차이를 충분히 인지해야 합니다. 그리고 만약 우리 사회로 들어온 사람이 일부러 규범을 어긴다면, 그는 비난을 받아 마땅하며, 잘못의 정도가 심각한 경우에는 고의로 반사회적인 행동을 저지른 것에 대한 처벌을 받아야겠죠.

그뿐만이 아니라 당신은 때론 우연히 발생한 사실이 논리적이지는 않지만 실질적인 필요의 근거가 될 수 있다는 사실을 간과하고 있어요. 가령 먹는다는 행위와 살아 있는 상태는 논리상 필연적인 관계가 없지만, 먹지 않고 사는 사람은 없어요. 마찬가지로 주위를 경계하는 행위는 생존과 필연적인 관계가 없지만, 실질적으로 필요한 일이죠. 당신은 내 입장을 '도구주의'로 부르길 고집하지만, 나의 '도구주의'는 수십억 년간의 진화 과정 동안 무수한 시도와 오류 검사를 거쳐 나온 '모범 사례'를 모은 방대하고 성공적인 관행의 일부입니다. 달리 표현하자면 이렇게 이야기할 수 있죠.

> 당신이 (가장 주체적이고 통제하기 힘든 종인 호모사피엔스로 구성된) 가족이나 소규모 씨족보다 큰 집단의 사회질서를 유지하기 위해 안정적인 체계를 세우길 바란다면, 존중받는 도덕 체계(그 집단이 아주 거대한 경우 성문화된 법)가 필요할 것이다. 그러나 규칙을 어기는 행위의 심각성에 따라 제재와 처벌을 부과하지 않거나, 규칙을 이해하고 따를 능력이 있는 사람과 그렇지 않은 사람 간의 구별을 두지 않는 경우 도덕 체계는 존중받을 수 없다. 오직 능력 있는 사람만이 책임을 지고 잘못에 따라 응분의 처벌을 받을 수 있다는 사실에 동의하지만, 그 대가로 그들은 일상에서 정치적 자유를 누릴 수 있다.

이것이 경험적 검증이 필요한 문제라는 말에는 동의하지만, 적어도 지금 인류가 존재하는 방식에 따르면 그렇게까지 많은 가능성이 열려 있다고는 보지 않아요. 언젠가는 인류가 문화적으로나 유전적으로 진화하여 법과 자유의지가 필요치 않은 종으로 거듭날지도 모르죠. 살기 위해 음식을 먹거나 주변을 경계해야 할 필요가 없어질 수도 있고요. 또 어쩌면 새로운 행위자가 나타나 마음에 드는 인간을 거대한 통 안에 넣고 분재처럼 가꾸고 기르는 존재로 삼을지도 모를 일이죠.

요컨대, 현실적인 관점에서 심리적 욕구를 비롯한 인간의 욕구가 근본적으로 바뀌지는 않으리라 가정하면, 결과주의적 관점에서 엄밀히 따졌을 때 지금까지 나온 가장 훌륭한 사회정치적 합의체는 도덕 체계라는 말입니다. 도덕 체계에서는 미성년자라도 규칙과 법을 이해하고 자신을 통제할 능력을 입증하면 모든 권리와 책임을 지니는 동시에 완전한 정치적 자유를 누리는 성인으로 한 단계 올라설 수 있습니다.

카루소── 다음 주제로 넘어가기 전에 몇 가지만 짧게 이야기하도록 하죠. 우리 두 사람이 속한 개인주의적 응분 체계가 명예 문화보다 더 발전한 단계일 가능성이 크다는 데는 동의합니다. 솔직히 말해 명예 문화가 있는 곳에 살고 싶지는 않거든요. 그렇지만 명예 문화가 우리의 문화와 다른 맥락에서 진화했다면 그 맥락 안에서는 명예 문화가 효율적으로 작동했을 것이라 상상할 수는 있습니다. 물론 명예 문화가 얼마나 효율적이었고 지금 우리의 문화와 얼마나 차이가 있었는지 판단하려면 증명해야 할 문제가 많겠죠. 명예 문화는 당신이 도구주의적 관점에서 어떻게 반응할지 확인하고자 든 사례였습니다. 그에 대한 답은 충분히 얻은 것 같네요.

도덕의 중요성에 대한 당신의 주장에도 역시나 동의하는 부분이 많습니다. 하지만 자유의지회의론자들이 다양한 형태의 도덕적 반대와 도덕적 책임에 관한 전망적 이론, 도덕적으로 '좋은' 행동과 '나쁜' 행동을 따지는 가치론적 판단까지 부정하리라는 것은 근거 없는 생각이에요. 근본적인 문제는 도덕을 유지하고 사회를 잘 운영하려면 회의론자들이 반대하는 응분에 따른 도덕적 책임이 필요한가 하는 것입니다. 나는 그런 것이 필요치 않다 믿습니다.

당신이 지적한 다른 몇 가지 문제에 대해서도 더 논의하고 싶지만, 시간 관계상 내가 제시한 두 번째 논증인 운 논증으로 넘어가는 것이 좋을 듯하네요. 도덕적 책임과 응분 체계에 맞서 회의론자들이 제시하는 대안이 더 나은지 어떤지는 경험적 검증이 필요한 핵심 문제로서, 당신의 결과주의적 견해 역시 그 대안을 어떻게 보는지에 따라 달리 판단할 수 있다는 데 서로 동의하므로 세 번째 대담에서 다루도록 하죠.

자유의지 논쟁에서의 운

데닛——— 좋습니다. 곧장 두 번째 논증으로 넘어가죠. 당신은 운을 두 종류로 구분하고 어느 쪽이 작용하든 누구도 책임을 지닐 수 없음을 입증하려 하지만 여기서도 역시 앎이라는 문제가 중요합니다. 물론 우리는 모두 살아 있는 것만으로 어마어마한 운을 타고난 셈이죠. 지금껏 존재했던 모든 생명체 가운데 99% 이상이 번식하지 못한 채 죽었지만, 당신이나 나의 선조는 모두 압도적 다수가 맞이한 운명을 피해왔으니까요. 그리고 이로부터 우리는 당연하지만 놀라운 결론을 얻을 수 있습니다. 인간은 단지 운이 좋을 뿐 아니라 능력 있는, 그것도 단순한 능력이 아니라 행운을 최대한 활용하고 불운의 영향을 최소화하도록 대처하는 능력을 지닌 존재로 진화해왔다는 것이죠.

어떤 사람들은 지적 능력이 충분하지 않은 탓에 자유의지를 지니지 못하기도 하지만, 이건 그들의 잘못이 아니에요. (그들은 자유의지를 지니지 못하는 데 책임이 없으며, 단지 운이 좋지 않았을 뿐입니다.) 그보다는 과거에 있었던 불운한 사건들로 인해 질환이 주어졌기 때문에 자유의지에 필요한 통제력을 지니지 못하는 것이라 볼 수 있겠죠. 이런 사례가 바로 명백히 통제 불가능한 과거 사건으로 인해 행위자가 자유의지를 지닐 수 없는 경우에 해당합니다. 하지만 이들에 비해 운이 좋은 사람들은 정상적인 지능과 자신이 처한 상황을 파악하는 능력을 타고난 덕분에 다음과 같은 일을 할 수 있습니다.

(1) 자신의 과거('구성적' 불운)에서 결함을 찾고, 적절한 대처(가령 눈이 나쁘면 안경을 맞추고, 치료 가능한 정신적 문제가 있다면 약을 복용하는 것 같은 조치)를 취하지 않을 경우 그 결함이 자유의지에 위협이 될지를 판단한다.

(2) 일상 활동과 장기 목표를 계획하면서 '현재적' 불운의 영향을 최소화할 방안을 고려한다. 여기에는 조언을 구하고 집중을 방해하는 환경을 피하기, 친절한 신경과학자를 찾아가고 좋든 나쁘든 운이 결정적인 요인으로 작용할 가능성이 큰 상황을 피하는 행위가 포함된다. 가령 러시안룰렛 식의 도박은 삼가고, 빙판길을 주의하라는 예보가 있으면 고속도로에 나가지 않는 것이다. 성숙한 분별력은 자유의지와 관련한 능력의 일부다.

자유의지 논쟁에서 운을 근거로 드는 쪽이 불리해지는 이유는 누구나 운을 인지하고 있다는 사실 때문이에요. 따라서 어떤 사람에게 책임이 있는지 없는지를 판단할 때, 우리는 운을 고려하고 유념하면서 계획을 세울 책임도 염두에 두어야 하죠. 철학자들은 아무리 예측력이나 분별력이 뛰어나도 끔찍한 일을 저지르는 상황을 피할 수 없는 사례들을 고안하려 노력해 왔어요.

예를 들어 제한속도를 지키며 차를 몰다가 불쑥 도로 위로 튀어나온 물체에 부딪치는 바람에 보행자를 치어 숨지게 하는 경우를 생각해볼 수 있죠. 누군가 이런 사고로 인해 평생 본의 아니게 사람을 죽였다는 꼬리표를 달고 살아가는 것을 보면 우리는 그가 정말로 운이 나빴다고 생각할 거예요. 반면 상황을 바꿔 그가 고속도로에서 자기 운을 시험하기라도 하는 것처럼 과속을 하다 사고를 냈다면 훨씬 큰 죗값을 치를 겁니다. 그런데 만약 마찬가지로 과속을 하고도 무사히 집으로 돌아온 사람이 있다면, 똑같은 사고를 내지 않은 건 운이 좋았다고밖에 볼 수 없을 거예요.

삶은 늘 공평할 수 없고, 떳떳한 행위자로서 살아가던 사람의 인생이 불운에 의해 망가지지 않으리라는 보장이 없더라도 그다지 놀랄 일은 아닙니다. 이건 모든 사람이 치러야 할 자유의 대가 중 하나예요. 내가 보기엔 이렇게 때때로 벌어지는 무의미한 비극을 원천 차단하기 위해 현재의 정책을 바꿔야 한다고 주장하는 건 지극히 근시안적인 사고방식입니다. 운이 너무 큰 영향을 미치는 일을 최소화하기 위해 상벌 정책을 명확히 할 수는

철학 논쟁

있겠지만, 그런 정책으로 대처할 수 없는 불운은 참고 견디는 수밖에 없어요. 그 밖에 다른 방식으로 운에 대처하려는 시도는 기껏해야 아랫사람에게 동정을 베푸는 식의 온정주의paternalism*가 되거나, 최악의 경우 불공정한 정책이 될 겁니다.

어떤 테니스 선수가 실력 차가 확연해서 이길 가능성이 '없어 보이는' 선수와 시합하던 중, 상대가 경기장 안으로 기어 들어온 거북이에 걸려 넘어져 다치는 바람에 승리를 따낸다면, 우리는 주저 없이 그의 승리를 인정하겠죠. 상대방에게는 정말 기막힌 불운이지만 세상사가 다 그런 법 아니겠어요. 훨씬 더 심각한 예로는 이런 상황을 생각해 볼 수 있겠죠. 당신은 총 한 자루를 가지고 있는데, 지극히 합당한 이유로 그 총이 장전되어 있지 않다고 믿습니다. 하지만 당신이 이곳저곳을 다니던 중 상상조차 하기 어렵고 악의라고는 전혀 없는 기이한 우연이 연달아 벌어진 탓에 당신의 총이 똑같은 종류의 장전된 총과 뒤바뀌었죠. 당신은 그런 사실은 꿈에도 모르는 채, 순진하게 카우보이 흉내를 내다 다른 사람을 쏘아 죽인 범죄자가 되고 맙니다. 총이 장전되어 있지 않다고 정말로 확신하는 게 아니라면, 절대 총을 다른 사람에게 겨누고 방아쇠를 당기지 말아야죠.

---

* 권위를 가진 사람이나 조직이 다른 사람을 보호한다는 이유로 자유와 책임을 제한하고 간섭하는 태도.

카루소—— 댄, 내가 볼 때 당신은 운이 얼마나 구석구석까지 영향을 끼치는지, 행위자가 순전히 운에 따라 결정되는 불평등과 불리한 조건을 극복하기가 얼마나 힘든지를 지나치게 과소평가하고 있어요. 예를 들어 내가 비교적 안정된 시대, 안정된 사회에서 사랑과 지원을 아끼지 않는 부모님 밑에 태어난 건 순전히 운이 좋아서였습니다. 하지만 나는 얼마든지 전란에 시달리는 나라에서 태어날 수도 있었고, 그랬다면 주어진 선택지는 고작해야 13살의 나이에 A라는 세력에 들어가 기관총으로 B 세력의 사람들을 죽이거나, B 세력에 들어가 A 세력 사람들을 죽이거나, 어느 세력에도 들어가지 않고 있다가 그에 따른 보복으로 눈앞에서 가족이 살해당하는 광경을 보는 게 전부였겠죠. 만약 당신이 이런 불운한 상황에 처한다면 사람을 죽일 수 있지 않을까요? 당신뿐만 아니라 대부분 사람이 그렇게 할 겁니다.

물론 자유의지회의론이 모든 형태의 책임(예를 들어 인과적 책임, 귀속적 책임이나 응답적 책임 등)을 구상할 가능성까지 부정하는 것은 아닙니다. 회의론자들은 위험한 범죄자를 무력화하고 잘못된 행동에 맞서 도덕적 반대를 표명해야 할 합당한 이유가 있다는 데 반대하지도 않아요. 다만 회의론적 관점에서 보자면, 사람들이 진정으로 응분의 비난과 칭찬, 처벌과 보상을 받아야 한다는 말은 확실한 도덕적 근거 없이, 혹은 그들이 본디 통제할 수 없는 일에 대해 책임을 묻는 것이나 다름없기에 근본적으로 불공평하고 부당합니다.

　당신은 기량과 도덕적 역량을 운 문제를 해결할 방안으로 내세우지만, 첫 번째 대담에서도 말했듯 그다지 설득력 있는 논리는 아닙니다. 행위자가 여러 기량과 역량을 익히는 일련의 행동 자체가 구성적 운(그런 행동이 행위자의 자질에서 비롯할 경우)이나 현재적 운이 작용한 결과이기 때문이죠. 예컨대 우리가 '자신의 과거(구성적 불운)에서 결함을 찾'고, 그것이 '자유의지에 위협이 되는지를 확인'하는 것도 구성적·현재적 운이 따라야 가능한 일입니다. 그런 결함을 찾아 '적절한 조치'를 취하는 것 역시 마찬가지고요. 운의 영향을 줄이기 위해 더 많은 운을 동원할 수는 없는 노릇이죠.[30]

　내가 운이라는 주제에 특히 더 관심을 갖는 이유는 공공정책과 실제로 깊은 관련이 있기 때문입니다. 가령 우리가 범죄 행동을 대하는 태도를 생각해보죠. 형법이나 보통 사람들의 시각에서는 범죄 행동을 개인이 책임져야 할 도덕성의 타락으로 보는 것이 일반적입니다. 또 법적 처벌을 응보적으로 정당화하는 관점에서는 (그리고 회고적인 응분을 전망적 관점에서 정당화하는 당신의 준※응보적 관점에서는) 정상 참작의 여지가 없는 한, 범죄자가 자신의 행동에 도덕적 책임을 지며 악행의 정도에 따라 응분의 처벌을 받아야 한다고 가정하죠. 이러한 관점은 범죄 행동의 사회적 결정 요인이 아니라 범죄를 저지른 개인과 그의 책임에만 초점을 맞추므로, 응보적 또는 준응보적 정의는 사회구조와 범죄 행동의 원인을 고려한 정책을 세우기보다 범죄를 징벌로써 다스리는 쪽을 택합니다. 범법 행위에 책임을 져야 하는 건 어디까지나 그 행위를 저지른 개인이므로, 형사사법제도의 의의는 무엇보다 범법자에게 응분의 책임을 부과하는 데 있다고 보는 것이죠. 이처럼 개인의 책임을 중시하는 태도를 로널드 레이건만큼 잘 표현한 사람도 없을 겁니다. 그는 다음과 같은 유명한 말을 남겼죠. "우리는 법을 위반하는 일이 벌어질 때마다 범법자가 아니라 사회가 죄를 짓는 것이라는 주장을 거부해야 합니다. 이제 모든 개인이 자기 행동에 책임을 져야 한다는 미국적 원칙을 되찾을 때입니다."

그러나 정작 범죄 행동에 대해 알면 알수록 범죄가 사람보다 장소나 환경과 더 큰 관계가 있다는 사실이 분명해집니다. 현재의 수감 제도를 유심히 들여다보면 정신적 외상과 가난, 사회적 불평등으로 얼룩진 삶을 살아온 사람들이 감옥을 가득 채우고 있다는 점을 알 수 있죠.[31] 이러한 현실을 외면하는 일은 심각한 문제를 가져옵니다. 사람들은 가난, 주거 환경, 교육 불평등, 인종차별, 성차별, 폭력에 노출된 정도 같은 사회적 요인이 범죄 행동에 지대한 영향을 끼친다는 사실에 거의 관심을 두지 않아요. 그 대신 범죄 행동은 개인의 도덕성 탓('범죄자들은 다 나쁜 놈들')이므로 범죄자는 처벌을 받아야 마땅하다 보죠. 중요한 것은 이러한 믿음이 가져오는 결과예요. 상황적 요인을 무시한 채 누군가의 '나쁜 행동'을 그의 본성으로 여기는 일은 부당

철학 논쟁

하고 가혹한 처사일 수 있어요. 그런데도 우리는 범죄 행동 이면에 깔린 사회적 결정 요인이나 구조적 원인에 주목하는 대신, 징벌을 통한 사후 대응에 주력하죠. 하지만 이제는 범죄 행동을 이해하는 방식을 뿌리째 바꾸고, 정책을 세우는 과정에서 상황적 요인과 행동의 변화 가능성에 집중할 때입니다.

따라서 나는 우리가 응보주의를(그리고 당신이 주장하는 준응보주의를) 거부하고, 보다 전체론적holistic이고 체계적인 관점에서 범죄 행동을 대해야 한다고 생각합니다. 유감스러운 일이지만, 자유의지에 대한 믿음은 다른 사람을 탓하고 도덕적 책임을 물으려는 욕망에 기인하며 징벌을 부추기므로, 이러한 관점을 확립하는 데 방해가 됩니다. 자유의지에 대한 믿음은 범죄 행동의 일차적 책임을 개인에게 돌리도록 만들며, 그 결과 범죄 행동을 규명하는 일은 개인에게 책임을 물을 근거를 조사하는 데서 그치고 말죠.

일례로 자유의지를 전제하는 형법에서는 내가 시간 쪼개기time-slice식 접근이라 부르는 태도를 바탕으로 다음과 같은 질문에 초점을 맞춥니다. 특정 순간(범죄를 저지른 순간) 행위자에게는 자신의 행동을 결정할 능력이 있었는가? 그 순간 행위자는 욕구나 믿음 같은 이유에 반응했는가? 범죄를 저지르려는 의도를 품고 있었는가? 자신의 행동이 법에 어긋나는 잘못된 행동임을 이해하고 있었는가? 여기에 전부 그렇다는 답이 나오면 행위자는 법적·도덕적으로 죄가 있는 것이며, 이에 따라—모든 것을 고려할 때 참작할 사정은 없다 보고―그에게 적법한 처벌을 부과할 수 있죠.

물론 형법에서도 사건이 벌어지기 전의 정황을 중시하는 경우(가정폭력 사례 등)가 있기는 하지만, 형법의 주목적은 범죄 행위actus reus와 범행 의도mens rea, 범죄를 저지를 당시 범죄자의 심리 상태를 규명하는 데 있습니다. 하지만 유감스럽게도 이러한 접근 방식은 개인의 존재를 그가 살아온 환경과 그를 둘러싼 사회 체계로부터 떼어놓습니다. 그 결과 범죄 행동의 사회적 결정 요인, 사람들에게 큰 영향을 미치는 여러 원인과 제도, 각 개인이 특정한 심리 상태를 갖게 된 과정 등은 우리의 시야에서 사라져버리죠.

반대로 회의론적 관점에서 이 문제를 바라보면, 개인에게 책임과 비난, 처벌을 지우는 데 치중하는 근시안적 태도가 의도하지 않은 역효과를 낸다는 것을 알 수 있습니다. 회의론에 따르면, 우리의 삶이 어떤 위치에서 시작될지는 복권과 마찬가지로 운에 의해 정해지며, 개인을 둘러싼 사회제도는 그가 어떤 사람이고 무엇을 하는지에 지대한 영향을 끼치죠. 그렇기에 우리는 시간 쪼개기식 접근법 대신 개인을 역사적·종합적 존재로 보는 관점을 택해 모든 사람을 역사와 상황이 낳은 부산물로 대할 필요가 있어요. 이러한 관점을 받아들이면 범죄 행동이 대체로 여러 사회적 요인에 의해 결정되며, 범죄를 줄이고 행복을 늘릴 최선의 방안은 그와 같은 요인들을 찾아 조치하는 것임을 인정할 수 있죠. 당신은 여기에 동의하지 않겠지만, 다음 대담에서는 내가 제안하는 공중보건격리모형을 자세히 논의하면서 서로의 차이를 어느 정도 좁힐 수 있길 바랍니다.

지금은 우선 운 논증에 대한 당신의 대답이 현실과 동떨어져 있다는 점만 밝혀두겠습니다. 당신은 누구나 쉽게 자신의 과거에서 불운으로 인한 '결함을 찾고', 그에 따른 '적절한 조치'를 취할 수 있다는 듯이 이야기하지만, 그 결함이 구조적 불평등에 기인한다면 그것을 극복하기란 결코 말처럼 쉬운 일이 아니에요. 그런데도 (불운으로 인해) 눈이 나쁘면 안경을 써서 극복하면 된다는 예를 든다는 건 운 문제의 본질을 완전히 잘못 파악한 결과로밖에 생각할 수가 없군요.

데닛── 운은 명확한 판단을 내리기 어려운 문제예요. 당신은 "나는 얼마든지 전란에 시달리는 나라에서 태어날 수도 있었다"고 말하지만, 그런 가정이 성립한다면 당신이 불가사리나 오이로 태어났거나 아예 태어나지 않았을 수 있다는 가정도 성립합니다. 내가 만약 전란에 시달리는 나라에서 태어났다면 의도와 상관없이 냉혹한 살인자가 되었을 수 있지만, 그게 아니라 살인자의 손에 들린 기관총으로 태어났을지도 모를 일이죠. 어느 쪽이든 사람을 죽이는 건 내 책임이 아니었을 테고요.

이런 식의 상상력 대결에는 그럴듯한 규칙이랄 게 없습니다. 앞서 살아 있는 모든 생명체는 태어났다는 사실만으로 엄청난 행운을 얻은 거라 말했죠. 더 구체적으로 이야기하자면, 모든 인간은 인간으로 태어났다는 사실만으로 엄청난 행운을 누리는 겁니다(두꺼비나 지렁이도 자기 삶에 그럭저럭 만족할 수는 있겠죠. 자신이 자유의지를 지니지 않는다는 사실을 전혀 의식하지 못하겠지만요). 많은 사람이 매우 불행한 환경에서 삶을 시작하며, 이로 인해 이후로도 갖은 역경에 시달린다는 점은 당연히 인정해요. 하지만 이것은 누구나 아는 사실이자, 모든 도덕 체계가 다뤄야 할 문제이며, 완벽히 공정하지는 않더라도 이미 다루고 있는 문제예요.

법이나 일상에서 작동하는 비공식적 도덕은 지금도 '현재적 운'에 꽤 효과적으로 대응합니다. 예컨대 사람들은 보통 어떤 사건이나 상황의 중요성을 사전에 '알 수 없었던' 탓에, 벌어진 불운한 일에 관대하게 반응합니다. 심지어 어린아이들도 그저 운이 좀 나빴을 뿐인 문제를 가지고 벌을 주거나 비판하는 일이 불공평하다는 걸 쉽게 이해하죠. 그리고 법은 특수한 사례에 대처하기 위해 더 강력한 원리들을 고안해왔어요. 가령 법적 책임을 다루는 각종 법률은 불운이 책임을 면하는 근거가 될 수 없음을 명시적으로 규정하죠. 약사나 크레인 운전기사처럼 고위험 직업군에 속한 사람들은 이러한 법률 때문에 늘 긴장을 늦추지 않아야 합니다. 그 밖에 일반적인 상황에서는 성인이라면 적절한 주의와 경계를 할 수 있으리라 가정하죠. 그 정도의 주의나 경계를 할 수 없는 사람은 그런 능력이 있는 사람과 동등한 수준의 자유를 누리지 못합니다.

"운의 영향을 줄이기 위해 더 많은 운을 동원할 수는 없는 노릇"이라고 했죠. 맞아요. 운의 영향을 줄이기 위해서는 노력과 기량이 필요하죠. 생활 방식을 바꾸는 것 또한 당신의 표현대로 '말처럼 쉬운 일이 아니에요.' 그러나 약간의 운만 따라도 (극도로 불운한 처지에 놓인 사람이 아니고서야 약간의 운 정도는 있다고 봐야죠) 우리는 노력하는 습관과 기량을 개발하여 운이 삶에 끼치는 영향을 줄일 수 있습니다.

두 명의 버드Bird가 이 사실을 잘 말해주었죠. 한 사람은 영국의 유명한 도박사 알렉스 버드Alex Bird로 그는 경마로 큰돈을 벌었으면서도 정작 인터뷰에서 이런 말을 했어요. "내가 운이 좋다고 생각한 적은 한 번도 없어요. 나는 겁이 많아서 진짜 도박을 할 그릇은 못 돼요. 대신 엄청나게 노력하죠. 노력하면 할수록 그만큼 운도 따라옵니다."[32] 그리고 미국의 위대한 농구 선수 래리 버드Larry Bird도 이와 비슷한 말을 한 적이 있죠.

당신은 이 정도로 열심히 노력하려면 운 좋게 그에 걸맞은 인격을 타고나야 한다고 말하겠죠. 하지만 꼭 그렇지만은 않아요. 무책임한 성격을 타고난 사람도 운 좋게 열정적인 스승을 만난다면, 처음의 불운을 극복하고 진정 끈기 있는 사람으로 거듭날 수 있습니다. 어릴 적에 죽다 살아날 만큼 호된 시련(이걸 행운이라 할지 불운이라 할지는 모르겠지만)을 겪은 사람은 오히려 그 충격으로 더 굳센 의지를 지닐 수 있죠. 그 밖에도 성숙한 인격과 자기 통제력을 갖추는 데는 수많은 방법이 있어요. 교도소에는 분명 그런 방법을 하나도 찾지 못한 사람도 많지만, 수감자 모두가 그런 건 아니죠. 내 목표는 교도소를 모조리 없애는 게 아니라 당신이 지적한 운과 기량의 차이를 적절히, 현재의 제도보다 훨씬 더 고려하도록 개혁하는 겁니다.

그러나 당신은 그게아니라술rathering을 보여주는 또 하나의 사례에 사로잡혀 내가 제시하는 대안에 눈길조차 주지 않고 있어요. 당신이 적절히 인용한 로널드 레이건의 말에는 분명 비판할 만한 부분이 있죠.

우리는 법을 위반하는 일이 벌어질 때마다 범법자가 **아니라** rather 사회가 죄를 짓는 것이라는 주장을 거부해야 합니다. 이제 모든 개인이 자기 행동에 책임을 져야 한다는 미국적 원칙을 되찾을 때입니다.

단 내가 여기서 지적하려는 문제는, 개인의 책임을 강조하면서 동시에 수많은 개인이 그런 책임을 질 수 없게 만드는 사회구조에 관심을 기울이면 안 될 이유가 있냐는 것입니다. 당신도 레이건의 말을 인용한 다음 이렇게 말했죠. "사람들은 가난, 주거 환경, 교육 불평등, 인종차별, 성차별, 폭력에 노출된 정도와 같은 사회적 요인이 범죄 행동에 지대한 영향을 끼친다는 사실에 거의 관심을 두지 않아요. **그 대신** 범죄 행동은 개인의 도덕성 탓('범죄자들은 다 나쁜 놈들')이므로 범죄자는 처벌을 받아야 마땅하다 보죠." 당신의 말대로 사람들은 흔히 유죄 판결을 받은 대다수(전부가 아니라) 범죄자에게 응분의 처벌을 내려야 한다고 보지만, 그러면서도 동시에 범죄자에게 도덕적 책임을 지우는 일과 관계없이 환경과 정책을 개선해 범죄자 수를 줄이는 데도 훨씬 많은 관심을 기울여야 한다고 생각해요.

여기서 주목해야 할 것은 사람들이 이 두 가지 태도를 모순으로 여기지 않는다는 점입니다. 물론 세상에는 처벌만이 옳다는 독선적인 믿음을 가진 사람이나 형벌제도를 인도적으로 개선하는 정책에 반대하는 열렬한 응보주의자도 있겠죠. 하지만 그렇다 해서 다른 사람들도 전부 응분의 몫에 경도된 것이 아니냐고 단정해서는 안 됩니다. 오래전부터 주장해온 대로 나는 현재의 형벌제도가 터무니없이 잔인하고 부당하다 보며, 혁명 수준의 대규모 개혁이 절실하다는 데 전적으로 찬성하지만, 개혁을 빌미로 도덕적 책임 관념에 대한 존중부터 해치려는 건 어리석은 일이라 생각합니다. 이와 관련해서는 레이건의 생각에도 일리가 있죠. 따라서 레이건의 말은 우리의 견해 차이를 여실히 보여주는 예라 할 수 있어요. 당신은 그의 주장 전체가 명백히 위험하다 보는 반면, 내가 반대하는 부분은 '아니라'라는 단어뿐이니까요.

처벌이 꼭 필요하다 믿는 사람 중에는 "누군가의 '나쁜 행동'을 그의 본성으로 여기는" 사람도 있겠지만 나는 그렇지 않아요. 어느 정도는 내가 본질적인 것을 믿지 않아서이기도 하지만, 지금 논의하는 맥락에서 더 직접적인 이유는 (이제껏 이야기한 대로) 거의 모든 사람이 생각과 반성, 평가를 거듭함으로써 꼭두각시가 되는 것에 충분히 저항할 수 있다고 보기 때문이에요. 불운한 사람들을 한낱 과거의 산물로 간주하는 식의 인도적 개혁은 비효율적일 뿐만 아니라 또 다른 측면에서 잔인한 일이 될 수밖에 없습니다. 대부분의 부모가 아이를 책임감 있게 키우는 가장 좋은 방법은 아이에게 책임을 지우는 것이라는 사실을 알고 있죠. 반대로 아직 책임을 지는 단계에 이르지 못해 부모의 보호 아래 있는 아이를 스스로 책임질 능력이 없는 존재로만 취급하는 태도는 아이가 지닌 자존감을 철저히 짓밟는 일로서 잘못된 결과를 낳기 마련이니까요.

당신은 줄곧 나를 응보주의자로 묶으려 하지만 이 또한 그게아니라술의 일종이에요. 내가 처벌의 '본질적' 가치를 부정한다면 당신이 말하는 준응보주의란 대체 무얼 가리키죠? 단순히 처벌을 정당화할 수 있다고 생각하면 전부 준응보주의에 해당하나요? 그러나 당신도 지적했다시피 나는 책임과 처벌을 '전망적, 결과주의적, 계약주의적' 관점에서 옹호합니다. 그러니 이제 '준응보주의' 운운하는 이야기는 그만 꺼냈으면 좋겠군요. 그건 불쾌하게 들리면서도 무엇이 불쾌한지조차 설명하기 힘든 모호한 말이니까요. 당신도 인정했듯, 우리가 다뤄야 할 문제는 내가 적절히 완화된 처벌과 비난을 포함하는 응분의 몫을 옹호

철학 논쟁

하는 반면 당신은 그에 반대한다는 것이죠. 그러니 우리 중 누구도 응보주의자나 준응보주의자가 아닙니다. 그게 무슨 뜻이든 간에 말이죠.

　마지막으로 운에 대해 하나만 더 이야기하죠. 당신은 '시간 쪼개기식 접근법'이 유감스럽게도 "개인의 존재를 그가 살아온 환경과 그를 둘러싼 사회 체계로부터 떼어놓"는다고 말했죠. 나는 이러한 접근법을 유감스럽게 여겨야 할 문제가 아니라 존중받는 법 체계가 지켜야 할 기본 원칙으로 봅니다. 우리는 부유한 사람과 가난한 사람, 교육을 받은 사람과 받지 못한 사람, 영리한 사람과 둔한 사람은 물론, 충동적인 사람과 자기 통제력이 있는 사람을 위해서도 따로 법을 마련하지 않아요. 그런 식으로 법을 만드는 건 마치 공 모양으로 된 주사위를 굴리는 것처럼 괜한 논란만 일으키는 일입니다. 사람들을 나누는 기준을 누가, 무슨 수로 정하겠어요? 그보다는 차라리 개인의 존재를 구체적인 환경과 타고난 재능으로부터 떼어놓은 채 그가 범죄를 저질렀는지 아닌지를 판단하고, 법에 명시된 타당한 사유와 참작 가능한 상황을 철저히 검토한 다음, 처벌이나 무죄 판결 등 사례에 맞는 처분을 내리는 편이 훨씬 낫습니다. 당신은 개인과 환경을 떼어놓으면 "범죄 행동의 사회적 결정 요인, 사람들에게 큰 영향을 미치는 여러 원인과 제도, 각 개인이 특정한 심리 상태를 갖게 된 과정 등은 우리의 시야에서 사라져버린다"고 보죠. 때로는 그런 일이 있을 수 있겠지만, 반드시 그렇다고는 할 수 없어요.

카루소────── 법적 처벌의 문제와 형사사법제도를 개선할 방안은 다음 대담에서 자유의지회의론의 실질적 함의를 다룰 때 다시 한번 논의하는 것이 좋을 듯합니다. 아직 하고 싶은 말은 많지만 두 번째 대담을 마무리할 때가 되었으니까요. 다음 대담에서는 당신이 처벌을 설명하는 논리를 어떻게 묘사하는 것이 가장 좋을지도 함께 논의해보도록 하죠.

데닛────── 좋습니다.

카루소────── 운에 관해서는 마지막으로 한 가지만 더 짚고 넘어가도록 하겠습니다. 내 생각에 우리의 견해 차이는 운이 개인에게 영향을 미치는 정도와 행위자가 기량이나 노력을 통해 운을 극복하는 능력을 완전히 다르게 보는 데서 비롯합니다. 나는 '운은 모든 걸 집어삼킨다'고 주장하지만, 당신은 여기에 반대하죠. 또, 여러 차례 언급했듯 나는 행위자가 여러 역량과 기량을 갖추는 일련의 행동 자체가 구성적 운(행위자의 자질에 기반하는 경우)이나 현재적 운(부모님의 도움이나 선생님의 격려 같은 부분적 요인의 결과일 경우)에 달려 있다고 봅니다.
　　그런데 당신은 행위자가 운의 영향력을 줄이기 위해 더 많은 운을 동원할 수는 없다는 데 동의하면서도, 정작 당신이 운에 맞설 수단으로 꼽는 요인들(기량, 노력, 끈기, 아니면 다른 무엇이든 간에)이 만물에 두루 영향을 끼치는 운의 지배를 받는다는 것을 인정하지 않아요. 앞서 "당신은 이 정도로 열심히 노력하려면 운 좋게 그에 걸맞은 인격을 타고나야 한다고 말하겠죠"라고 말할 때만 해도 이 점을 인정하는 듯했지만, 곧바로 이렇게 덧붙였죠. "하지만 꼭 그렇지만은 않아요. 무책임한 성격을 타고난 사람도 운 좋게 열정적인 스승을 만난다면, 처음의 불운을 극복하고 진정 끈기 있는 사람으로 거듭날 수 있습니다. 어릴 적에 죽다 살아날 만큼 호된 시련(이걸 행운이라 할지 불운이라 할지는 모르겠지만)을 겪은 사람은 오히려 그 충격으로 더 굳센 의지를 지닐 수 있죠."

이제 어디가 문제인지 보이나요? 여기서 당신은 바로 앞에서 불가능하다고 인정한 일을 예로 들고 있어요. 구성적 운의 영향을 만회하기 위해 다름 아닌 현재적 운을 동원하는 것이죠. 따라서 당신이 드는 예는 오히려 내 주장을 뒷받침합니다. 행위자가 여러 역량과 기량을 갖추는 일련의 행동 자체가 구성적 운이나 현재적 운에 달려 있다는 주장을요.

데닛—— 미안하지만 그 예는 당신의 주장을 전혀 뒷받침하지 않아요. 앞서 나는 운의 영향을 줄이기 위해 더 많은 운을 동원할 수는 없는 노릇이라는 말에 동의한 다음, 이렇게 덧붙였어요. "운의 영향을 줄이기 위해서는 노력과 기량이 필요하죠." 오늘날 어려운 환경에 처한 아이들을 비롯해 전 세계 아이들 대부분이 이런저런 노력을 통해 기량을 쌓고 성숙한 어른으로 자라는 건 단지 운이 좋아서가 아니에요. 각국에서는 아이들이 잘 성장할 수 있는 환경을 마련하기 위해 가정과 학교에 많은 자원을 투입하고 있어요.

따라서 당신은 거의 모든 아이가 다른 인간의 손에서 자라 조금씩 책임을 인정받으며 성인으로서 자유를 누릴 수 있는 수준까지 무사히 성장하는 행운을 누린다는 점을 인정할 필요가 있어요. 그리고 나는 지독히 불운한 환경에 처해 있는 소수의 아이들이 여러 이유로 이러한 일반적인 성장 과정을 거치지 못한다는 사실을 인정해야 할 테고요. 이 아이들은 분명 자유의지를 지니지 못하므로, 사정을 충분히 고려해 보살피고 무사히 성장할 때까지 제한된 환경 속에서 보호해야 합니다. 그 밖에도 자기 통제력을 지닐 만큼 성숙하는 일이 평생의 과제인 아이는 많이 있으므로, 이들을 위한 대책도 마련해야겠죠.

다행히 현대 사회는 이런 불운한 사례를 최대한 줄이기 위한 세심한 정책들을(가령 의무 교육이나 아동 학대 방지법 등을) 도입해왔으며, 앞으로도 이런 정책을 확대하기 위해 훨씬 더 많은 자원을 투입해야 합니다. 우리 모두 이 사실을 알고 있어요. 당신이 말한 대로 너무나 많은 아이가 불운한 환경에 처해 있는 만큼, 그런 일을 최대한 줄일 수 있도록 경제, 교육, 정치 등 여러 분야의 정책을 바로잡아야 합니다. 그렇다 하더라도 아이들

철학 논쟁

이 책임 있는 성인으로 성장하려면 보통 이상의 운이 필요하다고 말하는 건 옳지 않겠죠.

따라서 운은 모든 걸 집어삼키기는커녕 대부분의 것을 삼키지 못해요. 예를 들어 구약의 윤리 같은 것이 통용되던 암울한 시절에 비하면 오늘날에는 운의 영향력이 훨씬 줄어들었어요. 인류는 지난 수천 년 동안 엄청난 발전을 이루었고, 그중 상당수가 지난 세기에 나왔죠. 덕분에 우리는 구성적 운과 현재적 운의 지배력을 엄청나게 줄일 수 있었고요. 전 세계를 기준으로 보면 인구 대비 빈곤율과 아동 사망률, 기근은 점점 줄어드는 추세예요. 한스 로슬링Hans Rosling이 쓴《팩트풀니스》를 보면 이 외에도 다양한 방면에서 들려오는 고무적인 뉴스들을 확인할 수 있어요. 또 오늘날에는 교육의 기회와 좋은 부모가 되는 법을 배울 기회, 우리가 어떤 세상에 살고 있으며 그 안에서 어떻게 살지에 대한 정보를 얻을 기회가 훨씬 많아졌습니다. 극도로 불운한 처지에 놓인 사람들을 제외하면 누구나 이런 기회를 활용할 수 있죠.

설령 우리가 대부분의 성인이 이런저런 불운에 의해 합리적으로 자신을 통제할 수 없는 지독히 불행한 세상에 산다고 가정하더라도, 그런 세상에서조차 나는 사람들에게 도덕적 책임을 지우는 일을 포기해야 한다는 말을 받아들이지 않을 겁니다. 그곳에는 책임을 질 능력이 있는 사람이 많지 않겠지만, 더 나은 세상을 만드는 최선의 길은 사람들을 도덕적 책임이 필요한 과제에 참여시키고 그들이 직접 책임지도록 격려하는 것이 겠죠. 물론 여기서 도덕적 책임이란 '신의 눈으로 본 책임' 같은 것이 아닙니다. 그런 당근과 채찍이 필요하던 시절은 지나간 지 오래니까요. 대신 사람들이 원할 가치가 있는 종류의 도덕적 책임을 추구해야겠죠. 생각할 능력이 있는 사람이라면 책임을 지는 것이 우리가 인생에서 누리는 가장 큰 축복이라는 것을 깨달을 겁니다.

세 번째
대담

이해 단계:
처벌, 도덕, 응분의 대가

카루소——— 이제 처벌, 그중에서도 법적 처벌의 문제와 형사사법에 대한 견해를 논의할 차례군요. 먼저 주요 용어를 정의하는 것부터 시작하죠. 보통 처벌이란 어떤 집단이나 개인이 잘못된 행동을 저지른 것으로 인정될 때, 권위로써 의도적으로 불쾌한 불이익이나 박탈을 부과하는 일을 말합니다. 일상에서 쉽게 볼 수 있는 처벌의 예로는 교사가 무례한 행동을 하는 학생을 교실 밖 공간에 격리하는 '타임아웃'이나 대학에서 표절을 저지른 학생에게 내리는 퇴학 처분 등이 있죠.

법적 처벌은 처벌의 한 유형으로, 어떤 행동이 국가의 법을 위반한 것으로 인정될 경우, 그 판단이 옳든 그르든 관계없이 국가의 권한으로 의도적인 불이익을 부과하는 일을 말합니다. 더 구체적으로 말하자면, 법적 처벌은 어떤 범법 행위에 적절히 대응하고 국가가 그 행위를 승인하지 않는다는 것을 표현하려는 목적으로 누군가가 국가를 대신해 다른 사람에게 고의로 해를 끼치는 일입니다. 여기까지는 동의하나요?

데닛——— 좋습니다.

카루소——— 앞선 대담에서 나는 당신이 일종의 준응보주의를 옹호한다고 비판했고, 당신은 이런 꼬리표를 붙이는 데 이의를 제기했습니다.

데닛—— 그랬죠. 나는 결코 응보주의자가 아니니까요.

카루소—— 당신을 준응보주의자로 간주한 이유는 당신이 전망적이고 결과주의적인 이유로 응분 체계를 옹호하면서도 우리가 그 체계에 속한 이상 응분에 따라 법적 처벌을 부과해야 한다고 주장하기 때문입니다. 즉, 당신은 (적어도 내가 보기에는) 참작할 사정이 없는 한 범법자는 자신의 행동에 도덕적 책임이 있으므로, 범법 행위에 따라 (회고적인 이유에서) 처벌을 받아 마땅하다는 응보주의의 핵심 관념을 포기할 생각이 없습니다. 그렇지 않나요? 나로선 당신이 처벌을 결과주의적 관점에서 정당화하는 논리를 더욱 발전시켜 범죄를 효과적으로 억제하고, 사회를 더 안전하게 만들고, 범법자를 갱생시키는 경우에만 처벌을 정당화할 수 있다는 주장으로 나아가지 않는 이유를 모르겠습니다.

데닛—— 내가 처벌을 어떻게 보는지는 당신이 말한 대로예요. 하지만 이런 시각이 응보주의적 처벌 관념의 핵심이라는 말에는 동의할 수 없군요. 어떤 사람이 기소된 대로 죄를 저질렀고, 도덕적 역량을 갖추고 있다는 것을 확인한 이상, 특별히 이 사례에서 처벌을 부과하는 일이 범죄를 억제하는지, 범법자를 교화·갱생시키는지, 사회를 안전하게 만드는지 등을 더 고려할 이유는 없어요. 우리는 그가 기소된 대로 죄를 저질렀

철학 논쟁

고, 자신이 처벌받으리라는 것을 알면서도 그런 행동을 했기 때문에 처벌을 내리는 것입니다.

더 단순한 예로 스트라이크와 볼을 판정하는 야구 심판의 역할을 생각해보죠. 야구에서 심판은 물론 투수와 타자 모두가 규칙을 잘 알고 있으며, 특정 상황에서 볼이나 스트라이크를 선언할 때, 그 판정이 대다수 사람을 기쁘게 할지, 투수가 공을 더 정확히 던지도록 만들지, 타자의 거만한 태도를 고쳐놓을지, 야구 경기를 조금이나마 개선할지는 전혀 고려할 필요가 없는 문제예요. 이전에 불공평한 판정이 있었다 해서 이번 판정으로 경기의 균형을 맞추려 해서도 안 되고요.

규칙을 자의적으로 적용하고 예외를 인정하고 싶은 유혹을 물리치기란 쉽지 않을 때가 있다는 것은 누구나 잘 알고 있습니다. 실제로 심판이 유혹을 이기지 못하고 잘못된 판정을 한 것으로 보이는 사례도 있죠. 하지만 그런 일을 인정할 경우 야구 경기가 프로레슬링처럼 변하리라는 사실도 다들 알고 있어요. 심판은 오직 규칙에 따라 볼과 스트라이크를 판정해야 합니다. 그것이 심판의 의무이며, 그래야만 야구라는 스포츠가 성립할 수 있죠.

핵심은 늘 변화하는 환경 속에서 법에 대한 존중을 어떻게 유지할 것인가 하는 문제입니다. 처음에는 옳다고 생각해 만든 법이 더는 의미가 없고, 사람들이 새로운 사실을 알게 되면서 공정성에 대한 직관이 바뀐다면, 결과주의적인 이유로 법을 그때그때 다르게 적용할 것이 아니라 법을 개정해야 해요. 그렇지 않으면 법이 규정된 그대로의 뜻을 지니길 기대하는 일반 대중의 신뢰가 무너지면서 매우 위험한 상황이 벌어질 수 있기 때문이죠.

엄밀히 따지면 볼과 스트라이크는 (판정이 선수들의 기분을 상하게 하거나 분노하게 만들 수 있다 하더라도) 불이익이 아니므로, 여기서는 아이스하키 경기에서 심판이 하이 스티킹high-sticking*을 범한 선수를 페널티박스로 보내는 경우를 예로 드는 것이 좋겠군요. 실제로 이건 처벌의 일종이며, 판정에 따라 우승팀이 바뀌거나 선수가 받을 보너스나 명예가 날아가기도 하니, 누군가에게는 뼈아픈 상처를 줄 수 있는 일이죠. 하지만 심판은 어떤 경우에도 벌칙을 부과하는 일이 다른 사람의 부나 행복 등에 어떤 영향을 줄지 고려해선 안 됩니다. 그런 행동은 법의 안정성을 무너뜨릴 테니까요.

지금껏 나는 무슨무슨 주의ism에 매달리는 철학적 태도를 강하게 비판해왔어요. (예컨대 "당신은 제거적 유물론, 환원적 유물론, 도구적 유물론, 가성적 유물론, 환영적 유물론 중 어떤 유물론을 믿나요?"라고 묻는 식의 태도 말입니다.) 이런 태도는

---

* 선수가 스틱으로 상대편을 때리거나 어깨 높이보다 높은 곳에서 스틱으로 퍽(볼)을 치는 반칙.

그게아니라술을 동원해 미묘한 차이를 가리고 다른 대안들이 일말의 진실을 담고 있을 가능성을 놓치거나 완전히 배제하기 때문입니다. 하지만 때로는 무슨 주의라는 이름표를 다는 일이 논리의 영역에서 적절한 위치를 찾는 데 도움을 주기도 하죠.

지금 내가 제시하는 견해에는 규칙 공리주의rule utilitarianism의 결과주의적 변형이라는 이름을 붙일 수 있겠군요. 따라서 내 견해는 뼛속까지 결과주의적이지만(따라서 응보주의와는 전혀 관계가 없지만), 동시에 누가 어떤 식으로 응분의 몫을 치러야 할지 결정하는 문제에 관해서는 철저히 회고적이에요. 아이스하키 선수들은 규칙을 잘 알고 있으며, 타당한 사유 없이 규칙을 위반했을 때는 공정하게 벌칙이 주어진다는 사실을 인정합니다. 그렇다면 어떤 경우에 타당한 사유를 인정할 수 있을까요? 어떤 선수가 상대편 선수에 걸려 넘어지는 바람에 자신을 통제하지 못하고 스틱을 높이 들었다면 하이 스티킹 반칙이 아니죠. 하지만 그 선수가 비참한 어린 시절을 보냈고 그로 인해 공격성을 통제하는 데 큰 어려움을 겪는다는 사실은 결코 정당한 사유가 아닙니다. 그리고 결정론이 참이며 그 선수가 달리 행동할 수 없었다는 말도 당연히 변명거리가 될 수 없겠죠.

내 생각에 이것이 누가 봐도 어처구니없는 변명이라는 사실은, 철학자들이 일상에서 '달리 행동할 수 없었다'는 이유로 책임을 면제받는 때가 언제인지를 완전히 잘못 짚었다는 증거예요. 일상에서 사람들이 중요하게 생각하고, 또 그렇게 생각해야 마땅한 것은 다른 대안이 행위자의 통제력이 미치는 범위 안에 있었는가 하는 문제입니다. 조금 전 예를 통해 설명했듯, 이것은 결정론과 아무런 관계가 없죠.

따라서 형벌제도는 얼마든지 결과주의적 근거로 정당화할 수 있어요. 아이스하키 팬들이 직접 시합을 하거나 경기를 관람할 수 있는 건 처벌이 있기에 가능한 일이죠. 마찬가지로 질서 잡힌 사회에서 모든 구성원이 이웃 시민을 신뢰하고 장기 계획을 세우면서 비교적 안전하고 안정적인 삶을 사는 건 법이 있기에 가능한 일이에요. 그리고 법과 형벌제도의 핵심 요소는 바로 도덕적 행위성moral agency과 응분의 몫 개념입니다.

성문화된 법이나 게임 규칙을 보면 이 점을 똑똑히 확인할 수 있지만, 도덕적·비도덕적 행동을 나누는 규범의 경우 거의 성문화되지 않았고 공식적으로 법의 성격을 띠지 않으면서도 이러한 요소들을 가지고 있어요. 때로 우리는 스포츠에서 어떤 선수가 규칙을 교활하고 부도덕하게 이용하거나 회피하며 '지저분하게' 경기하는 것을 보고는 합니다. 마찬가지로 사회에서도 어떻게든 법의 허점을 찾아내 이용하는 부도덕한 사람들을 심심치 않게 볼 수 있죠. 이들은 사회의 불문율을 어기면서도 불법적인 일은 전혀 하지 않기에 아무런 제재를 받지 않습니다.

우리는 이런 사람들을 교화하거나 갱생시키고 같은 문제를 저지르지 않게 억제해야 한다는 데 동의하지만, 그 전에 먼저 사회의 도덕 규범을 고의로 어긴 것에 '대가를 치러야 마땅하

철학 논쟁

다'고 생각하죠. 왜 그럴까요? 공동체 안에서 혜택을 누리며 산다는 것은 곧 공동체의 규범을 이해하고 공동체가 규범을 어긴 사람을 처벌할 권리를 지닌다는 점을 인정하면서, 그에 걸맞게 처신하기로 암묵적으로 약속하는 일이기 때문이에요. 이는 마치 규칙을 만들고 집행하는 어떤 단체에 소속되는 것과 비슷한 일이기에, 나는 우리가 도덕적 행위자 모임에 속해 있다고 표현하기도 합니다.

그리고 이러한 원칙은 지금 우리가 속한 사회와 전혀 다른 사회에서도 마찬가지로 중요해요. 예를 들어 수렵채집사회에는 지금 우리로선 받아들일 수도 이해할 수도 없는 규범이 많지만, 그곳에서도 중요한 규범을 어긴 사람을 처벌하는 일이 정당화되며, 처벌 받는 사람을 포함한 모든 구성원이 그런 처벌을 당연하게 받아들여요.

그런데 여기서 규범을 위반한 행동이 정말로 부도덕한지, 처벌받은 사람이 정말로 응분의 몫을 치른 것인지 판단할 수 있을까요? 언젠가 혹자들이 고대하는 전 세계 도덕의 통합이 이루어진다면 모두가 동의할 만한 답이 나올지 모르지만, 그게 아니라면 이는 답을 내릴 수가 없는 문제입니다. 중요한 것은 지금 우리 사회에도 마찬가지로 확실한 답이 존재하지 않는 문제가 많지만, 우리가 그에 대해 나름의 답을 떠올려볼 수 있다는 점이에요.

시민 불복종은 어떤 조건에서 정당화될 수 있을까요? 낙태를 금지하거나 허용하는 것 중 어느 한쪽은 결국 부도덕한 일일까요? 자유의지가 있는 사람은 이 모든 문제를 깊이 생각하고 입장을 정할 능력을 지닙니다. 어떤 입장을 취하든 사람들은 자신의 선택에 도덕적으로 책임을 지며, 경우에 따라서는 법적 책임까지도 질 수 있어요. 만약 당신이 수렵채집사회에 가서 그곳 사람들과 어울린다면, 그들의 규칙을 배우고 존중해야겠죠. 이는 다른 사회로부터 인정받기 위해 치러야 할 대가예요. 그런데 그곳에서 신성시하는 규범 가운데 도저히 용납할 수 없는 것이 있다면, 당신은 그들의 규칙을 존중하면서도 동시에 그들이 다른 사고방식을 갖도록 가르치고 선도하려 애쓰거나 그곳을 떠나거나 둘 중 하나를 선택해야겠죠. 이것이 바로 문화적 차이를 존중하는 방법입니다.

카루소―― 고맙습니다, 댄. 여러모로 유익한 설명이었어요. 나 역시 서로의 견해를 두고 무슨 무슨 주의라는 이름표를 붙이는 데 매달릴 마음은 없습니다. 당신이 말하려는 요지를 분명히 파악하는 것이 훨씬 더 중요하니까요. 그런 점에서 아직도 납득이 가지 않는 것은 당신의 처벌관에서 응분이 차지하는 역할입니다. 우선 한편으로 당신이 제시하는 계약주의적·결과주의적 설명은 응분에 전혀 기대지 않으므로 자유의지회의론자로서도 충분히 받아들일 만해 보입니다. 그렇기에 어느 정도 회고적이면서도 응분에 기대지 않는 책임 관념만으로도 그 설명을 뒷받침하기에 충분하지 않은가 하는 의문이 드는 것이죠.

가령 프레드라는 사람이 토니라는 사람을 총으로 살해한다고 해봅시다. 자유의지회의론자라 하더라도 프레드가 토니의 죽음에 인과적 책임이 있음을 인정하는 데는 전혀 거리낄 것이 없습니다. 또 자유의지회의론은 귀속적 책임 관념과도 양립 가능하므로, 회의론자들은 여러 동기와 의도, 성격 특성 등을 토니에게 귀속시킬 수 있습니다. 비록 토니가 그런 요인들의 기본적인 응분에 따라 책임을 져야 한다고 보지는 않겠지만요. 이런 식으로 회고적 사항들을 고려하면 충분히 처벌을 결과주의적·계약주의적으로 설명할 수 있지 않나요? 여기에 굳이 응분을 끌어들이는 이유가 대체 무엇이죠? 자유의지회의론은 응분에 기반하는 논리를 제외하면 처벌을 설명하는 모든 논리에 열려 있는데, 지금처럼 당신의 견해와 계속 대립할 이유가 있을까요?

또 한편으로 당신은 개인이 잘못된 행동을 저지르고 사회의 계약주의적 또는 법적 합의를 어길 경우, "사회의 도덕 규범을 고의로 어긴 것에 '대가를 치러야 마땅하다'"는 주장을 고수하는 것처럼 보입니다. 나는 이러한 주장들을 근거로 당신이 응분 관념을 준응보주의적 관점에서 이해한다고 생각한 것이고요. 범죄 억제와 갱생, 무력화 등을 목표로 하는 범죄 이론과 달리 응보주의는 범법자의 비난받을 만한 면모와 응분을 근거로 처벌을 설명합니다. 가령 대표적인 응보주의자인 법학자 미첼 버먼Mitchell Berman은 다음과 같이 주장합니다.[1] "타인이나 사회의 중대한 이익에 용납할 수 없는 손해를 끼쳤거나 그럴 만한 위험을 초래한 사람은 그 선택에 대한 응분의 대가를 치러야 하며, 그 대가의 크기는 타인에 대한 존중과 배려라는 의무를 얼마나 등한시했느냐에 따라 정해진다."[2] 이 말에 동의하나요? 그렇다고 한다면 응분 관념이 당신의 해석에서 실제로 중요한 의미를 갖는다고 봐야겠죠.

요컨대 당신은 응분이 처벌을 정당화하는 논리에서 어떤 역할을 한다고 보나요? 결과주의적 처벌 이론은 자유의지가 존재한다거나 범법자가 응분의 대가를 치러야 한다고 전제하지 않으며 그런 생각에 기댈 필요도 없습니다. 따라서 당신의 해석이 '뼛속까지 결과주의적'이라는 말은 자유의지를 부정하는 견해를 인정할 가능성을 내포하며, 그렇기에 당신에게 다음과 같은 질문을 던지는 것입니다. 당신은 내가 제안하는 보다 친親회의론적인 해석에 귀 기울일 의향이 있나요? 아니면 처벌을 부과하기 위해서는 회고적 관점에서 행위자의 비난받을 만한 면모와 응분을 고려해야만 한다고 보나요?

데닛—— 내가 응분을 끌어들이는 이유가 무엇이냐고요? 응분은 우리가 칭찬과 비난, 보상과 처벌을 구체적으로 판단할 때, 지금처럼 자신의 행동에 책임을 지는 (그리고 다른 사람의 선행까지 책임지지는 않는) 동료 시민을 믿으며 살기 위해서는 무엇을 중요하게 여겨야 하는지 말해주기 때문이에요. 법과 규범이 이런 식으로 개인의 도덕적 역량을 확실히 판별하지 않는다면 사람들로부터 존중받을 수 없으며 존중받아서도 안 됩니다. 내가 보기에 당신은 응분에 관한 지나치게 좁은 정의에 얽매여 있어요. 앞서 당신이 인용한 미첼 버만의 주장은 기꺼이 받아들이겠습니다. 그의 말은 간접적·결과주의적 근거로 처벌을 정당화하는 논리를 꽤 분명하게 보여주고 있어요. 국가와 사회는 응분을 인정함으로써 시민과 국가 모두의 중대한 이익을 보호한다는 것이죠.

카루소——— 예상했던 대답이지만, 나는 당신이 그보다 친회의론적인 해석에도 귀를 기울일 것이라 기대했어요. 그렇다면 이번에는 질문을 바꿔보죠. 당신은 응분을 근거로 처벌을 정당화하는 모든 논리가 결과주의적 논리로 환원될 수 있다고 보나요? 그렇게 되면 응분으로써 처벌을 설명할 이유가 사라지는 건가요?

내 생각이 맞다면, 당신은 사회가 순조롭게 작동하도록 보장하기 위해 어떻게 처벌을 정당화해야 할지를 고민한다는 점에서 현실적인 문제에 주로 관심을 두고 있어요. 하지만 앞서 말했듯, 회고적 응분에 기대지 않은 채 결과주의적인 이유만으로 처벌을 정당화하는 일도 충분히 가능합니다. 물론 이 경우 또 다른 회고적 요소들을 고려해야겠지만요. (예를 들어 이런 질문에 답을 해야겠죠. 행위자에게 인과적 책임이 있는가? 행위자는 범죄를 저지를 당시 자신의 행동을 결정할 능력이 있었는가? 행위자에게 범법 행위를 저지르려는 의도나 인식이 있었는가?)

기본적인 응분을 비롯한 응분 관념을 완전히 포기한다 해서 개인의 도덕적 역량을 판별하는 중대한 일까지 그만두어야 할 이유는 전혀 없습니다. 그래야 한다고 생각한다면, 회의론을 상대로 허수아비를 때리는 오류를 범하는 셈이에요. 도덕적 역량의 차이를 계속 중시해야 할 전망적 근거는 여러 가지가 있으며, 이러한 근거는 결코 응분에 기반하지 않아요. 자유의지회의론이나 내가 범죄 행동에 대처할 비응보적 대안으로 제시하는 공중보건격리모형에서는 이유에 적절히 반응하는 행위자와 그렇지 않은 행위자 간의 차이가 범법자에 대한 대처와 무관하다 보지 않습니다. 오히려 회의론자들은 대부분 이런 차이가 범죄에 적절히 대응하는 방안을 결정하는 데 핵심적인 역할을 한다고 보죠.

공중보건격리모형 또한 범법자의 역량과 이유 반응성을 두 가지 이유로 중요하게 생각합니다. 첫째, 이러한 능력은 개인이 향후 어떤 종류의 위험을 초래할 수 있을지, 그를 무력화해야 할 필요가 있는지를 평가하는 중요한 기준입니다. 가령 심각한 정신질환을 앓는 범법자는 이유에 온전히 반응할 수 있는 사람과 큰 차이가 있죠. 사람들을 적절히 보호하기 위한 최소한의 제한 조치가 무엇인지 판단하려면 이런 차이를 반드시 고려해야 합니다. 둘째, 이유 반응성에 문제가 없는 범법자라면 그의 합리적 사고 능력과 자기 통제력을 고려해 처우를 결정하는 것이 적절합니다. 반대로 합리적 판단이나 자기통제에 문제를 겪는 사람은 가능하면 그런 능력을 회복하도록 돕는 방식으로 대처해야겠죠. 이 경우 범법자의 재범을 방지하고 사회복귀를 돕는 효과적인 정책을 세우려면 그런 능력에 문제를 초래한 여러 원인을 이해하는 것이 중요합니다.

따라서 자유의지회의론과 공중보건격리모형은 모두 이유 반응성과 자기 통제력을 중요하게 여기며, 사람마다 주체성의 수준에 차이가 있음을 인정합니다. (공중보건격리모형에 관해서는 곧 논의할 수 있으면 좋겠군요.) 다만 이러한 능력을 행위자를 비난하고 응분에 따른 도덕적 책임을 지울 근거로 삼는 것이 아니라, 앞으로 어떤 행동 방침이 적절할지를 판단하는 중요한(사실상 없어서는 안 될) 기준으로 본다는 점에서 차이가 있을 뿐이죠.

내가 당신의 견해를 한층 더 회의론에 가까운 방식으로 해석하는 데 당신이 거부감을 느끼는 이유는 회의론적 관점이 무엇을 의미하고 어떤 근거 위에 서 있는지 오해하기 때문일 수 있어요. 일례로 피어붐은 응분에 의존하지 않는 세 가지 필수 요건, 즉 미래의 보호, 미래의 화해, 미래의 도덕 형성을 근거로 도덕적 책임을 전망적 관점에서 설명하려 해왔습니다.[3] 피어붐은 전망적 관점에서 도덕적 책임을 묻는 과정을 이렇게 설명합니다. 먼저 어떤 행위자에게 부도덕한 행동에 대한 해명을 요구하고 도덕적으로 대응하는 단계에서, 그가 잘못된 행동을 할 의향이 있었음을 인정하게 하려는 취지로 설명을 요청합니다. 그런 다음 행위자가 합당한 사유 없이 실제로 잘못된 행동을 했다는 사실이 밝혀지면, 그가 그런 행동을 유발한 의향을 더는 품지 않으리라 스스로 확신하도록 이끄는 것을 목표로 합니다.

보통의 경우라면, 행위자가 그런 의향을 품지 않아야 할 도덕적 이유를 인식함으로써 변화가 일어나죠. 그러므로 우리가 자신을 보호하고, 행위자의 도덕을 형성하고, 행위자와 화해하는 데 도덕적 관심을 품고 있다는 사실과 더불어, 행위자가 전망적 관점에서 행해지는 도덕적 반대를 적절히 수용할 수 있음을 입증할 근거는 바로 행위자의 이유 반응성입니다. 많은 양립가능론자가 이유에 반응하는 능력을 응분에 따른 도덕적 책임의 핵심 조건으로 꼽지만, 회의론자들은 이를 미래의 보호, 미래의 화해, 미래의 도덕 형성에 초점을 맞추는 책임 관념의 가장 중요한 조건으로 여기는 것이죠.

다음 주제로 넘어가기 전에 당신이 처벌에 대한 현실적인 접근법을 제안하면서 회고적 응분을 배제하지 않는 이유가 무엇인지 마지막으로 한 번만 더 질문하겠습니다. 응분을 근거로 처벌을 정당화하는 모든 논리가 결과주의적 논리로 환원될 수 있다고 본다면, 응분으로써 처벌을 설명할 이유가 사라지는 것 아닌가요? 이러한 결론을 온전히 받아들이고, 당신의 해석에서 응보주의의 잔재를 남김없이 지워버릴 뜻은 없나요? 나는 당신이 그렇게 하기를 권합니다. 그러면 우리의 입장이 더 가까워질 뿐 아니라, 당신의 견해가 매우 논쟁적이고 때로는 해롭기까지 한 응분 관념에서 그보다 자유로워질 것이기 때문이죠.

데닛—— 지금으로서는 당신과 피어붐이 내가 지지하는 견해에 대한 대안을 어떻게 '응분에 기반하지 않는' 근거로써 설명할 수 있다고 장담하는지 모르겠군요. 내가 보기에 (잠정적으로 판단하자면) 당신은 자신의 제안이 까다로운 역학 관계를 다룬다는 점을 과소평가하는 것 같아요. 그러니 우선은 격리모형을 자세히 알아본 다음 내 의심이 옳았는지 확인해 보도록 하죠.

카루소의 공중보건격리모형

카루소—— 알겠습니다. 곧장 그 문제로 넘어가죠. 첫
번째 대담에서 당신은 이렇게 말했습니다. "혹시 **응분에 따른** 도
덕적 책임에 의지하지 않고도 안정적이고 안전하며 공정한 국
가를 이룰 방안을 따로 구상해둔 거라면 자세히 좀 듣고 싶군
요." 그때는 어떻게 응분에 기반하지 않고 범죄 행동을 다루고
자 하는지 답을 하지 못했지만, 이제 설명할 때가 된 것 같군요.
그러면 지금부터 비응보적(비징벌적) 관점에서 범죄 행동을 다루
는 최선의 접근법이자, 자유의지회의론에 부합하면서 윤리적
정당성과 실현 가능성을 모두 갖추었다고 생각하는 방안을 간
략히 소개하겠습니다. 내가 공중보건격리모형이라 이름 붙인
이 방안은《응보주의를 거부하다》에서 처음 제안한 것입니다.

공중보건격리모형은 더크 피어붐의 설명을 토대로 합니
다.[4] 그 설명이란 다음과 같이 요약할 수 있습니다. (1) 자유의
지회의론은 범죄자가 자신의 행동에 기본적인 응분에 따른 도
덕적 책임을 질 수 없다고 본다. (2) 위험한 전염병에 걸린 보

균자 대다수는 분명 그 병에 걸린 것에 어떤 의미에서든 책임질 수 없다. (3) 그러나 우리는 때에 따라 보균자들을 격리할 필요가 있다는 데 대체로 동의하는데, 그 근거는 자신을 지키고 다른 사람이 입을 피해를 막을 권리이다. (4) 같은 이유로 위험한 범죄자가 자신의 행동에 기본적인 응분에 따른 책임을 질 수는 없더라도(누구도 그런 식으로 도덕적 책임을 질 수는 없으므로), 그를 피해 예방 차원에서 구금하는 일은 심각한 전염병에 걸렸지만 그에 책임이 없는 보균자를 격리하는 일과 마찬가지로 정당하다.

이 이론에서 가장 먼저 주목해야 할 부분은 격리(질병의 경우)와 무력화(위험한 범죄자의 경우)를 공리주의적, 결과주의적인 이유만으로 설명할 수 있지만, 피어붐과 내가 그러한 전략에 반대한다는 점이에요. 그 대신 우리는 심각한 위험을 초래하는 범죄자를 무력화하는 일을 자신과 다른 사람을 지키기 위해 해를 끼칠 권리로써 정당화하고자 합니다. 누구나 이러한 권리를 지닌다는 사실은 공리주의적, 결과주의적 논거보다 훨씬 폭넓은 호소력을 지닙니다. 그뿐만 아니라, 이 같은 권리에 기반하는 주장은 반대 의견에 더 탄력적으로 대처할 수 있으며, 범죄자를 제재하는 일을 다른 비응보적 대안보다 유연하게 정당화할 수 있습니다.

일례로 결과주의적 억제이론들*과 비교해 격리모형이 갖는 장점 중 하나는 사람들을 단순한 도구로 이용하는 일에 더 많은 제약을 둔다는 점입니다. 이를테면 전염병 보균자들이 유발하는 위험을 없앤다는 이유로 그들에게 필요 이상의 피해를 주는 일이 부당하듯, 폭력적인 범죄 성향이 있는 사람들을 사회를 보호하는 데 필요한 정도 이상으로 가혹하게 다루는 일역시 부당하다고 말할 수 있는 것이죠. 피어붐과 나는 이 문제를 다루면서 항상 공중보건과 사회 안전을 지키기 위한 제한 조치는 최소한으로 해야 한다는 최소 침해의 원칙principle of least infringement을 주장해왔습니다. 범죄자를 제재하는 조치는 범죄자 개인이 유발한 위험에 비례해야 하며, 그 한도를 넘어서는 처벌은 정당화될 수 없다는 점을 분명히 하기 위함이죠.

격리모형은 범죄자에 대한 처우에 몇 가지 제약을 둡니다. 첫째, 위험이 적은 전염병은 격리보다 약한 예방 조치로 대응해야 하듯, 덜 위험한 범죄자는 그보다 온건한 방식으로 제재하는 것이 타당합니다. 예를 들어 우리는 감기가 약간의 피해를 가져올 위험이 있다 해서 평범한 감기 환자를 격리하지는 않죠. 격리라는 수단은 엄밀히 규정된 경우에만 제한적으로 사용하는 것이 옳습니다. 마찬가지로 공중보건격리모형은 범죄자가 공공안전에 심각한 위협이 되고, 더 온건한 조치를 활용할 수 없는 경우에만 범죄자를 무력화하도록 제한을 둡니다. 실제로 일

---

* 처벌에 대한 두려움이 범죄 발생을 억제한다고 보는 이론.

철학 논쟁

부 경범죄는 어느 정도의 감시만으로도 충분히 막을 수 있어요.

둘째, 격리모형은 전염병 보균자를 격리하는 일과의 유사성을 근거로 무력화를 설명함으로써 현재의 형벌제도를 싹 뜯어고쳐 범죄자의 교정과 복리well-being**에 중점을 둘 것을 요구합니다. 전염병 보균자를 격리하면 마땅히 그를 치료해야 하듯, 범죄자를 구금하면 그를 교정하기 위해 노력하는 것이 온당한 일입니다. 따라서 형사사법제도는 범죄자에 대한 처벌보다 갱생과 사회복귀에 초점을 맞춰야 합니다. 마지막으로 갱생이 불가능하고 사회 안전을 위해서 무기한 구금이 필요한 범죄자가 있더라도, 격리모형에서는 그가 유발하는 위험을 막기 위해 필요 이상으로 그의 삶을 비참하게 만들 정당한 이유는 없다고 봅니다.

또 격리모형은 가혹하고 불필요한 처우에 제한을 두는 한편, 제재 중심의 편협한 사고방식에서 벗어나 더 폭넓은 관점에서 범죄 행위를 다룰 것을 제안합니다. 예컨대 격리모형에서는 공중보건 윤리라는 큰 틀을 가지고 격리와 무력화의 유사성을

** 'well-being'은 철학에서 "어떤 한 사람에게 비도구적 차원에서 궁극적으로 좋은 것"(스탠퍼드 철학 백과사전)을 가리키는 데 쓰이는 용어다. 윤리학에서 중요하게 다루는 개념 중 하나이며, 가령 '최대 다수의 최대 행복'으로 많이 옮겨지는 공리주의 사상에서 '행복'에 대응하는 단어가 이 'well-being'이다. well-being은 한국어에서는 행복, 복리, 복지, 안녕, 잘삶 등으로 번역되거나 원어를 음차한 '웰빙'으로 쓰이기도 하는데, 이 책에서는 '복리'로 옮겼다.

설명합니다. 공중보건 윤리는 공중보건을 지키는 데 필요하다는 이유로 전염병 보균자들을 격리하는 일을 정당화할 뿐만 아니라, 애초에 그런 전염병이 퍼지지 않도록 적극적인 예방 조치를 취할 것을 요구합니다. 즉 격리는 공중보건 체계가 예방이라는 가장 중요한 기능을 수행하지 못했을 때만 필요한 조치입니다. 어떤 체계도 완벽할 수는 없기에 격리 조치는 계속 필요하겠지만, 격리 조치를 공중보건 문제에 대처하는 주요 수단으로 삼아서는 안 되는 것이죠.

　범죄자를 무력화하는 일에 대해서도 이와 비슷한 주장을 할 수 있습니다. 범죄 행동에 공중보건 윤리를 적용해보면, 필요한 경우 위험한 범죄자를 무력화하는 것이 정당하겠지만 형사사법제도의 가장 중요한 기능은 범죄 예방이라는 결론을 내릴 수 있습니다. 그러므로 공중보건격리모형은 근시안적으로 처벌에 매달리는 대신, 가난, 낮은 경제적 지위, 구조적 불평등, 정신질환, 교육 불평등, 학대와 폭력에 노출된 정도, 열악한 주거와 위생 환경, 중독 등 범죄의 구조적 원인을 파악하고 대처하는 데 초점을 맞춥니다.

　그뿐만 아니라 공중보건이라는 틀을 적용하면 사회 정의를 공공의 건강과 안전을 확립하기 위한 주춧돌로 간주할 수 있습니다. 공중보건 윤리에 따르면 공공의료제도의 문제로 인해 적절한 보건 수준을 달성하는 데 필요한 사회적 여건을 마련하지 못하는 상황은 심각한 불의에 해당합니다. 따라서 공중보건 윤리의 중요한 과업은 보건상의 불평등 가운데 어떤 문제가 가장 심각하며, 공중보건 정책을 세우고 실행하는 과정에서 무엇을 가장 우선시해야 할지 파악하는 것이죠. 이러한 공중보건의 관점을 범죄 행위에 적용하면, 형사사법제도의 가장 중요한 도덕적 기능은 범죄를 유발하는 사회경제적 불평등을 파악해 바로잡는 것이라 볼 수 있어요. 가난과 인종차별, 구조적 불평등은 공중보건뿐만 아니라 공공의 안전에도 부정적인 영향을 끼칩니다. 그러므로 넓은 의미에서 형사사법제도는 사회 정의를 구현하는 것을 최우선 과제로 삼아야 하며, 인종차별, 성차별, 가난, 제도적 불이익을 공공 안전을 위협하는 심각한 문제로 보고, 그러한 불평등을 줄이는 일에 중점을 두어야 합니다.

요약하자면, 공중보건격리모형의 핵심은 위험한 범죄자를 무력화하는 일을 자신과 다른 사람을 지키기 위해 해를 끼칠 권리로써 정당화할 수 있다는 생각과 사회를 적절히 보호하는 데 필요한 정도 이상으로 범죄자에게 해를 가하지 않아야 한다는 원칙입니다. 따라서 격리모형은 사형이나 우리 사회에서 가장 흔히 볼 수 있는 징역형처럼 정당성이 의심스러운 형벌은 인정하지 않습니다. 대신 현재의 형벌제도를 싹 뜯어고쳐 범죄자의 복리에 중점을 둘 것을 강조하죠. 그리고 격리모형은 공중보건의 요소들을 받아들임으로써 예방과 사회 정의를 우선시하고, 건강과 범죄 행동 모두에 영향을 주는 사회적 결정 요인들을 파악해 조치하는 것을 목표로 삼습니다. 이처럼 범죄 행동을 복합적인 관점에서 파악한다면, 위험한 범죄자들을 적절히 다루는 동시에 그보다 인도적이고 효과적인 사회정책을 세울 수 있습니다. 대체로 응보주의에 기반을 두며 때로는 지나치게 가혹하기까지 한 현재의 형벌제도에 비하면 확실히 더 나은 대안이죠.

  데닛—— 사회 정의와 '범죄자의 복리'에 대한 관심을 '우선시'해야 한다는 말에는 전적으로 찬성해요. 우리 사회가 지금껏 이 문제를 어떻게 다루어왔는지를 돌이켜보면 부끄러울 지경이죠. 그러니 대대적인 개혁을 촉구하려는 당신의 열망은 적극 지지합니다. 형벌제도를 옹호하는 사람들이 때로는 응분 원칙이 확실히 지켜지도록 보장하는 데 '근시안적으로' 매달렸으며, 그 결과 범죄 행동을 낳은 가혹한 조건들을 개선하고 사회 정의를 실현하는 데 이렇다 할 노력을 기울이지 않았다는 것도 인정해요. 하지만 처벌을 사회의 핵심 요소로서 유지한 채 그런 근시안적 시각을 바로잡을 수도 있지 않나요? 어떻게든 '응보주의'를 지키고 싶어서가 아니라(내 견해를 응보주의나 준응보주의로 칭하는 일은 부디 그만두었으면 좋겠군요) 당신이 주장하는 인도적 개혁을 실현하기 위해서는 반드시 처벌이 필요하다고 보기 때문에 하는 말입니다.

  요컨대 범죄 예방, 교육, 동료 시민을 보호하기 위한 최소한의 제한 조치, 가능한 한 적은 고통을 부과하는 안전 조치 등

철학 논쟁

을 강조하는 주장에는 박수를 보내지만, 내가 보기에 이 모든 목표는 형벌제도의 개혁을 통해서도 이룰 수 있는 일이에요. 즉 당신은 이러한 인도적 목표들이 형벌제도와 모순된다는 점을 입증하지 못했거나, 입증하려고 시도하지도 않았어요. 게다가 지금으로선 격리모형이 예상 가능한 반론에 제대로 대처할 수 있을 것 같지가 않군요. 그중 몇 가지를 간략히 제시해볼 테니 내가 놓치는 것이 있다면 지적해주세요.

첫째, 당신은 피어붐과 당신의 견해가 "자신과 다른 사람을 지키기 위해 해를 끼칠 **권리**"에 기반한다는 점에서 공리주의적, 결과주의적 대안보다 낫다고 했죠. 그런데 우리에게는 무해한 활동에 참여하는 한, 다른 사람의(다른 시민 혹은 국가의) 간섭으로부터 자유로울 권리도 있다는 사실은 당신도 인정할 겁니다. 공리주의의 아버지 제러미 벤담은 자연권 개념을 '터무니없는 헛소리'로 일축한 것으로 유명하죠. '자연'권이라는 말이 선천적, 본질적, 혹은 '신이 주신' 양도할 수 없는 권리를 뜻한다면 나도 그의 말에 동의합니다. 하지만 많은 철학자는 내가 응분이나 도덕적 책임을 설명하는 것과 같은 방식으로 권리를 적절히 설명해왔어요. 즉, 권리를 사회적으로 구성되며(혹은 사회적으로 진화하며) 존중할 가치가 있다고 입증된 규범으로 보는 것이죠. 따라서 당신이 권리를 거론하는 것은 반갑긴 하지만, 책임은 배제한 채 권리만을 논하는 일이 가능한지는 의문이 듭니다. (당신이 도덕적 책임과 도덕적 권리를 가리킨 것인지는 확실하지 않지만요.) 보통은 책임과 권리를 늘 함께 가는 한 쌍으로 보니까요.

앞서 말했듯, 격리모형의 개념적 토대에 관해서는 몇 가지 의문스러운 점이 있지만, 그 모형이 현실적으로 어떤 문제들에 부딪힐지는 자명합니다. 가령 격리모형에서는 그 모형이 제시하는 처분을 순순히 받아들이지 않는 사람을 어떻게 다루나요? 법에서는 마땅히 격리가 필요한 것으로 확인된 사람이 격리를 거부할 경우 범죄로 간주하고 징역형이나 벌금형 등 처벌을 부과하죠. 당신이 그런 처분을 뭐라고 부르든 간에, 격리를 받아들이지 않는 사람에게는 필요한 경우 무력화나 구금 등 물리적인 강제력을 행사해야 합니다. 그러면 무슨 문제가 생기죠? 만약 갱생에 초점을 두고 생활환경을 개선한 교도소 같은 곳에 그런 사람들을 수용하고, 이를 '격리 시설'로 칭할 뿐이라면 당신의 제안은 전혀 새로울 것이 없습니다. 그런 건 누구나 생각해봄직한 제안이죠.

마찬가지로 당신은 '폭력적인 범죄 성향이 있는' 사람들을 다룰 때 최소 침해의 원칙을 적용해야 한다고 주장하면서도, 그런 성향이 있는 것으로 보이지만 아직 법을 위반하지 않은 사람들에게까지 조치가 필요하다 보는지는 전혀 이야기하지 않았어요. 우리는 아직 전염병에 감염되지 않았더라도 매개체 역할을 할 가능성이 큰 사람을 격리하지만, 아직 범죄를 저지르지 않았어도 전문가들이 그럴 것으로 예측하는 사람을 교도소에 집어

넣지는 않아요. 그런데 당신은 범죄를 유발하는 사회적 조건들을 개선하는 데 관심과 자원을 집중해야 한다고 힘주어 이야기하면서도, 그 과정에서 어떤 조치까지 허용할 수 있는지, 예컨대 범죄의 길로 빠질 것처럼 보이지만 아직 아무 범죄도 저지르지 않은 청소년들을 격리하는 일도 허용할 것인지에 대해서는 말을 아끼고 있어요.

만약 격리모형이 먼저 범죄자에게 유죄 판결을 내린 다음에야 그를 교정시설(가능한 중립적인 단어를 고른 것입니다)에 수용하는 현 제도를 그대로 따른다면, '격리'란 교도소를 완곡하게 표현한 말이나 다름없을 거예요. 물론 현 제도에서는 응분의 책임이 있는 사람만을 교도소에 수용해야 한다고 보며, 이는 당신의 생각과 확연히 다른 부분이죠. 격리모형과 현 제도의 차이가 여기에 있다면, 시민 자유주의자와 윤리학자, 일반 대중은 대부분 격리모형을 결코 받아들이려 하지 않을 겁니다. 또, 앞서 당신은 '공공의 안전에 심각한 위협'이 되는 사람들을 언급했는데, 이런 표현은 모호한 데다 수상쩍기까지 해요. 여기에는 심각한 위협만 줄 뿐 아직 아무런 행동도 하지 않은 사람까지 포함되나요? 시민이 자유롭게 위험한 일을 저지르고 나서야만 비로소 그를 체포해 기소할 수 있는지는 까다로운 문제입니다. 현재 대부분의 멀쩡한 나라의 제도에서는 보통 신경가스나 원자폭탄, 기관총처럼 엄청난 피해를 유발할 수 있는 물건을 소유하는 일 자체를 범죄로 규정해 다른 시민들의 위험을 줄이는 식으로 현명하게 대처하죠. 시민들은 자신이 누리고 싶은 자유를 인정받는 대가로 어느 정도의 위험은 감수하며 살 의향이 있어요. 격리모형은 이 문제를 어떻게 다루나요?

　　또 당신은 "형사사법제도는 범죄자에 대한 처벌보다 갱생과 사회복귀에 중점을 두어야 한다"고 강조했지만, 이것 역시 모호한 표현이에요. 갱생과 사회복귀가 처벌을 완전히 대체해야 한다는 건가요, 아니면 처벌을 어느 정도 유지하면서 갱생과 사회복귀에 더 중점을 두어야 한다는 건가요? 이 둘은 완전히 다른 이야기예요. 간단한 예로 당신의 격리모형 덕분에 사람들의 '폭력적인 범죄 성향'을 낮게 해주는 알약이 발명되었다고 생각해보죠. 나는 아직 폭력적인 행동을 하지 않았고, 그 약을 먹지도 않았습니다. 그런데 도저히 참고 살 수 없는 이웃이 한 사람 있어서 그를 위협해 쫓아내기로 마음먹어요. 나는 그를 찾아가 때릴 것처럼 위협하고 물건을 부수고 개를 발로 차는 등 갖은 행패를 부린 끝에 그를 동네에서 쫓아낸 다음, 약을 먹습니다. 이 경우 나를 격리할 이유가 전혀 없지 않나요? 폭력적인 성향이 사라졌으니까요. 폭력적인 성향이 없는 사람을 격리하는 건 세금 낭비일 뿐이며, 최소 침해의 원칙에 따르더라도 나는 집으로 돌아가 아무 일 없었다는 듯 편히 살 수 있어야 해요. 당연히 나는 내 행동에 도덕적으로 책임을 질 수 없고, 더는 사회에 위협이 되지도 않으니 사회복귀는 손바닥 뒤집듯 쉬운 일이죠. 당신은 이런 일이 옳다고 보나요?

게다가 격리모형은 위험하고 폭력적인 범죄에 주목하는 반면, 흔히 생각하는 위험이나 폭력과 무관한 범죄는 전혀 다루지 않고 있어요. 예를 들어 횡령은 보통 생명이나 신체에 위험을 초래하거나 고통을 주지 않는다는 점에서 폭력적이지 않은 범죄죠. 위증, 사기, 뇌물, 탈세, 돈세탁, 명예훼손, 심지어 위협에 그치는 강탈도 마찬가지예요. 격리모형은 이 문제에 어떻게 대처하죠? 공공안전이 이런 유형의 범죄를 저지른 사람들을 격리하는 데 좌우되지는 않으니, 격리 대신 벌금을 세게 물려야 한다고 주장할 수 있겠죠. 그러면 파산해서 (또는 재산을 해외로 빼돌려서) 벌금을 낼 수 없거나 내지 않으려는 사람은요? '갱생'을 위해 그들을 '격리'해야 한다고 말할 수도 있겠지만, 그런 식의 대처는 처벌과 별반 다르지 않아요. 그리고 유죄가 입증된 화이트칼라 범죄자를 격리 시설에 수용할 경우, 그가 그곳에서 안락하게 지내며 사업을 계속하는 일을 허용할 건가요? 당신은 그들을 가두는 것 이상으로 그들의 삶을 고통스럽게 만들어서는 안 된다고 주장하죠. 그러니 그들은 격리 시설에서도 얼마든지 인터넷을 사용하고 면회 온 친구들을 만나며 사회활동을 계속할 수 있어야 하는 것 아닌가요? 또, 예를 들어 도널드 트럼프가 어떤 범죄를 저지른 다음, 자신의 별장인 마라라고 리조트에 격리해달라고 요청한다면, 당신은 무슨 근거로 반대할 건가요? 그가 리조트에 갱생 지원팀을 꾸리는 비용까지 직접 대겠다고 한다면 말이에요. 요컨대 당신은 격리 시설이 국가가 제공하는 공짜 호텔로 전락하는 상황, 즉 사람들이 제 발로 격리 시설에 들어와 갱생 활동을 하며 시간을 보내다 마음이 내키면 사회로 돌아가는 일을 무슨 수로 막을 생각이죠?

지금처럼 비인도적이고 사람들의 영혼을 무기력하게 만드는 교도소의 상황을 개선해야 한다는 데는 백번 동의하지만, 의지할 데 없는 사람들이 교도소를 공짜로 먹여주고 재워주는 곳으로 여기는 일도 많다는 점을 잊어서는 안 돼요. 갱생이나 사회복귀가 필요 없이 법을 준수하며 사는 시민은 아무리 가난에 쪼들려도 격리 시설에 눌러앉을 수 없다면 불공평한 일 아닌가요?

요약하자면, 격리모형이 현실적으로 어떻게 작동할지는 훨씬 더 자세한 설명이 필요하며, 당신이 제안하는 격리는 지금으로선 인도적으로 개선한(북유럽 국가들처럼) 교도소, 혹은 국가와 시민이 입맛대로 남용하기 쉽고 제대로 돌아갈 가능성이 전혀 없는 제도 둘 중 하나가 될 것으로 보입니다. 후자의 경우, 아무리 의도가 좋아도 사람들의 존중을 받을 순 없겠죠.

범죄 억제와 교화

카루소───── 자세한 답변 고맙습니다, 댄. 우리가 서로
동의하는 부분이 많은 것 같군요. 당신은 이렇게 말했죠. "사회
정의와 '범죄자의 복리'에 대한 관심을 '우선시'해야 한다는 말
에는 전적으로 찬성해요. 우리 사회가 지금껏 이 문제를 어떻게
다루어왔는지를 돌이켜보면 부끄러울 지경이죠. 그러니 대대
적인 개혁을 촉구하려는 당신의 열망은 적극 지지합니다." 좋
습니다. 제대로 작동하지 않으면서도 지나치게 징벌적인 현재
의 형사사법제도를 개혁하자는 데 뜻을 함께하는 사람은 언제
든 환영이죠. 우리가 같은 목표를 추구한다니 기쁘군요.

또 당신은 "형벌제도를 옹호하는 사람들이 때로는 응분 원
칙이 확실히 지켜지도록 보장하는 데 '근시안적으로' 매달렸다"
고 인정했죠. 이것 역시 우리가 동의하는 부분입니다. 다만 당
신은 곧바로 이렇게 덧붙였어요. "하지만 처벌을 사회의 핵심
요소로서 유지한 채 그런 근시안적 시각을 바로잡을 수도 있지
않나요? 어떻게든 '응보주의'를 지키고 싶어서가 아니라 […] 당

신이 주장하는 인도적 개혁을 실현하기 위해서는 반드시 처벌이 필요하다고 보기 때문에 하는 말입니다." 여기에 답을 하자면, 먼저 범죄 행동과 관련해 내가 선호하는 접근법(공중보건격리모형)과 자유의지회의론자들이 택할 수 있는 다른 접근법을 명확히 구별할 필요가 있습니다.

당신이 지적한 대로 피어붐과 나는 응보주의에 맞서는 비징벌적 대안으로서 공중보건격리모형을 옹호합니다. 이 모형이 제안하는 무력화 방식은 서두에서 설명한 처벌의 정의에서 벗어나 있기 때문입니다.[5] 법적 처벌은 범법자에게 고통을 주는 것을 목적으로 하며 국가가 정한 법을 위반한 것으로 보이는 행동에 고의로 불이익을 부과하는 일입니다. 공중보건격리모형에서는 그런 식의 처벌 대신 범죄자에 대한 비징벌적 처우를 제안하죠. 사람들을 보호하기 위해 전염병에 걸린 개인을 격리할 때, 우리는 일부러 그에게 해를 입히거나 불이익을 주려 들지 않습니다. 그렇다면 사회를 보호하기 위해 위험한 범죄자를 무력화할 때도 마찬가지여야겠죠. 자신을 지키고 다른 사람이 입을 피해를 막을 권리는 자유를 제한하거나 구속하는 일을 정당화하는 근거지만, 일반적인 의미의 처벌을 구성하는 요소는 아닙니다. 가령 에볼라 바이러스에 감염된 환자를 격리하는 일은 처벌이 아니죠.

피어붐과 나는 이를 근거로 격리모형을 세워 몇 가지 대안을 제시합니다. 첫째, 격리모형은 개인을 전체론적 관점에서 이해하고 예방적 접근법을 받아들일 것을 요구합니다. 예방적 접근법이란 개인을 사회제도에 속한 존재로 보며, 범죄 행동이 주로 사회적 결정 요인에 따른 결과라는 사실을 근거로 범죄자를 무력화하는 것보다는 범죄를 예방하는 것이 늘 우선이어야 한다고 보는 견해입니다. 둘째, 범죄 행동이 발생하면 법원은 정신건강 전문가, 약물치료 전문가, 사회복지 단체 등과 함께 구금을 대신할 대안이 있는지를 검토해야 합니다. 셋째, 무력화 조치가 필요한 범죄자는 갱생과 사회복귀에 초점을 맞춰 설계한 비징벌적 환경에 수용해야 합니다. 미국의 교도소는 (영국이나 호주의 교도소와 마찬가지로) 대부분 징벌을 목적으로 설계한 불편하고 거북한 공간이므로, 범죄자를 수용하는 물리적 환경과 장소를 갱생과 사회복귀라는 목적에 걸맞게 재설계해야 합니다(교도소 설계와 관련한 문제는《응보주의를 거부하다》에서 꽤 상세히 다루기도 했습니다). 마지막으로 우리는 투표권 박탈, 독방 감금, 사형, 교도소 내 독서 금지, 삼진아웃법 등 수많은 징벌적 관행을 없애야 합니다.

그러나 모든 자유의지회의론자들이 피어붐과 내가 제안하는 비징벌적 대안을 받아들이는 건 아닙니다. (법적) 처벌을 정당화하는 데 흔히 쓰이는 전통적인 논리는 응보주의 외에도 결과주의적 억제이론이나 도덕교육이론 등 몇 가지가 있죠. 가령 결과주의적 억제이론에서는 사회 전체의 효용을 높이고 미래에 발생할 비용보다 더 큰 이익을 가져올 경우에만 범법자를 처벌해야 한다고 봅니다. 여기서 미래에 발생할 이익이란 주로 범죄 억제와 안전 증대를 말하죠. 따라서 억제이론은 범죄 예방을 주된 근거로 삼아 처벌을 정당화합니다. 처벌을 결과주의적으로 설명하는 이론들은 전망적인 근거를 내세우며, 행위자가 기본적인 응분에 따른 도덕적 책임을 진다고 반드시 가정하지는 않으므로 자유의지회의론과 얼마든지 양립할 수 있습니다. 따라서 피어봄과 내가 다른 방향을 택하는 것과 관계없이, 회의론자들은 처벌이 꼭 필요하다는 당신의 주장에 동의할 수 있죠.

내가 이러한 대안을 받아들이지 않는 이유는 자유의지회의론에 부합하지 않아서가 아니라, 잘 알려진 대로 도덕적으로 용납하기 어려운 몇 가지 문제가 있기 때문입니다.[6] 일례로 결과주의적 억제이론은 개인을 특정 목적을 이루기 위한(다른 사람들의 범죄를 억제하기 위한) 수단으로 간주한다는 점에서 인간을 수단으로 부려서는 안 된다는 원칙을 위배합니다.

또 억제이론은 직관적으로 판단하기에 지나칠 정도로 가혹한 처벌을 정당화할 위험이 있죠. 예를 들어 1990년대 미국 전역에서 시행된 삼진아웃법은 범죄를 억제하려는 의도를 가지고 있었습니다. 여기서 중요한 것은 이 법을 지지한 대부분의 사람들이 응보주의가 아닌 결과주의적 근거를 내세웠다는 점입니다. 이들은 중범죄를 세 번 이상 저지른 사람은 향후 공공 안전에 큰 위협이 되지 않을 가능성이 있다 하더라도 종신형처럼 가혹한 처벌을 내리도록 형량을 고정하면 범죄를 억제하는 데 도움이 된다고 주장했습니다. 그러나 유감스럽게도 이 법은 비교적 가벼운 범죄까지도 매우 가혹하게 처벌하는 결과를 낳고 말았습니다. 그뿐만 아니라 억제이론은 효용을 극대화할 수만 있다면 무고한 사람을 처벌하는 일까지도 허용할 위험이 있죠. 이런 우려를 불식할 방법이 있을지도 모르지만, 문제의 심각성을 고려하면 다른 대안을 찾는 편이 낫다고 봅니다. 그리하여 찾은 대안이 바로 공중보건격리모형이죠. 내가 이 모형을 선호하는 이유에 관해서는 충분한 설명이 되었으면 합니다.

그럼 이제 당신이 꼽은 격리모형의 문제점들을 살펴보죠. 앞서 나온 모든 반론에 답하려면 논문 한 편을 써도 모자랄 테니, 하나씩 차례로 다루는 것이 좋을 듯합니다. 우선 당신은 '권리'와 '정의'에는 반드시 도덕적 책임이 따른다는 이유를 들어 회의론자들이 그런 관념을 논하는 것에 대해 여러 차례 의문을 표했습니다. 예를 들면 이런 식으로요. "따라서 당신이 권리를 거론하는 것은 반갑긴 하지만, 책임은 배제한 채 권리만을 논하는 일이 가능한지는 의문이 듭니다. (당신이 도덕적 책임과 도덕적 권리를 가리킨 것인지는 확실하지 않지만요.)" 먼저 자유의지회의론자들은 모든 도덕적 책임 관념을 거부하지 않으며, 단지 기본적인 응분에 따른 도덕적 책임만 부정할 뿐이라는 점을 다시 한번 강조합니다. 당신 역시 기본적인 응분을 받아들이지 않으니, '권리'와 '정의'를 적절히 이해하기 위해 기본적인 응분에 따른 도덕적 책임에 의존할 이유는 없다는 데 동의하겠죠.

또, 일각에서는 자유의지회의론자들이 정의와 권리를 논할 자격이 없다고 비판하지만, 그런 비판은 회의론자들이 의무론적인 주장이나 응분에 근거한 주장을 할 자격이 없다는 전제에서 비롯하므로 수긍하기 어렵습니다. 정의에 관한 모든 이론이 응분주의적desertist이어야(응분에 기반해야) 한다고 보는 게 아니라면, 이런 식의 비판은 앞뒤가 맞지 않아요. 물론 정의란 모름지기 각자가 응분의 몫을 받는 것이라는 응분주의적 정의 이론도 있습니다. 아리스토텔레스, 라이프니츠, 존 스튜어트 밀, 헨리 시지윅, 윌리엄 데이비드 로스 등 다양한 이론가의 저서에서 이러한 견해를 확인할 수 있죠. 반면 데이비드 흄, 존 롤스, 로버트 노직처럼 응분주의적이지 않은 정의 이론을 주창한 저명한 철학자들도 있습니다.

《응보주의를 거부하다》에서 나는 마사 누스바움과 아마르티아 센이 제안한 것과 같은 정의에 대한 역량중심접근법capabilities approach을 지지한다고 밝혔습니다. 역량중심접근법을 제안하는 연구자들은 (각자가 할 수 있고 될 수 있는) 역량을 개발하는 일이 복리well-being의 핵심이며, 정의 이론의 참된 목적은 복리 실현에 있어야 한다고 봅니다. 역량중심접근법에서 특히 주목하는 부분은 사회 정의가 복리의 여섯 가지 핵심 요소, 즉 건강, 추론 능력, 자기결정(혹은 주체성), 애정, 개인의 안전, 존중에 근거한다는 주장입니다. 이에 따르면, 정의란 곧 복지의 여섯 가지 핵심 요소를 충분한 수준으로 실현하는 것입니다. 이 중 어느 한 요소라도 크게 부족한 삶은 사람들이 다른 무엇을 원하든 관계없이 누구나 바랄 만한 삶이라 보기에는 턱없이 모자라기 때문입니다. (《응보주의를 거부하다》에서는 역량 중심의 정의 이론이 내가 지지하는 유형의 자유의지회의론에 딱 들어맞는다는 점을 자세히 설명했지만, 여기서 그 문제를 논할 필요는 없겠죠.) 중요한 것은 비응분주의적 이론으로도 정의를 설명할 수 있는 한, 회의론자들이 정의라는 관념과 그에 따른 모든 논의를 다루지 못할 이유가 없다는 점입니다.

그러면 당신이 제기한 두 번째 문제로 넘어가기 전에, 자유의지회의론에 부합하며 기본적인 응분에 따른 도덕적 책임에 기대지 않는 비응분주의적 정의 이론이 있다는 데는 동의하나요?

데닛—— 아무래도 지금 이야기는 당신의 편협한 응분 관념에 기대고 있는 것 같군요. 당신이 언급한 사람들이나 나는 응분을 친숙하고 일상적인 의미로 사용하고 있어요. 그러니 그들의 견해를 '비응분주의적'이라 칭하는 것은 아전인수격 해석이라 봅니다. 나는 당신이 말하는 응분에 시종일관 반대하고 있으니까요. 마찬가지로 센과 누스바움의 정의관에는 대체로 동의하지만, 그들의 견해를 '비응분주의적'이라 불러야 할 응분의 (이 말을 이렇게 써도 되는지는 모르지만) 이유는 없어 보이는군요.

카루소────── 비응분주의적 정의 이론들에 관한 나의 해석은 결코 '편협한 응분 관념'에 기대지 않습니다. 가령 존 롤스는 《정의론》에서 태어난 환경에 따른 불평등은 부당한 차별이라는 사실을 강조하며, 타고난 자질, 태어난 순간 정해지는 사회에서의 출발점, 가정이나 사회 환경, 자기계발에 매진하기에 유리한 성격 등에 따라 나뉘는 지위를 두고 응분을 판단해서는 안 된다고 주장합니다. 응분에 반대하는 롤스의 철학적 논변은 다음과 같이 요약할 수 있습니다. "우리가 누구인지, 무엇을 하는지는 부당하게도 타고난 자질과 태어난 환경에 의해 대부분 결정되므로 우리가 져야 할 응분의 몫은 아예 없거나 기껏해야 아주 적을 뿐이다."[7] 롤스는 이처럼 부당하게 정해지는 요인들이 응분의 토대를 좌우하므로, (기본적 또는 비기본적) 응분이 분배 정의에 영향을 끼쳐서는 안 된다고 주장합니다.[8] 적어도 내가 이해하기로는 센과 누스바움이 제안한 역량중심접근법도 마찬가지로 운에 따라 결정되는 문제를 중요하게 다루며, 결코 응분에 기반을 두지 않습니다.

그러면 이제 당신이 제기한 두 번째 문제, 즉 공중보건격리모형이 '아직 범죄를 저지르지 않았어도 전문가들이 그럴 것으로 예측하는 사람'을 무력화하는 일까지 허용하는 것 아닌가하는 의문을 살펴보죠. 이는 분명 가벼이 여겨서는 안 될 문제이며, 나 역시 몇 가지 이유로 아직 범죄를 저지르지 않은 위험한 개인을 무력화하는 데 반대합니다. 《응보주의를 거부하다》

에서는 그 이유를 상세히 다루었으나, 여기서는 요점만 간단히 이야기하도록 하죠.[9]

첫째, 이 문제를 다룰 때는 인간을 한낱 수단으로 취급해선 안 된다는 원칙과 신체의 자유에 큰 비중을 두어야 합니다(이는 모두 자유의지회의론에서도 중시하는 원칙입니다). 둘째, 국가가 범죄를 저지르지 않은 사람을 예방 차원에서 구금하는 일이 허용된다면 어떤 위험이 있을지를 신중히 고려해야 합니다. 국가에서는 대부분 이러한 권한을 남용할 가능성이 높으므로, 득보다는 실이 훨씬 더 크겠죠. 셋째, 전염병 보균 여부를 검사하는 일이 용납할 수 없을 정도로 권리를 침해하는 경우는 드물겠지만, 어떤 사람이 폭력적 범죄 성향을 지니고 있는지를 가려내는 일은 도덕적으로 심각한 문제가 될 수 있으며, 사람들의 권리를 침해할 가능성이 큽니다. 넷째, 아직은 폭력적 범죄 성향을 측정할 정신 의학적 수단이 마땅치가 않으며, 오류 가능성이 큰 검사를 근거로 사람을 구금하는 일은 도덕적으로 용납하기 어렵습니다.

현재로서는 미래에 폭력적 행동을 저지를 가능성을 정확히 예측할 수 없고 잘못된 판단을 할 위험이 크다는 점을 고려한다면, 당연히 개인의 자유를 보호하는 쪽에 무게를 두어야겠죠. 범죄 가능성을 입증할 책임은 반드시 자유를 제한하려는 쪽에 있어야 할 테고요. 예를 들어 어떤 사람이 범죄를 저지르려면 번호식 자물쇠를 맞추듯 여러 사회적·신경학적 요인들이 딱 맞아떨어져야 한다고 가정해보죠. 자물쇠의 숫자가 총 20개라고 치면 그중 19개가 맞더라도 마지막 하나가 맞을 때까지(최후의 환경적·신경학적 계기가 나타날 때까지) 자물쇠는 열리지 않습니다. 물론 현실에서 폭력 행동에 영향을 주는 변수는 훨씬 더 많겠죠. 이렇듯 언제 어떤 요인이 폭력 사건을 촉발할지 (아니면 그런 일이 일어나기나 할지) 알 수 없다는 점에서 우리는 인식론적으로 열악한 입장에 처해 있으며, 가까운 미래에도 상황이 바뀔 가능성은 크지 않으므로, 예방 차원의 무력화로부터 개인의 자유를 지키기 위해 명확한 기준을 정해야 합니다.

따라서 아직 범죄를 저지르지 않은 사람의 위험성을 판단할 때는 인식론적 회의주의의 태도를 취해야 한다고 봅니다. 아직은 범죄 성향을 측정하는 수단에 한계가 있고, 그 수단이 사람들의 권리를 침해하고 오류를 범할 가능성이 크다는 점을 고려하면, 우리가 택해야 할 기본 입장은 개인의 자유를 존중하고 범죄를 저지르지 않은 사람을 예방 차원에서 구금하는 일을 금지하는 것입니다. 나는 영국의 사회학자 진 플로드Jean Floud와 워런 영Warren Young의 연구를 따라 범죄를 저지르지 않은 사람은 모두 무해한 것으로 추정해야 한다고 주장해왔습니다. 누구나 유죄가 확정되기 전까지는 무죄추정의 원칙을 적용받는 것과 마찬가지로요.

무죄추정의 원칙이 유죄 판결을 받지 않은 사람을 처벌하지 않도록 보호하는 것처럼, 무해 추정presumption of harmlessness

은 예방적 구금을 막아줄 수 있죠. 요컨대 무해 추정은 인식론적 회의주의에 부합하는 태도일 뿐만 아니라, 인간을 존중하고 정의를 이루기 위해 이성을 갖춘 모든 사람에게 적용해야 할 원칙입니다. 이러한 이유로 나는 극단적인 사례를 제외하면 예방적 구금을 막아야 한다고 주장합니다.

데닛——— 당신도 무해하다고 추정받을 권리를 중요하게 생각한다니 다행이네요. 그런데 만약 잘못된 생각을 가진 공직자가 범죄를 저지를 가능성이 커 보이는 사람들을 체포하고 격리한다면 그 공직자에게 어떤 처분을 내릴 건가요? 격리 시설로 보낼 건가요? 당신이 말하는 격리 국가에는 법이라는 것이 있나요, 아니면 무시해도 처벌받지 않는 정책만이 존재하나요?

카루소——— 무죄추정과 무해 추정의 원칙을 무시하는 불량 공직자는 사회에 심각한 위험을 초래하므로 마땅히 공직에서 몰아내야겠죠. 대개는 그런 사람들이 두 번 다시 고위직에 오르지 못하게 막는 것으로 공공안전을 지킬 수 있을 겁니다. 그렇지 않다면 상황에 따라 무력화가 필요할 수 있겠죠. 말이 나온 김에 당신이 언급한 화이트칼라 범죄에 대해서도 답을 하는 것이 좋겠네요. 앞서 당신은 이렇게 물었죠. "유죄가 입증된 화이트칼라 범죄자를 격리 시설에 수용할 경우, 그가 안락한 시설에서 지내며 사업을 계속하는 일을 허용할 건가요?" 우선 화이트칼라 범죄 대다수는 격리보다 약한 제한 조치로 대처하는 편이 낫다고 생각합니다. 증권 중개인이 내부자 거래에 연루된 경우, 최소 침해의 원칙을 적용하면 중개인 자격을 박탈하고 부당 이익을 환수하며 더는 중개 일을 하지 못하게 막는 정도로 대처해야겠죠. 변호사가 자신의 지위를 남용하거나, 의사가 진통제를 불법 처방해 돈을 버는 경우도 크게 다르지 않을 테고요. 물론 자격을 박탈하고 더는 특정 분야에서 일하지 못하게 막는 것만으로 사회에 끼치는 피해를 막기에 부족하다면, 오직 이런 상황에서만 더 강한 제한 조치를 허용해야 합니다.

그리고 마지막으로 나온 법 관련 질문에 답하자면, 당연히 나도 법을 유지해야 한다고 생각합니다. 홉스가 말한 자연 상태로 돌아가 혼란과 무질서 속에서 '고립되고 빈곤하고 비참하고 잔인하고 짧은' 삶을 살기를 바라는 사람은 아무도 없어요. 그러니 회의론자들이 그런 얼토당토않은 제안을 한다는 말은 농담으로라도 삼갔으면 합니다. 법은 사회 구성원들이 맺은 사회 계약의 일부이며, 사람들의 안전을 보장하는 데 없어서는 안 될 요소입니다.

사회가 제대로 작동하려면 법이 꼭 필요하다 보는 것은 우리 둘 다 마찬가지예요. 다만 법을 어기는 행위에 어떻게 대처하는 것이 정당한지를 놓고 의견이 다를 뿐이죠. 당신은 국가가 위법 행위를 저지른 사람을 응분에 따라 처벌할 수 있다고 보는 데 반해, 나는 국가가 위법 행위, 특히 폭력적인 범죄를 저지른 범법자를 제재하고 무력화할 권한은 자신과 타인을 방어할 권리에 근거를 두어야 한다고 보니까요.

데닛—— '불량 공직자'나 화이트칼라 범죄자들이 심각한 위험을 초래하는 경우에(이런 일은 결코 드물지 않아요) 취해야 할 강력한 조치가 처벌과 어떻게 다르다는 말인지 모르겠군요. 당신은 자격을 박탈하고 더는 특정 분야에서 일하지 못하게 막는 것만으로 '부족하다면', '더 강한 제한 조치'를 허용해야 한다고 했죠. 이 말은 곧 격리 제도를 시행하려면 법을 어기는 사람을 처벌하겠다는(국가가 제재하고 무력화하겠다는) 위협이 필요하다는 것을 인정한다는 말 아닌가요?

안전하고 행복한 국가에서는 법이 제재와 무력화에 더 초점을 맞출 필요가 있다는 데는 동의합니다. 차이가 있다면 나는 제재와 무력화의 대상을 응분의 책임이 있는 사람으로 제한해야 한다고 보지만, 당신은 전염병 보균자를 격리할 때처럼 권력 기관이 공공안전에 위협이 된다고 판단한 경우에만 그러한 조치를 허용해야 한다고 보는 것이죠. 당신도 이를 판단할 때 인과적 책임, 범행 의도, 행위자의 역량 등 몇 가지 회고적 요인을 중시한다는 점에서는 의견이 일치하지만요. 요컨대 당신은 내가 말한 회고적 요인들을 중요하게 생각하면서도, 그 요인들이 도덕적 책임의 요건에 해당한다는 점은 계속 인정하지 않고 있어요.

카루소——— 우선 공중보건격리모형을 시행하려면 법을 어기는 사람을 처벌하겠다는 위협이 있어야 한다는 말에는 동의할 수 없군요. 격리모형에서 처벌을 허용한다면야 맞는 말이겠지만, 그렇지가 않으니까요. 앞서 말했듯, 회의론에 부합하는 결과주의적·회고적 처벌 이론들도 있지만, 나는 몇 가지 별개의 도덕적 이유로 그러한 이론들에 반대합니다.[10] 격리모형에서는 처벌을 통한 위협을 배제하는 대신, 공공안전을 지키기 위해 만든 법을 위반하는 일이 벌어지면 국가가 자기 방어권과 타인의 피해를 방지할 권리를 근거로 범법자의 자유를 제한할 권한을 인정합니다. 범법자의 자유를 제한하는 일은 보균자를 격리하는 일과 마찬가지로 자유의지, 응분, 내가 인정하지 않는 도덕적 책임 유형에 의존할 필요가 없는 것이죠.

그리고 '시행'과 관련한 지적에 답을 하자면, 격리모형을 시행하는 데 필요한 것은 '처벌하겠다는 위협'이 아니라 정책의 투명성이라 생각합니다. 그래야 시민들이 국가가 자신과 다른 사람들을 보호하려는 이유로 폭력적인 범죄자를 무력화하리라는 (더 약한 제한 조치를 택할 수 없는 경우에) 확신을 가질 수 있을 테니까요. 가령 공중보건 분야에서 정책의 투명성이 어떻게 작동하는지를 생각해보죠. 우리는 국가 혹은 국가 기관이 격리 정책을 시행할 경우 그에 관한 정보를 누구나 알 수 있도록 투명하게 공개할 것을 요구합니다. 그러면서도 이러한 투명성을 '처벌하겠다는 위협'으로 여기지 않죠. 전염병에 걸린 사람

철학 논쟁

을 격리하는 일을 처벌로 보지 않는 것과 마찬가지로요. 처벌이란 단순히 자유를 제한하는 것을 넘어서는 행위이기 때문입니다(철학적으로 처벌을 분석한 거의 모든 문헌에서 이 점을 확인할 수 있습니다).[11] 공중보건 분야에서 정책의 투명성을 '위협'으로 볼 이유가 없다면, 적어도 그런 해석을 옳다고 여길 이유가 충분하지 않다면, 형사사법 분야에서 공중보건격리모형을 도입할 때도 근본적으로 같은 논리를 적용할 수 있습니다. 국가는 마땅히 자유를 제한하는 모든 정책에 관한 정보를 누구나 알 수 있도록 투명하게 공개해야 하지만, 반드시 처벌로써 사람들을 위협해야 한다고 볼 이유는 없는 것이죠.(격리모형의 제안은 처벌과 관련이 없으니까요.)

아마 당신이 정말로 우려하는 것은 범죄 억제의 문제, 즉 처벌하겠다는 위협 없이는 법이 범죄를 효과적으로 억제하지 못할 가능성 같습니다. 여기에 대해서는 두 가지로 답하겠습니다. 첫째, 그러한 우려에는 공감하지만, 나는 범죄 억제라는 목적으로 격리모형을 정당화할 생각이 전혀 없습니다. 범죄 억제를 처벌의 근거로 삼는 주장들은 자유의지회의론에 부합하지만, 잘 알려진 대로 몇 가지 문제점이 있기 때문입니다. 여기서는 그중 하나만 예로 들도록 하죠.[12] 인간을 수단으로 부리는 소위 조종적 이용manipulative use을 우려하는 사람들은 처벌의 억제 효과가 일반인에게 두루 영향을 끼친다는 일반억제general deterrence 이론을 특히 경계합니다. 다른 사람들이 범죄를 저지르지 않도록 억제하려는 목적으로 누군가를 처벌하는 것은 그를 사람들의 행동에 영향을 끼치기 위한 도구(목적을 위한 수단)로 이용하는 일이기 때문이죠. 그 이유를 설명하는 데는 주제에서 살짝 벗어나는 예가 도움이 될 것 같군요. 바로 악이라는 문제입니다.

많은 사람이 왜 전지전능하고 모든 것을 사랑하는 신이 어린아이와 같이 아무 죄 없는 존재가 고통받게 내버려두는지 의문을 품곤 하죠. 예를 들어 중추신경계의 신경세포를 파괴하는 유전병인 테이삭스병Tay-Sachs을 가지고 태어나 고통 속에서 짧은 생을 마감하는 한 아이를 떠올려보죠. 그 아이는 고작 세 살이 조금 넘은 나이에 몸을 뒤집거나 앉거나 기는 능력을 점점 잃어가다가 발작, 청력 상실, 마비까지 겪은 뒤 세상을 떠납니다.

악의 존재를 신의 섭리로 보는 일부 신정론자는 아이의 고통이 다른 사람들에게 줄 수 있는 교훈을 가지고 이런 일을 설명하려 애씁니다. 신이 그 아이를 통해 부모의 신앙심을 시험하려 했다거나, 사람들이 선과 악의 극명한 대비를 더 잘 알게 되었다거나, 사회에 더 많은 사랑과 연민, 협동이 필요하다는 것을 일깨웠다거나 하는 식이죠. 그러나 이런 설명은 하나부터 열까지 말이 안 될 뿐만 아니라 도덕적으로도 문제투성이입니다. 나는 흔히 이런 논리를 두고 잭과 질의 문제를 분간하지 못해서 생기는 오류라고 말하곤 합니다. 잭과 질의 부모가 질에게 교훈

철학 논쟁

을 주겠다며 잭(테이삭스병에 걸린 아이)을 사정없이 두들겨 패는 꼴이나 다름없기 때문이죠. 한마디로 어림 반 푼어치도 없는 소리란 뜻입니다. 질에게 도움이 된다는 이유로 잭을 이용하겠다는 논리는 잭이 왜 고통을 받아야 하는지를 전혀 설명하지 못하며, 직관적으로 보아도 옳지 않죠.

결과주의적 억제이론 또한 이와 비슷한 문제를 가지고 있습니다. 일례로 1995년 대형 마트에서 비디오테이프를 훔쳤다가 삼진아웃법을 어겼다는 이유로 25년형을 선고받은 레안드로 안드라데의 사례를 살펴보죠.

1995년 11월 4일, 레안드로 안드라데가 캘리포니아 남부에 있는 케이마트에 들어섰다. 이미 몇 차례 전과가 있던 그는 범죄를 시도했고, 이로써 징역 25년을 예약해둔 셈이 되었다. 2주 뒤, 아직 자유의 몸이었던 안드라데는 다시 한번 범행에 나섰다. 이번에는 앞선 장소에서 서쪽으로 5킬로미터 정도 떨어진 다른 케이마트 지점을 노렸다. 범행 수법도 똑같았고, 그 대가가 징역 25년이라는 점도 같았다. 그리하여 2주 동안 안드라데는 총 9개의 비디오테이프를 훔치려다 붙잡혔다. 〈토드와 코퍼〉, 〈페블과 펭귄〉, 〈꼬마 유령 캐스퍼〉, 〈백설공주〉, 〈배트맨 포에버〉, 〈프리 윌리 2〉, 〈작은 아씨들〉, 〈산타클로스〉, 〈신데렐라〉까지 비디오테이프 9편의 가격은 총 153달러 54센트였다. 안드라데는 이를 훔치

려 한 대가로 50년형을 선고받았다.[13]

당시 캘리포니아의 삼진아웃법에 따르면, 전과가 있는 상태에서 두 차례 경미한 절도죄를 범한 사람에게는 한 건당 25년씩, 총 50년의 형을 선고할 수 있었습니다. 범죄를 억제하려는 목적으로 1990년대 미국 전역에서 시행한 삼진아웃법이 이런 부당한 형벌로 이어진 것이죠. 그리고 이 법을 뒷받침하는 근거는 대부분 응보주의가 아니라 결과주의에 기댄 것이었습니다. 삼진아웃법을 지지한 이들은 안드라데처럼 공공안전에 큰 위협이 되지 않는 경우가 있다 하더라도, 중범죄를 세 번 이상 저지른 사람에게 강한 처벌을 내리도록 형량을 고정하면 범죄를 억제할 수 있다고 주장했습니다.

그러나 유감스럽게도 이 법은 비교적 가벼운 범죄까지도 매우 가혹하게 처벌하는 결과를 낳았죠. 비슷한 사례는 이 외에도 많습니다. 삼진아웃법의 가장 큰 문제점은 범죄를 억제한다는 이유로 공공안전에 큰 위협이 되지 않는 범죄자에게 가혹한 처벌을 부과함으로써 그들을 다른 사람의 이익을 위한 수단으로 취급한다는 점입니다. 따라서 안드라데는 잭과 마찬가지로 다른 사람의 이익 때문에 그가 동의하지 않았고 대다수 사람이 용납하지 않을 가혹한 피해를 입은 셈입니다.

다음으로 억제 문제에 대한 두 번째 답변을 제시하겠습니다. 격리모형에서 모든 정책을 마땅히 그래야 하는 대로 투명하게 공개한다면, 무력화에 기반한 제도는 상당한 수준의 일반억제 효과를 자연스러운 부가 효과로서 거저 얻을 수 있습니다. 피어붐은 이를 '공짜 일반억제'라고 부르죠.

> 우리는 국가가 구성원들을 어떻게 대하는지, 한 구성원이 다른 구성원들에게 위험한 경우는 언제이며 그 이유는 무엇인지 알 권리가 있다. 그런데 국가가 정책으로써 이 권리를 충족하면 일반억제라는 부가 효과가 따라 나온다. 위험한 범죄를 막기 위한 구금은 현재 구금되어 있는 범법자뿐만 아니라 범죄를 저지르고 싶은 유혹을 느끼는 사람들에게도 억제 효과를 발휘할 수 있다. 이러한 일반억제 효과는 이를테면 공짜로 주어지는 것이다. 국가가 특별억제[*]와 관련한 알 권리를 충족함으로써 얻을 수 있는 부가 효과이기 때문이다. 나는 자기 방어권에 근거한 특수억제를 시행함으로써 따라 나오는 일반억제 효과를 공짜 일반억제라 부른다.[14]

피어붐의 말처럼 국가가 위험한 범죄자를 무력화하는 정책에 관한 정보를 충분히 투명하게 공개하면, 범죄 억제를 근거

---

[*] 이미 범죄 전력이 있는 사람이 다시 범죄를 저지르는 일을 억제하는 것.

로 무력화를 정당화하지 않더라도 일반억제 효과가 저절로 따라 나옵니다. 따라서 공중보건격리모형은 자기 방어권을 근거로 위협을 제거하는 데 필요한 최소한의 피해만을 부과함으로써 최소 침해의 원칙을 지키는 동시에, 상당한 수준의 일반억제 효과를 얻을 수 있죠.

데닛—— 내가 이해하기로는 당신이 격리모형에서 처벌의 위협이 필요치 않다 보는 이유가 이렇게 들리는군요. "나는 그것을 위협이라 보지 않습니다. 국가가 범죄에 대처하는 정책을 투명하게 공개해야 한다는 의무를 지킨 것뿐이니까요. 그리고 그 정책은 '제재'와 '무력화'를 포함하더라도 처벌로 보기 어렵습니다. 내가 규정하는 처벌의 의미와 맞지 않으니까요." 그러니까 당신의 주장에 따르면, 국가는 위협하지도 경고하지도 않으며, 단지 사람들에게 만일의 사태를 알려줄 뿐이라는 말이군요. 사람들이 그런 정보를 알면, 대다수는 그 정보에 맞게 행동해야겠다고 마음먹을 테고요. 영화 〈대부〉의 표현을 빌리자면 사람들이 '거절할 수 없는 제안'을 하는 거죠. 그건 협박이 아니라 지극히 관대한 제안이며, 협박으로 받아들이는 사람은 괜한 의심을 하는 셈이 되겠죠. 그런 논리라면 내가 졌습니다.

일부 신정론자의—내가 보기엔 모든 신정론자의—주장이 '하나부터 열까지 말이 안 될 뿐만 아니라 도덕적으로도 문제 투성이'라는 말에는 동의하지만, 내 입장에서 문제가 될 만한 이야기는 아니군요. '더 큰 선'을 이루기 위해 무고한 사람을 처벌하는 일을 명시적으로 금지하는 동시에 보균자가 자유롭게 이동하여 다른 사람을 위험에 빠뜨리지 않도록 격리를 의무화하는 것은 (당신이 아니라) 내가 강조하는 응분에도 부합하니까요. 요컨대, 나는 현재의 격리 제도에 관해서는 전혀 불만이 없습니다. 그 제도를 확대하려는 당신의 제안을 의심할 뿐이죠.

당신은 처벌을 격리로 대체하고, 범죄 억제를 법을 긍정하는 근거로 삼지 않는 것을 큰 혁신이라 주장하죠. 하지만 (삼진아웃법처럼) 법의 억제력을 남용하는 사례는 억제 자체에 반대할 근거가 되지 않아요. 권력 남용에 반대할 근거로는 적절하겠지만요. 그리고 당신이 '폭력적'이거나 '심각하게 위험한' 사람만을 격리하도록 국가의 권한을 제한해야 한다고 줄곧 강조하는 것을 보면, '화이트칼라' 범죄자나 폭력과 큰 관계가 없는 죄를 저지른 사람들은 어떻게 대처할 생각인지 계속 의문이 남습니다. 공갈범, 아동 음란물 공급자, 순진한 사람들의 은퇴 자금을 노리는 사기꾼, 위폐범, 투표 집계기 조작범, 허위 할인 광고로 고객을 유인한 다음 다른 물건을 팔려고 하는 소매업자 등 비폭력 범죄자의 예를 더 들자면 한도 끝도 없겠죠. 그런데 이들 중 격리모형에서 확실히 격리 대상으로 삼을 만한 사람은 없어 보입니다. 당신이 꿈꾸는 유토피아에서는 이런 범죄자들이 문제가 되지 않나요? 그렇다고 한다면 이유는 뭐죠? 형벌제도 없이 이들에게 어떻게 대처할 생각인가요?

당신은 범죄 억제를 근거로 격리모형을 정당화하지 않으려 주의를 기울이죠. 그러나 처벌과 더불어 범죄 억제라는 역할까지 배제한다면 법은 단순한 권고 사항으로 전락하고 말 것입니다. 앞서 말했듯, 처벌하겠다는 약속 같은 것이 없다면 사람들이 격리 제도를 받아들이게 만들 수 없어요. 알다시피 코로나19 팬데믹이 심각해지면서 각 주에서는 자가격리를 강력히 권고하는 데 그치지 않고, 자가격리를 위반하는 사람에게 상당한 처벌을 부과하는 법을 빠르게 제정하고 있죠. 당신은 틀림없이 이런 조치에 반대하겠죠? 그렇다면 어떻게 대처하는 것이 맞다고 보나요?

카루소—— 격리가 처벌의 한 형태가 아니라는 사실만큼은 분명히 결론짓고 넘어가야겠군요. 처벌에 대한 '나의' 정의뿐만 아니라 납득할 만한 모든 정의를 놓고 보더라도 격리는 처벌에 해당하지 않습니다. 처벌에 관한 우리의 직관에 따르면, 에볼라 바이러스에 감염된 사람을 격리하는 일은 결코 처벌로 볼 수 없어요. 처벌이 성립하려면 최소한 해를 가하려는 의도가 있어야 합니다. 철학자 레오 자이베르트Leo Zaibert는 이 점을 다음과 같이 정확히 짚어냅니다. "처벌의 다른 목적이 무엇이든, 처벌은 범법자에게 괴로움을 주는 것을 (그의 복리를 위협하거나 그가 원치 않는 일을 강요하는 방식으로) 목표로 한다."[15] 이어서 그는 이렇게 덧붙입니다.

철학 논쟁

처벌이란 어떤 사람의 잘못에 대한 반응으로 그에게 괴로움을(고통, 고난 등 부정적인 결과를) 주는(주려는) 것이다. 고통을 주려는 의도가 없이 처벌한다는 말은 선물로 주는 물건에 대한 권리를 넘길 의도 없이 선물한다는 말이나 영양분을 공급할 의도 없이 누군가에게 음식을 먹인다는 말과 다름없다.[16]

저명한 법철학자 H. L. A. 하트 또한 처벌을 정의하면서 이 점을 강조해 처벌은 "고통, 또는 누구나 불쾌하다 여기는 다른 결과들을 수반해야 한다"[17]고 주장합니다. 비트겐슈타인도 "보상이 반드시 기쁜 것'이어야 하듯 처벌은 '반드시 불쾌한 것'이어야 하는 게 지극히 '당연하다'"고 말했죠.[18] 국가가 법적 처벌을 부과하면서 주는 피해와 괴로움, 가혹한 처분은 반드시 육체적 고통을 수반하지는 않지만, 범법자를 불편하게 만들거나 그의 복리를 (적어도 일시적으로) 해치는 것이어야 합니다.

의도치 않은 피해가 처벌이 될 수 없다면, 국가 혹은 국가를 대변하는 사람이 내리는 처벌은 당연히 의도적으로 피해를 주는 일이어야겠죠. 내가 길을 걷다 발을 헛디디는 바람에 지나가던 노인을 넘어뜨려 피해를 준다 해도 그건 처벌이 아닙니다. 피해를 주려는 의도가 없다면 처벌이라 할 수 없어요. 법철학자 앨릭 월런Alec Walen은 이렇게 말합니다.

어떤 행동을 처벌로 간주하려면 첫째, 처벌받는 사람에게 일종의 희생이나 곤경을 강요해야 하며, 아무리 못해도 처벌을 받지 않을 때 누릴 수 있는 이익을 빼앗아야 한다. 둘째, 처벌하는 사람은 그렇게 하려는 의도를 가져야 하며, 처벌은 우연한 사고나 다른 목적에 따르는 부가 효과여서는 안 된다.[19]

마이클 짐머만은 월런이 말한 두 번째 조건에 동의하면서 "우연히 피해를 주는 일은 결코 처벌이 될 수 없다. 누군가를 처벌한다면 그 대상에게 유발하는 피해는 그렇게 하기로 의도한 것이어야 한다"[20]고 말합니다. 이어 짐머만은 다음과 같이 주장합니다.

이런 이유로 우연히 피해를 주는 일을 처벌로 간주할 수는 없더라도, 처벌이 주는 피해가 예상 가능한 경우라면, 처벌이 꼭 피해를 주려는 의도를 수반할 필요는 없다고 생각할 수 있다. 그러나 이것이 잘못된 생각이라는 사실은 어렵지 않게 입증할 수 있다. 종종 우리는 피해를 주려는 의도 없이도 어떤 행동이 피해를 주리라는 것을 알면서 그 행동을 할 때가 있다. 우리가 알면서도 끼친 피해는 처벌에 의한 피해와 똑같은 것일 수 있지만, 그런 피해를 줄 의도가 없었다면 그 행위를 처벌이라 부를 수는 없다. 예를 들어 구금과 격리를 비교해보자. 양자는 누군가의 자유를 제한한다는 점에서는 유사하지만, 우리는 구금만을 처벌로 간주한다. 구금만이 의도적으로 자유를 제한함으로써 피해를 주는 일이기 때문이다. 반면 격리의 경우, 피해를 예상할 수 있지만 그리고 당연하게도 제한이 없다면 격리라고 할 수조차 없기에 제한 자체는 의도한 일이지만 그것은 의도한 피해가 아니다.[21]

처벌과 격리의 차이는 조금만 생각해보면 누가 봐도 명백하며, 격리는 의도적으로 해를 입히려는 행위가 아니므로 처벌이 아니라는 짐머만의 주장은 백번 지당합니다. 반대로 처벌은 의도적으로 해를 가해야만 성립하죠. 당신만 괜찮다면 법적 처벌의 다른 필요조건들까지 살펴볼 수도 있습니다. 예를 들어 처벌은 국가가 범죄 행위와 범죄자 모두를 못마땅하게 여긴다는 표현이기도 하죠. 따라서 처벌은 개인에게 해를 가하려는 의도를 수반하며 그의 복리를 침해할 뿐만 아니라, 범죄로 인식된 행위를 인정하지 않고 규탄하겠다는 뜻을 알리려는 행위라는 점에서 조세 같은 다른 강제 조치들과 차이가 있습니다. 설마 이렇게 중요한(명확하다고까지 할 수 있는) 차이를 뭉뚱그릴 생각은 아니겠죠? 당신은 격리모형의 시행에 주로 관심을 두는 듯하지만, 결국 격리모형을 통해 시행되는 것은 처벌이라는 말은(혹은 암시는) 온당치 않습니다. 사실과 다르니까요.

또 당신은 내가 신정론자와 범죄 억제, 조종적 이용의 문제를 예로 들어 말하고자 한 요지를 간과하거나 회피하고 있어요. (정확히 어느 쪽인지는 모르겠습니다.) 당신은 이러한 예시를 두고 이렇게 말했죠. "내 입장에서 문제가 될 만한 이야기는 아니군요. '더 큰 선'을 이루기 위해 무고한 사람을 처벌하는 일을 명시적으로 금지하는 […] 것은 (당신이 아니라) 내가 강조하는 응분에도 부합하니까요." 내 말은 무고한 사람을 처벌하는 일을 막자는 식의 이야기가 전혀 아니었습니다. 결과주의적 이론들은 충분한 수준의 일반억제 효과를 내기 위해서라면 사람들을 한낱 수단으로 삼아 별개의 목적에 이용하는 일까지 마다하지 않을 위험이 있기에, 이를 많은 사람이 우려할 만한 문제로 지적한 것이죠. 삼진아웃법과 레안드로 안드라데의 사례를 예로 들긴 했지만, 안드라데에게 아무 죄가 없었던 것은 아니니까요. 요컨대 범죄를 억제하는 효과적인 수단이 가혹한 처벌뿐이라고 한다면, 결과주의자들은 기꺼이 특정 개인을 (즉, 처벌받는 사람을) 범죄를 억제하기 위한 수단으로 이용할 겁니다.

짐작건대 당신은 법이나 규칙을 어긴 사람에게 형량이 고정된 처벌을 내리기를 선호하는 것 같습니다. 하지만 미국에서 '범죄에 대한 강경 대응tough on crime'을 목표로 형량이 고정된 징역형을 선고하고, 소위 '진실한 양형truth in sentencing'이라는 법을 제정해 가석방을 엄격히 제한하려는 움직임이 거세졌던 배경에는 바로 그와 같은 생각이 깔려 있었어요. 똑같은 범죄라도 판사의 재량에 따라 형량이 들쑥날쑥하다는 불만이 이러한 정책들을 부추긴 것이죠. 이를 지지한 사람들은 가석방 심사위원들이 25년형을 선고받은 살인자를 5년이나 10년 만에 풀어주도록 내버려둬서는 안 된다고 생각했습니다. 그들은 이러한 재량을 허용한다면, 당신이 예로 들었듯 야구 심판이 규칙과 결과만을 엄격히 (모두에게 동등하게) 따지는 것이 아니라 그때그때 상황을 고려해 볼과 스트라이크를 판정하는 것이나 다름없다고 우려했죠.

당신은 이 같은 사례를 '억제 자체에 반대할 근거'가 아니라 '권력 남용에 반대할 근거'로 가볍게 일축할지 모르지만, 내가 보기에 당신은 범죄 억제를 근거로 처벌을 정당화하는 일이 얼마나 심각한 문제를 가져올 수 있는지 이해하지 못하고 있어요. 당신은 정말로 중범죄를 저지른 사람에게 형량이 고정된 처벌을 내리는 데 찬성하나요? 잠재적 범죄자들을 억제할 최선의(혹은 유일하게 효율적인) 방안이 중범죄를 두세 차례(혹은 네 번까지) 저지른 사람들에게 무거운 형량을 선고하는 것이라면 그렇게 해야 한다고 보나요? 인간을 한낱 수단으로 이용하는 데 반대하는 이용 반대론use objection[22]에는 어떻게 답할 건가요? 세상 모든 범죄에 대한 적절한 대응을 하나하나 말해보라는 식의 요구는 꽤 재밌는 이야기였지만, 막상 당신도 그와 똑같은 요구에 응할 마음은 없겠죠. 당신의 입장, 혹은 구체적인 범죄 사례들과 그에 대한 양형기준을 빠짐없이 설명하라는 요구에 답하다 보면, 악마는 디테일에 있다는 말을 대번에 실감할 겁니다.

비폭력 범죄에 대한 당신의 물음에는 오히려 간단하게 답할 수 있습니다. 개인의 자유를 제한하는 일은 그가 유발하는 위험에 비례해야 하며, 이 상한선을 넘어서는 제재는 어떤 경우에도 정당하지 않다는 원칙으로 말이죠. 격리모형에서는 융통성과 세부 사항에 대한 세심한 고려를 중시하므로, 모든 사건을 개별적으로 판단합니다. 모든 중범죄가 동등하지는 않으며 모든 중범죄자가 사회의 앞날에 같은 위험을 초래하지는 않기에 이런 식의 판단은 충분한 이점이 있습니다. 다만 한 가지 기본 원칙을 제시해보자면, 비폭력 범죄는 대부분 약한 제한 조치로 (감시, 자격 박탈, 상담, 약물치료, 정신건강 서비스 등으로) 대처하는 편이 낫다고 봅니다.

범죄 억제라는 근거를 내세우지 않더라도, 자신을 지키고 타인의 피해를 방지할 권리는 국가에게 이런 식으로 범법자의 자유를 제한할 권한을 부여합니다. 코로나19 팬데믹 상황에서 자가격리를 거부하는 사람들에게도 같은 논리를 적용할 수 있습니다. 적어도 외출과 다수 모임을 제한하는 법을 시행 중인 곳이라면, 국가가 제한 조치를 어겨 공공의 안전에 위험을 초래하는 사람들을 강제 격리하는 일은 자기 방어권에 따라 정당화됩니다. 그렇다 하더라도 처음에는 강제 자가격리 조치로 대응하면서 필요하다면 전자 발찌 같은 감시 수단(정기적인 전화 확인 등)을 활용해 격리를 확실히 이행하도록 하는 편이 좋겠죠. 이러한 조치를 따르지 않는 경우에는 격리 시설에 강제 격리하는 등 자기 방어권에 근거해 추가 조치를 허용할 수 있을 테고요.

마지막으로 지금 이야기한 내용에 관해 세 가지 사항을 확실히 짚고 넘어가겠습니다. 첫째, 나는 지금 격리모형의 시행에 관한 질문에 답하는 것이고, 둘째, 여기서 제안하는 사항들은 대략적인(즉석에서 떠올린) 밑그림으로서 더 나은 방안이 있다면 언제든 수정할 수 있으며, 셋째, 격리모형의 '시행'은 어디까지나 자기 방어권에 근거하며 범죄 억제나 응분에 어떤 식으로도 의존하지 않습니다.

도덕과 법 체계에 관해

데닛—— 내가 보기엔 당신이 인용한 하트와 비트겐슈타인의 말이 모든 걸 설명해주는군요. 하트는 처벌이 "고통, 또는 누구나 불쾌하다 여기는 다른 결과들을 수반해야 한다" 보았고, 당신이 인용한 대로 비트겐슈타인은 "보상이 반드시 '기쁜 것'이어야 하듯 처벌은 '반드시 불쾌한 것'이어야 하는 게 지극히 '당연하다'"고 말했죠. 이건 구태여 위대한 철학자들의 말을 빌릴 필요도 없는 뻔한 이야기지만, 그들은 이런 진실을 누구나 알기 쉽게 풀어내고자 주의를 기울였어요. 그러니 마땅히 받아들여야죠. 내가 '격리모형의 시행에 주로 관심을 두는 듯하다'는 말도 정확합니다. 문제는 이어진 말이죠. "결국 격리모형을 통해 시행되는 것은 처벌이라는 말은(혹은 암시는) 온당치 않습니다. 사실과 다르니까요." 나는 격리가 처벌이라고 말하거나 암시한 적이 없습니다. 시행을 강제하지 않으면, 다시 말해 비협조적인 사람들을 처벌하도록 제도로써 뒷받침하지 않으면, 당신의 격리 제도는 성립할 수 없다고 말했을 뿐이죠.

국가는 '격리 제도에 따르지 않는 사람은 누구나 불쾌하다 여기는 대가를 치르게 될 것'이라 위협(충고, 약속, 공표)하지 않으면 안 됩니다. 벌금은 불쾌한 일이며, 몰수나 원치 않은 시설 수용도 불쾌한 일이에요. 이는 모두 처벌에 해당하며, 당신이 인용한 학자들이 잘 설명했듯 사람들을 불쾌하게 하려는 의도를 담고 있죠. 이것이 바로 처벌의 핵심입니다. 당신은 격리 제도의 시행을 두고 이런저런 대안을 제시하지만, 결국 무슨 수로 사람들이 그 제도를 순순히 따르게 할 것인가 하는 문제는 피하고 있어요. 앞서 나는 당신이 추구하는 것이 법인지, 아니면 단순한 권고 사항인지 물었죠. 내 생각부터 말하자면, 범법 행위에 불쾌한 대가를 치르게 할 의도가 없는 법은 법이 아닙니다.

그리고 당신은 이렇게 말했어요. "당신은 내가 신정론자와 범죄 억제, 조종적 이용의 문제를 예로 들어 말하고자 한 요지를 간과하거나 회피하고 있어요. (정확히 어느 쪽인지는 모르겠습니다.)" 맞아요. 나는 인간을 수단으로 대하지 말라는 칸트의 그 유명한 말을 그다지 중요하게 생각하지 않습니다. (철학적 논쟁에서 이런 '수'를 두는 것이 썩 내키지는 않군요. 괜히 벌집을 건드릴 생각은 없으니까요.)

이 대담에서 우리가 각자의 용어를 어떻게 정의하는지 유심히 살펴보면, 우리 둘 다 시종일관 사람을 수단으로 대하고 있지만, 잘못된 점은 하나도 없다는 사실을 알 수 있을 겁니다.

당신은 자신의 견해를 분명히 밝히기 위해 나를 유용한 비교 대상으로 삼고 있으며, 나도 당신을 똑같은 목적으로 이용하고 있죠. 하지만 그러면서도 우리는 (그게 무슨 뜻이든 간에) 서로를 '한낱' 수단으로 대하지는 않아요. 사람들은 다른 사람의 존엄과 감정, 주체성, 권리 등을 존중하면서도 그를 이용하기 위해선 어떤 식으로 선을 지켜야 하는지 잘 알고 있어요. 그러니 당신이 모든 형벌제도가 처벌받는 사람을 한낱 수단으로 이용할 수밖에 없다고 주장할 생각이라면, 인정할 수 없습니다. 무고한 사람에게 죄를 뒤집어씌워 '본보기로 삼는' 일은 분명 그를 한낱 수단으로 이용하는 것이며, 처벌을 정당화하는 논리로 그런 일까지 옹호할 뜻은 추호도 없어요. 하지만 적법한 절차에 따라 유죄를 선고받은 범죄자를 처벌하면서 그 사실을 알리는 것은 허용 가능할 뿐 아니라 반드시 해야 하는 일이에요. 그렇지 않으면 형벌제도를 비밀리에 운영하는 상황이 벌어질 테니까요.

또 당신은 이렇게 주장했죠. "요컨대 범죄를 억제하는 효과적인 수단이 가혹한 처벌뿐이라고 한다면, 결과주의자들은 기꺼이 특정 개인을(즉, 처벌받는 사람을) 범죄를 억제하기 위한 수단으로 이용할 겁니다." '가혹한'이라는 말만 빼면 나도 (선량한 결과주의자로서) 기꺼이 결과주의자들의 편에 서겠습니다. 앞서 말했듯, 법은 사람들의 존중이 있을 때만 효과를 발휘하며, 지나치게 가혹한 법은 오히려 존중을 해치니까요. 당신은 모든 처벌이 지나치게 가혹하다고 말할 생각인지 모르지만, 그런 주장에는 무슨 일이 있어도 반대할 겁니다. (그리고 앞서 나온 물음에 답하자면, 형량이 고정된 처벌이 필요하다거나 상습범의 형량을 높여야 한다고 주장할 생각은 없습니다. 내가 추구하는 것은 누구나 이해하고 존중할 수 있는 공명정대한 정의예요. 물론 나는 형벌제도가 범죄를 억제하기 위해 처벌받는 사람들을 이용할 수 있다고 보지만, 그들이 정말로 처벌받을 만한 범죄를 저질렀고 도덕적 행위자 모임의 일원이 될 자격이 있다면 그렇게 이용당하는 것은 오직 그들 자신의 탓입니다. 그들은 국가가 제공하는 정치적 자유와 안전에 그만한 대가가 따른다는 사실을 이미 받아들였으니까요.)

내가 비폭력 범죄의 목록을 줄줄이 나열한 것은 '세상 모든 범죄에 대한 적절한 대응을 하나하나 말해보라는' 뜻이 아니라 비폭력 범죄 전체를 포괄하는 일반 원칙을 이야기해달라는 뜻이었어요. 격리모형에 따르면 비폭력 범죄는 격리 대상에 해당하지 않는 것처럼 보이니까요. 당신이 지적한 대로 세금을 징수하는 것은 처벌이 아니지만, 탈세로 감옥에 가는 건 처벌이죠. 법과 처벌을 시행함으로써 강제하지 않는다면, 세금을 제대로 낼 사람은 거의 없을 겁니다. 당신은 앞서 "비폭력 범죄는 대부분 약한 제한 조치로 대처하는 편이 낫다"고 말했죠. 전혀 수긍할 수 없는 이야기지만, 왜 '전부'가 아니라 '대부분'이라고 말했는지 궁금하군요. 당신도 일부 비폭력 범죄만큼은 '무력화'로써 '제재'해야 한다고 보는 것이 분명합니다. 혹은 내 논리대로 사람들이 법을 존중하도록 만들려면 법을 위반하는 일에 대한 불이익(처벌, 누구나 불쾌하게 여기는 결과)이 있어야 한다고도 말할 수 있겠죠.

그러면 이쯤에서 예전에 내가 어떤 말로 이 모든 논쟁에 불을 붙였는지 되짚어보는 것이 좋겠군요. "처벌이 없는 세상은 그 누구도 살고 싶어 할 만한 곳이 아니다."[23] 여러 철학자가 이 말에 아연실색했죠. 이번 대담 덕분에 그런 말을 한 이유를 자세히 설명할 수 있었습니다. 당신은 완강히 반대했지만요. 어쨌든 내 말에 충격받았던 철학자들도 자신들이 처벌 없는 세상에 살고 싶어 하지는 않는다는 걸 깨닫기를 바랍니다.

카루소——— 처벌과 처벌의 시행에 관한 당신의 지적부터 정리해보죠. 우선 당신은 하트와 비트겐슈타인의 말을 인정하면서 처벌이 가혹한 처분과 누구나 불쾌하게 여길 결과들을 수반한다는 사실을 언급했습니다. 그런 다음 이렇게 말했죠. "시행을 강제하지 않으면, 다시 말해 비협조적인 사람들을 처벌하도록 제도로써 뒷받침하지 않으면, 당신의 격리 제도는 성립할 수 없다고 말했을 뿐이죠. 국가는 '격리 제도에 따르지 않는 사람은 누구나 불쾌하다 여기는 대가를 치르게 될 것'이라 위협(충고, 약속, 공표)하지 않으면 안 됩니다." 이어 "벌금은 불쾌한 일이며, 몰수나 원치 않은 시설 수용도 불쾌한 일"이고 이 모든 조치는 처벌의 일종이라고 덧붙였습니다. 아무래도 당신은 처

철학 논쟁

벌에는 가혹한 처분과 그러한 처분을 내리려는 의도 외에도 다른 조건이 있다는 지적을 아예 놓친 것 같군요. 법학자들이 흔히 인정하듯, 처벌이 성립하려면 국가, 혹은 국가를 대변하는 누군가가 처벌받는 사람에게 피해를 주고 그 피해를 의도하는 것 외에도 그 사람을 규탄하는 요소가 있어야 합니다. 다시 말해, 처벌은 국가가 범죄 행위와 범죄자 모두를 못마땅하게 여긴다는 점을 표현해야 하죠.[24] 법학자 안토니 더프Antony Duff는 처벌의 마지막 조건에 대해 이렇게 말합니다.

> 대체로 동의하듯, 처벌과 단순한 '불이익'[25]을 구별하는 것은 처벌의 문책적·규탄적 성격이다. 주차 딱지처럼 불이익을 부과하는 일은 사회적 규탄을 표현하려는 의도가 없더라도 특정 행동을 억제하는 데 (혹은 그 행동으로 인해 발생한 비용을 만회하는 데) 이용될 수 있다. 하지만 처벌의 경우 범죄 억제를 주목적으로 하더라도, […] 처벌을 부과하는 일은(법정에서 범법자에게 유죄 선고와 공식적인 판결을 내리고, 처벌 자체를 집행하는 과정은) 범법자가 범죄를 저질렀다는 사실을 국가가 보장함으로써 질책이나 규탄을 표현한다.[26]

그리고 이어 처벌이 안고 있는 난점을 정확히 지적하죠.

처벌의 두 가지 특징, 즉 괴로움을 주려는 의도와 규탄적 성격으로 인해 처벌을 실행하는 일은 규범에 비추어볼 때 특히 문제가 된다. 당하는 사람에게 괴로움을 줄 뿐만 아니라 괴로움을 주려는 의도와 사회의 규탄까지 담고 있는 행위를 무슨 수로 정당화할 것인가?[27]

그에 반해 공중보건격리모형은 문책적·규탄적 요소 없이도 시행 가능하다는 것이 나의 입장입니다. 자유의지회의론자들의 생각이 옳다면 (즉, 행위의 옳고 그름만을 따지는 것이 아니라, 행위자가 응분에 따른 도덕적 책임과 비난받을 만한 면모를 지니는지까지도 판단하여 처벌을 부과한다면) 처벌의 규탄적 성격은 정당화될 수 없어요.

말은 이렇게 했지만, 처벌의 정의를 두고 논쟁하는 것도 이제 지치는군요. 철학자들이 흔히 말하는 것과 달리, 당신이 자유를 제한하거나 누구나 불쾌하게 여기는 결과들을 부과하는 모든 행위를 '처벌'로 보겠다면 어쩔 수 없겠죠. 어찌 되었든 몇 가지 면에서 서로의 관점에 큰 차이가 있다는 사실은 변함이 없으니까요.

우선 나는 자신과 타인을 지킬 권리를 근거로 제재와 제한 조치를 정당화하는 반면, 당신은 결과주의적·응보주의적 요소들과 응분을 근거로 처벌을 설명합니다. 그리고 나는 결코 자유의지와 응분, 응보적 비난을 전제하거나 설명의 근거로 삼지 않지만, 당신은 행위자가 응분에 따른 도덕적 책임을 진다고 전제

철학 논쟁

합니다. 마지막으로 나는 자유의지에 바탕을 둔 규탄적 태도와 판단(울분, 의분, 도덕적 분노 그리고 모든 형태의 응보적 처벌)을 도덕적·법적 관행에서 몰아내야 한다고 보지만, 당신은 이를(적어도 이 중 일부를) 유지하길 바랍니다. 그러면 이쯤에서 다음과 같은 예를 살펴보면 좋을 것 같군요.

　행위자에게 도덕적 책임이 없는 것이 분명하더라도 규칙을 강제로 시행할 필요가 있는 사례를 하나 들겠습니다. 중증 알츠하이머병을 앓는 베티는 가족이 제대로 보살피기 힘든 상태가 되어 요양 시설에 입원 중입니다. 요양 시설에는 환자들이 적절한 감독 없이 건물이나 시설 밖으로 나가거나 산책을 해선 안 된다는 규칙이 있습니다. 이 규칙은 환자들을 보호하기 위해 만들어진 것이며, 입원 전에 환자나 대리인이 동의해야 하는 계약의 일부이기도 합니다. 하지만 규칙은 규칙이기에 그것을 시행하는 데는 강제성이 따르죠. 문제는 베티가 자꾸 규칙을 어긴다는 것입니다. 감독 없이 시설 밖으로 빠져나가 근처를 떠돈 것이 한두 번이 아니죠. 다행히 별일은 없었고, 경찰이 그녀를 안전하게 시설로 돌려보내 주었습니다.

　이 상황에서 베티의 자유를 제한하는 조치가 필요하다는 데는 당신도 동의하겠죠. 예를 들면 문에 경보 장치를 달아 누군가 '빠져나가려' 하는 것을 직원들에게 알리도록 하거나, 베티의 몸에 추적 장치를 달 수 있겠죠. 직원들은 베티에게 계속 규칙을 상기시키고, 이를 어기면 그녀의 자유를 더욱더 제한할 수밖에 없다고 이야기할 겁니다. (베티의 이유반응성이 심각하게 낮아지긴 했지만, 아직 어느 정도는 유지하고 있다고 가정하겠습니다.) 그리고 모든 환자를 모아 시설의 규칙과 이를 어겼을 시에 취할 수 있는 조치들을 다시 한번 강조하겠죠.

이 사례에서 권한을 가진 위치에 있는 사람들은 규칙을 어기면 누구나 불쾌하게 여기는 결과가 따를 것이라고 '충고, 약속, 공표'합니다. 하지만 (a) 이런 식으로 규칙을 시행하는 일을 '처벌'로 불러야 할지는 분명하지 않으며, (b) 설령 그렇게 부른다 해도 여기에는 처벌의 규탄적 요소가 없습니다. (혹은 없어야 합니다.) 도덕적으로 충분한 책임을 질 능력이 없는 베티를 규탄의 대상으로 삼는 것은 부적절하고 부당한 일이니까요. 여기에 동의한다면, 이 사례는 범법자가 응분의 고통을 받아야 한다는 가정과 자유의지가 존재한다는 가정, 처벌을 통한 규탄 없이도 제재를 시행할 가능성을 입증한다고 볼 수 있습니다.

다음 문제로 넘어가면, 결과주의적 이론들이 개인을 특정 목적을 위한 수단으로 삼는다는 비판에 당신이 보인 반응은 납득하기 어렵습니다. 아무래도 당신은 이런 식으로 사람을 수단으로 이용하는 일이 도덕적으로 전혀 문제가 되지 않는다고 보는 것 같군요. 그러니 당신이 "인간을 수단으로 대하지 말라는 칸트의 그 유명한 말이 그렇게 중요하다고 보지 않는다"고 말한 것이겠지만, 나로선 동의할 수 없습니다. 결과주의적 억제이론은 직관적으로 쉽게 이해할 수 있는 도덕 원칙에 어긋납니다.

내가 우려하는 점을 구체적으로 이야기하기 전에, 영국 워릭대학교의 형법 및 법이론 교수 빅터 태드로스Victor Tadros의 논의를 소개하겠습니다. 태드로스는《가해의 목적The Ends of Harm》(2011)이라는 책에서 누군가를 그와 관계없는 목적을 이루기 위해 이용하는 조종적 이용과 그가 가하는 위협을 제거하기 위해 그에게 해를 끼치는 일을 구별합니다. 사람을 조종적으로 이용한다는 것은 곧 그를 특정 목적을 위한 수단으로 취급한다는 뜻이죠. 태드로스는 이러한 행위가 어째서 부당한지를 직관적으로 판단할 수 있도록 다양한 사례를 제시합니다. 반대로 어떤 사람이 가하는 위협을 제거하기 위해 그 사람에게 해를 입히는 일은 자기 방어권을 근거로 어렵지 않게 정당화할 수 있죠. 태드로스는 이렇게 말합니다.

> 다른 사람을 수단으로 이용하는 것을 금지하는 원칙을 수단 원칙이라 한다면, 이는 반드시 의도를 고려해야 한다. 어떤 목적을 이루기 위해 의도적으로 다른 사람에게 해를 입히는 경우에만 그 사람을 목적에 이용한 것으로 간주할 수 있기 때문이다. 그러나 의도적으로 해를 끼치는 모든 행위가 다른 사람을 이용하는 일은 아니다. 가령 우리는 누군가가 가하는 위협을 제거하기 위해 의도적으로 그에게 해를 입히곤 한다. 위협으로부터 자신을 방어하는 경우가 보통 그렇다. 나를 공격하는 사람으로부터 자신을 보호하는

행위는 그 공격자를 위협을 없애기 위한 수단으로 이용하는 일이 아니다. 그 사람 자체가 위협이기 때문이다. 따라서 수단 원칙은 의도적으로 해를 끼치는 행위 중 일부분을 금지하는 원칙이라 보는 것이 타당하다. 요컨대 수단 원칙은 위협을 제거하기 위한 가해 행위가 아니라 다른 사람을 조종하기 위한 가해 행위를 금지한다.[28]

결과주의적 억제이론에 맞서는 '이용 반대론use objection' 역시 위협을 제거하기 위한 가해 행위가 아니라 조종적 이용에 반대하는 논리로 보는 것이 타당합니다. 조종적 이용에 해당하지 않는 특정한 가해 행위는 자신과 다른 사람을 지킬 권리를 근거로 허용할 수 있죠.[29] 위협을 제거하기 위한 가해 행위와 조종적 이용의 차이를 고려하면, 결과주의적 억제이론은 조종적 이용을 금지하는 원칙을 위배한다고 볼 수 있습니다. 조종적 이용을 우려하는 사람들은 일반억제이론을 특히 경계합니다. 다른 사람들이 범죄를 저지르지 않게 억제하려는 목적으로 누군가를 처벌하는 것은 그를 사람들의 행동에 영향을 끼치기 위한 도구(목적을 위한 수단)로 이용하는 일이니까요. 안타깝지만 우리가 A라는 사람을 사회를 보호하는 데 필요한 수준 이상으로(A가 초래하는 위협 이상으로) 강하게 처벌함으로써 B, C, D의 범죄를 억제하려 하는 것이 바로 조종적 이용에 해당하는 일이죠.

철학 논쟁

데닛── 당신이 범죄 억제에 격렬하게 반대했으니, 이번엔 내가 억제의 이점을 이야기할 차례군요. 먼저 억제는 예나 지금이나 늘 효과가 있습니다. 물론 완벽하지는 않지만요. 당신은 '범죄 억제나 응분에 어떤 식으로도 의존하지 않는' 이론을 확립하려 하지만, 내가 추구하는 건 실효성이 있는 도덕과 법 이론입니다. 당신의 이론을 보면 말 그대로 철학자다운 이론이라는 생각이 들어요. 아귀가 딱딱 맞는 정의들로 이루어져 있어 '우리의 직관'에 부합하지 않는다는 비판에도 전혀 흔들리지 않죠. 하지만 나는 인류와 함께 진화해온 도덕과 법 체계가 완벽하지는 않아도 우리가 선택할 수 있는 최선이라 생각하므로, 어떻게, 왜 그런지를 설명하는 이론을 세우려 하고 그 얼개를 제시하고자 합니다. 도덕과 법 체계의 정당성은 그것이 유전적·문화적 진화의 산물이라는 점만 가지고선 설명할 수 없어요. 지난 수천 년간 지성과 신중함을 갖춘 수많은 사람이 선의의 비판과 개혁을 시도하는 동안, 누구도 그럴듯한 대안을 생각해내지 못했다는 사실이─그 사실이 갖는 무게만큼─도덕과 법 체계의 정당성을 입증합니다.

도덕이 사회적 구성물이라는 것은 어찌 보면 당연해요. 신으로부터 받은 선물도, 오로지 유전을 통해서만 전해진 '본능'도 아니니까요. 도덕이란 어디까지나 사회활동의 산물이에요. 수천 년 동안 사람들은 앞날을 생각하며 도덕과 도덕에 대한 태도를 손보고 갈고 뜯어고치려 무던히 애를 써왔어요. 하지만 그전까지 (도덕의 구성이 아니라) 도덕의 발달을 이끈 부분적인 연구개발 활동은 전체에 대한 이해가 충분하지 않은 상태에서 이것저것 시도하며 시행착오를 거치는 탐색 과정이나 다름없었습니다. 각 지역에서는 시행착오를 거쳐 저마다의 도덕 수준을 개선했고, 개선된 도덕은 어느 정도 그 사회에서 자리를 잡은 다음에는 밈meme*이 그러하듯 지역 사회를 벗어나 다른 곳으로 퍼져나가곤 했죠. 그리고 이 과정에서 도덕은 늘 그것을 받아들인 숙주host의 심리적 성향을 사로잡아 이용하거나, 인간이 습득한 문화적 면역 체계의 영향으로 누그러지기도 하면서 (좋은 방향으로든 안 좋은 방향으로든) 변이를 일으켰어요.

진화론적인 사고를 가진 사람들은 진화 과정에서 살아남은 방식(사상, 관행, 개념, 정책)이라면 무엇이든 그것을 받아들인 인류와 부족, 혹은 개개인과 개인들로 구성된 집단에 이로운 것으로 입증되었다 단정하지 않습니다. 진화론적 사고란 으레 그러리라 생각한다면, 완전히 잘못짚은 것이에요. 확고히 자리 잡은 사고방식이나 행동방식 중 일부, 혹은 상당수는 사실상 숙주의 심리적 약점을 이용하는 문화적 기생충이라 해도 과언이 아

---

* 리처드 도킨스가 《이기적 유전자》에서 처음 제안한 용어. 도킨스는 유전자가 자가복제를 통해 생물학적 정보를 전달하듯 인간의 삶을 규정하는 문화적 요소 또한 모방을 통해 자가복제해 널리 퍼지고 진화한다 보았으며, 모방을 매개로 전해지는 문화적 요소에 밈이라는 이름을 붙였다.

닙니다. 당신이라면 응보주의를 그런 기생충으로 분류하겠죠. 나도 마찬가지고요.

그리고 이 모든 진화 과정은 지적인 설계자들, 즉 정치·종교 지도자들의 노력을 동반했으며, 때로는 그들의 노력이 진화를 촉진하기도 했어요. 지도자들은 사회에 뿌리내리고 있던 견해들을 순식간에 더 설득력 있고 기억하기 쉬운 표현으로 바꿔놓았죠. 선박 건조나 건축 분야에서 그러하듯, '지적으로 설계된' 혁신 중 일부는 얼마 못 가 오류로 밝혀졌지만, 그 밖에 다른 혁신들은 존중과 인기를 얻었으며 마침내 사회적으로 합의된 사항으로 자리매김했습니다.

지금 '우리'가 공유하는 도덕과 법에 관한 일련의 직관은 이 모든 현상이 함께 작용하여 만든 결과예요. 법은 신중하고 지적인 설계의(혹은 재설계의) 산물로서 대체로 최근에(생물학적 관점에서는 아주 최근에) 나온 반면, 도덕은 밈의 진화와 그에 대응하는 유전적 진화의 산물로서 훨씬 더 기초적인 수준에서 시작해 우리가 채 이해하지 못한 사이에 오늘날에 이르렀죠. 따라서 홉스가 자연 상태를 두고 지어낸 그럴듯한 이야기는 방향을 제대로 짚은 셈이에요. 홉스의 사회계약론은 일련의 부유이치들이[30] 옳고 그름에 대한 보편적 감각을 형성해온 과정을 이상화하여 저속 촬영time-lapse*으로 찍어내듯 간추려 제시하죠. 우리는 도덕의 어떤 면이 유전자를 통해 전해졌고('선천적' 도덕), 어떤 면이 사회적으로 밈을 통해 전해졌는지(문화적으로 인정된 도덕)를 놓고 고민할 필요가 없습니다.

　유전자나 밈 중 어느 한쪽만이 도덕을 전하는 진짜 통로라고 주장할 근거는 어디에도 없어요. '자연스럽다고' 느끼는 대로 하는 행동은 때로는 옳기도, 때로는 규탄받아 마땅하기도 하며, 후자의 경우 우리는 문화적으로 습득한 도구를 이용해 그 해악을 줄이고 바로잡으려 하게 됩니다. 충성심, 우정, 공정성을 판단하는 기초적인 감각, 좁은 범위에 한정된 연민 등이 유전에서 비롯한다고 볼 근거는 충분하지만(흄이 말한 '자연적 덕'을 떠올려보죠), 복수, 노예제, 여성을 소유물로 보는 태도, 인종차별 같은 추악한 성향에서도 마찬가지로 유전의 흔적을 찾을 수 있어요.

　그렇다면 인류가 오래전부터 선호해온 도덕적 판단들을 이렇게 멀찌감치 거리를 두고 도덕적으로 평가할 수 있는 근거는 무엇일까요? 바로 인류 문화의 위대한 발명인 설득의 장입니다. 그곳에서 우리는 서로 합의한 논증과 설득 규칙을 따르며 정보를 바탕으로 토론을 벌이죠. 지금 우리 두 사람이 하는 것처럼요. 철학, 그중에서도 특히 실천철학은 지적 설계자들이 모두가 따라야 할 원칙들을 평가, 비판, 개선하고 마지막으로 정

---

* 긴 시간 동안 변화하는 피사체의 모습을 일정한 간격으로 반복 촬영한 후 그 사진을 이어 붙여 만든 영상.

당화하려는 기획입니다. 정치학이라는 말이 다른 식으로 쓰이지 않았더라면 우리는 이를 정치학이라 부를 수도 있었겠죠. 이것은 일반적인 과학과 마찬가지로 오류 가능성이 있는 자기 비판적·자기 개선적·자기 의식적 탐구 과정으로, 그 목표는 모두의 복리를 최적화하는 규범과 법을 세워 유지하는 것입니다(여기서 모두가 누구를 말하는지, 최적화의 의미가 무엇인지는 언제든 비판과 수정의 대상이 될 수 있어요).

다원주의의 관점에서 보면, 우리가 각종 정책을 개혁하는 과정에서 시도하는 혁신들이 일종의 군비경쟁으로 이어진다는 사실을 알 수 있어요. 가령 (가장 단순한 예로) 새로운 법이 통과되면 그때마다 애초에 그 법이 만들어지는 원인을 제공한 사람들이 또다시 새 법의 허점을 찾으려 하면서 서로 대립하는 과정이 펼쳐지는 것이죠. 그러다 정말로 허점이 발견되어 그것을 이용하는 사람들이 생기면, 다시 법을 개정하거나, 법에 대한 불신이 커져 시행을 중지하거나, 법을 계속 시행해 의도치 않은 부작용을 초래하는 결과가 나타납니다. 법에 대한 존중은 (국가의 실패라는 재앙을 막으려면) 필요 불가결한 조건이기에, 대다수 합리적인 사람들이 지키고 존중할 만한 법을 만드는 것은 입법자들의 가장 중요한 과업이에요.

여기서 주목할 점은 허점을 찾으려는 사람들이나 막으려는 사람들이 서로 대립하며 주도권을 잡으려는 과정에서 이러한 이치들을 표명하거나 머릿속에 떠올릴 필요가 없다는 것입니다. 사람들은 자신의 행동이 법에 어떤 문제를 가져올지 깊이 생각하지 않은 채 법의 허점을 찾아 이용하며, 반대로 법에 대한 존중이 어째서 안정된 국가의 근본 조건인지 정확히 알지는 못하더라도 존중의 중요성을 어렴풋이 인지하죠. 그보다 근본적이고 일상적인 도덕의 영역에서도 이와 같은 역동적인 상호 작용이 일어납니다.

아이를 키우는 부모는 아이가 자신이 세운 규칙과 방침을 존중하면서 충동을 억누르고 반성하고 배려하는 법을 배우고, 나아가 선택과 행동에 책임을 지며 도덕적 비판과 처벌까지도 받아들일 수 있는 행위자로 자라기를 바랍니다. 아이가 성인의 세계에 성공적으로 진입할 수 있도록 양육하고 사회화하는 일이 인내와 끈기, 판단력과 융통성이 필요한 고단한 과정이라는 사실은 누구나 잘 알죠. 인간에게 유전된 편향, 즉 자식을 보며 껴안고 싶을 만큼 귀엽고 사랑스럽다 느끼며 자식을 위해서는 희생도 마다하지 않겠다 생각하는 성향이 없었더라면, 아이를 키우는 일은 지금보다 훨씬 더 감당하기 힘든 짐이었을 거예요. 하지만 우리가 자녀를 사랑하고 보호하는 것은 유전자에 새겨진 자연스러운 성향이며, 인류는 도덕 원칙을 세우고 그것을 뒷받침하는 직관을 형성하는 과정에서 이런 성향을 현명하게 (대체로 무의식적으로) 이용해왔습니다.

요컨대 우리는 자녀를 일부러 '망치려' 하지 않아요. 단지 남보다 더 잘 해내느냐 아니냐에 차이가 있을 뿐이죠. 아이를

철학 논쟁

키우는 것은 사방에 실수와 함정이 도사리는 상황에서 줄타기 하듯 균형을 잡아야 하는 일입니다. 지나칠 정도로 아이를 탓하고 야단치면 아이는 자책감에 사로잡힌 어른으로 자라겠죠. 체벌이나 명백한 학대는 말할 것도 없고요. 그렇다고 지도를 너무 소홀히 하면 아이는 '자신의 탓이 아닌 문제로 인해' 권리와 자격이 무엇인지 제대로 이해하지 못하는 어른으로 자라며, 복잡한 사회에서 다른 성인들과 협력하는 데 필요한 자기 통제력을 발휘하지 못해 끊임없이 동료 시민이나 사회의 권위와 갈등을 빚을 겁니다.

이렇듯 서로 다른 위험 사이에서 균형을 잡는 것은 세심한 주의가 필요한 일이에요. 우리의 모든 행동이 공개되어 토론과 비판의 대상이 되고, 특정 대상에게 영향(그 대상을 위해서이기도 하지만, 주로 사회 전체의 이익을 위한)을 주려는 '의도가 알려지는' 상황에서는 특히 더 그렇죠. 앞서 '실천철학'을 언급한 이유는 우리 같은 학자들이 상아탑에 갇혀 일반 대중과 떨어져 있는 한 제대로 된 일을 할 수 없기 때문입니다. 학자라면 자신의 제안과 그를 뒷받침하는 근거들이 그 대상이 되는 사람들에게 어떤 영향을 미칠지를 반드시 고려해야 해요. 지금 우리는 목축이나 어업, 벽돌 쌓기 같은 일을 효율적·인도적으로 하는 방법을 찾는 게 아닙니다. 그런 경우라면 대상이 추론에 반응할지 어떨지 전혀 신경 쓸 필요가 없겠죠. 그러나 우리가 다루는 것은 언어를 사용하고 이해력을 갖춘 성인들이 어떻게 서로의 행동에 영향을 끼칠 것인가 하는 문제입니다. 학자들은 어떤 견해를 지지하건 간에 이 점을 잊어버리는 경우가 많아요.

예컨대 당신이 비난과 책임을 완전히 없애자고 제안한다면, 사회의 정당한 법을 따르며 도덕적인 삶을 사는 행위자가 받아야 할 존중을 대놓고 부정하는 일이나 다름없어요. 철학자 에린 켈리Erin Kelly가 단도직입적으로 지적하듯, "누군가가 최소한의 도덕적 역량을 지니는지 아닌지 판단할 수 있다고 전제하는 것은 오만하고 무례한 발상"[31]입니다. 무례하기 그지없는 온정주의는 차치하더라도, 사람들의 책임을 부정하는 견해들은 국가가 무슨 수로 최소한의 안전과 안정성을 보장할지 결코 설명하지 못해요(적어도 내가 보기에는 말이죠). 켈리는 그런 견해들을 다음과 같이 에둘러 묘사합니다.

"더 급진적인 관점에서 우리가 행위자로서의 입장을 완전히 버리고 인간을 자연적·인과적 질서의 일부로만 간주한다면, 책임을 포기하는 일도 가능할 것이다."[32] 그런데 과연 이런 일이 가능하기는 할까요? 나는 가능하지도 않을뿐더러, 그렇게 해서도 안 된다고 봅니다. 인사불성 상태에라도 빠지는 게 아닌 한, 우리 자신을 인과적 질서의 일부로만 여기는 건 불가능한 일이에요. 게다가 타인을 이런 수동적인 존재로 대하면서 정작 자신은 중요한 행위자로 간주하는 태도는 무례한 수준을 넘어 끔찍한 결과를 낳을 수 있습니다.

반대로 남녀노소를 불문하고(유아와 정신질환자까지 포함하여) 모든 사람을 완전한 도덕적 역량을 갖춘 존재로 취급하는 것도 마찬가지로 왜곡된 시각이에요. 이 경우에도 분별력을 갖춘 사람들이 제대로 존중받을 수는 없겠죠. 따라서 우리는 사람들의 도덕적 역량에 차이가 있다는 사실을 인정해야 해요. 지금껏 강조했듯, 이것이야말로 가장 기본적인 중심축이며, 원할 가치가 있는 자유의지의 다양성은 여기서부터 나옵니다. 앞서 설명한 긴 과정을 조감하듯 살펴보면 정치학자든, 윤리학자든, 철학자든, 시민이든 누구든 간에 현재의 도덕과 법 체계에 대한 존중을 유지하기 위해서는 평등과 균일성uniformity, 규칙을 포기하지 말아야 한다는 사실을 인정할 거예요. 하지만 정치적 자유를 최대한으로 보장하는 안전하고 행복한 국가를 만들려면 사법제도와 유죄 판결을 자비와 연민으로 누그러뜨리는 동시에, 고통을 최소화하고 갱생의 기회를 극대화하는 방향으로 처벌을 바꿀 필요가 있습니다. (물론 처벌 자체는 반드시 유지해야 합니다.) 오늘날 미국의 터무니없는 형벌 체계는 결국 참담한 실패로 끝나가고 있으며, 대중은 입법자들이 자신의 양심에 따르지 못할 바에는 유권자의 뜻에라도 따라야 한다며 목소리를 높이는 동시에 지나치게 징벌적인 '교정' 제도를 송두리째 뒤엎을 것을 요구하고 있어요.

문제는 범죄자들을 참혹한 환경에 수십 년씩 가둬두는 데만 있지 않아요. 유죄 판결을 받은 중범죄자들에게 낙인을 찍고 이후의 삶에 제약을 가하는 응보적 조치들은 주홍글씨처럼 평생 그들을 따라다니죠(켈리는 이를 '삶을 뒤바꿔 놓는 사회적 낙인' 이라 부릅니다).[33] 다행히 이러한 문제들을 바로잡을 기회는 아직 충분해요. 가령 플로리다에서는 최근 주민투표를 통해 중범죄 자의 선거권을 박탈하는 법을 폐지했고, 다른 주에서도 그 뒤를 따를 것으로 보이는데, 이러한 사례는 올바른 방향으로 가는 작지만 중요한 시도입니다. 사회적 평판을 회복할 수 있는지에 따라 앞으로의 삶이 결정되는 사람에게는 더 많은 장애물이 아니라 지원이 필요하죠. 사람들은 오래전부터 이 사실을 알고 있었지만, 그에 부합하는 정책이 시행되는 일은 드물었어요.

교정의 역사가 이토록 부침이 심했던 이유는 앞서 말한 군비경쟁의 관점에서 설명할 수 있습니다. 부모가 자녀를 도덕적 역량을 갖춘 성인으로 키우는 과정에서 벌어지는 상황과 비교하면 이해가 더 쉬울 것 같군요. 부모는 언제 자녀를 책임 있는 성인처럼 대하고, 언제 휴식을 줘야 할까요?

얼마 전 손주 하나가 제 엄마에게 이런 말을 하더군요. "근데 엄마, 착하게 지내는 거 너무 힘들어요!" 때로는 그건 정말로 힘든 일이 맞지만, 그렇다고 해서 잘못을 곧바로 용서한다면 아이는 부모가 결코 '진심으로' 야단치는 것은 아니라고 생각하기 쉽겠죠. 금지 조치가 강제성 없이 유명무실해진다면, 그 사실을 눈치채지 못하는 건 천사처럼 선하디선한 사람뿐일 겁니다. 그밖에 다른 사람들은 모두 상황에 따라 규칙을 지켰다 안 지켰다 하겠죠.

철학 논쟁

물론 아직 도덕을 배우지 못한 어린아이들만 순진하게 규칙의 한계를 시험하는 것은 아닙니다. 아이들처럼 순진해서 그러는 건 아니지만 어른들도 대부분 비슷한 행동을 하죠. 운전자들이 대부분 제한속도를 조금씩 초과해서 달리는 것처럼요. 그들은 아이들의 잘못을 넘어가주는 편이 현실적으로 나을 때가 있는 것처럼 법도 때에 따라 어느 정도 관대하게 시행될 수 있다는 사실을 알고 있습니다. 그렇게 하면 법을 시행하는 데 따른 불편과 비용이 확 줄어드니까요. 그렇다 하더라도 아이들이 애초에 잘못된 행동을 하려는 마음을 품지 않는 방향으로 생각하고 행동하는 습관을 기르고, 어른들이 나약함과 충동적인 감정에 휘둘리지 않도록 하려면, 잘못된 행동에는 반드시 원치 않은 (심지어 무서울 때도 있는) 결과가 따라야 합니다.

그런데 설령 우리가 법 체계를 개혁하더라도(법 체계 개혁 자체는 비교적 단순하고 현실적인 입법·사법 과제예요) 징벌적·응보적·반응적 도덕 태도라는 문제는 남아 있을 텐데, 이런 태도까지 뜯어고칠 가능성은 실제로 얼마나 될까요? 당신을 비롯한 몇몇 낙관론자는 비서구 문화권의 일부 국가를 예로 들면서 비난이라는 범주가 아예 없는 것은 아니고 변형되거나 완화된 형태로 존재하더라도 사회가 잘 작동할 수 있다고 주장하기도 하죠. 군비경쟁의 관점과 켈리의 예리한 분석은 이 문제를 이해하는 데 특히 중요한 열쇠입니다. 여기서는 유아기부터 학생 시절과 청소년기를 거쳐 성인이 되는 과정, 부모가 된다는 것은 물론,

그와 관련한 통과의례와 신화까지 아우르는 문화화 과정 전체를 생각해볼 필요가 있어요.

켈리는 형법과 달리 도덕적 비난이 늘 쟁점이 되지는 않는 불법행위법tort law에 주목합니다.[34] 두 법을 비교하는 켈리의 논의는 대단히 유익해요. 불법행위법상 불법 행위를 당한 피해자는 고소를 진행할지 말지를 선택할 수 있으며, 때로는 가해자의 사정을 봐주거나 넘어가기도 합니다. (아니면 그냥 신경을 안 쓸 수도 있죠.) 하지만 다행스럽게도 일부 피해자는 시간과 돈, 노력을 들여가며 자신의 권리를 행사하려 하죠. 우리는 모두 불법 행위자를 법정에 세워 승소한 피해자들의 덕을 보고 있는 셈이에요. 모든 사람이 소송에 적극적일 필요는 없으며, 자신과 다른 사람들의 권리가 침해되는 데 분노하고 그 권리를 지키기 위해 열정을 쏟는 주변 이웃에게 의지하는 일은 어느 정도 용인할 수 있습니다. 안정적인 사회는 상당수의 무임 승차자들을 받아들이면서도 문제없이 작동하니까요.

마찬가지로 자녀의 잘못된 행동을 늘 용서하고 결코 탓하지 않는 부모는 아이가 반사회적이고 도덕적 역량이 부족한 행위자로 자라더라도 일부분만 책임을 집니다. 우리는 부모에게 책임을 지울 필요가 없으며, 모든 책임을 부모에게 전가한다면 (그리고 그 부모는 다시 자신의 부모, 조부모, 혹은 주변 환경 전체로 책임을 떠넘기면서) 사회를 지탱하는 사회화 과정 전체가 흔들릴 거예요. 이런 식의 심각한 퇴행이 일어나지 않도록 막는 방법은 단

철학 논쟁

순합니다. 부모가 자신의 의무를 내팽개치든 말든 사회는 아이가 성인이 되는 순간부터 책임을 지운다는 사실을 부모들에게 (미래의 부모에게도) 알려주는 거죠. 사회는 이를 통해 자식의 행복을 걱정하는 인간의 본성을 자극해 부모가 도덕 교육에 최선을 다하도록 부추깁니다. 이런 방식은 대체로 잘 통하지만, 당연히 완벽할 수는 없어요.

그렇다면 부모의 무관심이나 더 심각한 문제로 인해 불행한 어린 시절을 보낸 사람들에게는 어떻게 대처해야 할까요? 아무리 많은 정보를 고려해 균형 있는 정책을 세우고 일부가 받는 불이익을 해결하기 위해 여러 개선책을 시행한다 해도, 문제가 되는 사례는 늘 있을 수밖에 없습니다.

그리고 우리가 무고한 사람을 처벌하는 것보다는 죄가(책임이) 있는 일부를 처벌하지 않고 두는 편이 낫다는 원칙을 세웠다고 가정하면, 문제는 여러 이유로 법을 지키는 데 어려움이 있어 위법한 행동을 한 불운한 사람들에게 집중되겠죠. 지금껏 나는 장기적으로 보아 운이 균등하게 작용한다고 주장해왔어요. 또 질서 잡힌 국가에서는 도덕적으로 무능한 사람으로 간주되어 평범한 시민이 누리는 일상적 자유를 대부분 잃는 것보다는 처벌의 위험을 감수하더라도 책임 능력을 갖추는 편이 낫다고 말해왔죠. 그러다 최근 당신과 몇몇 사람(톰 클라크Tom Clark, 브루스 월러)의 비판을 듣다 보니, 그동안 내가 지나치게 가혹한 견해를 표했다는 생각이 들더군요. 기울어진 운동장을 평평하게 만들 방법을 찾는 것은 분명 국가가 해야 할 일입니다. 그러나 그보다 인도적인 방식으로 처벌을 최소화하는(혹은 완전히 없애는) 대안이 있다는 주장은 여전히 인정할 수 없어요.

우리는 용서를 일반 원칙으로 삼아선 안 됩니다. 그건 사실상 모든 사람을 망치는 길이죠. 대신 우리가 추구해야 할 건 균형이에요. 어떤 균형이냐고요? 단번에 결정할 문제는 결코 아니죠. 처벌을 아예 하지 않는 것이나 늘 처벌만 하는 것 모두 지속 가능한 일이 아니며, 처벌을 대하는 사회 전반의 태도는 시간에 따라, 처벌의 시행이 가혹한지 느슨한지에 따라 얼마든지 바뀔 수 있어요. 일례로 철학자 앨런 기버드Allan Gibbard는 이 같은 사회공학적 쟁점을 통찰력 있게 분석하면서, 도덕 규범을 '고압적인' 유형과 '소심한' 유형으로 구별합니다.[35] 고압적인(개인에게 지나치게 많은 것을 요구하는) 규범은 위선과 의심을 조장하며, '다소 비효율적인 위협'을 가하는 경향이 있는 반면, 소심한 규범은 신중함과 이기심 사이에서 타협을 추구하므로 시민들의 지지를 더 쉽게 얻어낼 수 있죠.[36]

우리가 현재의 형벌제도를 재설계해서 누구나 불쾌하게 여길 만한 '잔인하고 이상한' 특성들을 제거하고, 비난에 관해 '소심한' 정책을 편다고 가정해보죠. 그렇다 해도 비난의 부정적 결과 중에는 우리가 포기해선 안 되는 것이 있어요. 켈리는 우리가 다음과 같이 비응보적인 이유에 따라 여러 형태의 비난으로 반응할 수 있다고 말합니다. "어떤 사람이 자신의 잘못된

철학 논쟁

행동으로 인해 고통받아 마땅하다고 생각해서가 아니라, 그 사람의 판단이나 태도가 그가 도덕에 따라 행동하리라는 믿음과 기대를 무너뜨리는 경우 [⋯] 우리는 실망, 슬픔, 후회, 비탄, 관계를 재협상, 제한, 중단하거나 설명과 사과를 요구하려는 의향으로 도덕적 비난을 표현할 수 있다."[37] 그러면서 켈리는 철학자 토머스 스캔런Thomas Scanlon의 논의를 인용해 이렇게 덧붙입니다. "스캔런에 따르면, (범법 행위에 대한-옮긴이) '적절한' 태도는 범법자에게 사회적·심리적으로 부정적인 결과를 초래하는데, 이러한 결과는 '범법자의 행동에서 드러나는 잘못만으로' 정당화할 수 있으며 바람직하기까지 하다."[38] 죄가 있다고 밝혀진 사람은 좋지 않은 평판을 받는 것이 당연해요. 다만 켈리의 주장대로 형사사법제도가 사람들이 범법자를 어떤 식으로 비난할지 공식적으로 정해줄 필요는 없겠죠. 범죄에 대한 유죄 판결은 사회가 신뢰할 수 없는 사람에 대한 정보를 널리 알리는 방법이에요. 반대로 유죄 판결과 처벌을 비공개로 한다면 형사사법제도는 조롱거리로 전락하겠죠. (응보주의자들은 이 문제를 직관적으로 어떻게 판단하는지 생각해봐야 해요. 비공개 처벌을 엄격히 금지해야 한다면 이유는 무엇인지, 아니면 그런 일을 허용할 수 있다고 보는지를요.) 바르게 행동하려 노력하는 사람을 그렇지 않은 사람과 똑같이 대하는 건 불공평할 뿐 아니라 모두가 늘 품고 있어야 할 의무감을 좀먹는 일입니다.

부모가 자녀를 꾸짖거나 벌을 줄 때 다른 사람들 눈에 띄지 않는 곳을 찾는다는 건 이런 점에서 흥미로운 일이에요. 아이가 친구나 다른 사람들로부터 안 좋은 평가를 받지 않도록 보호하고, 성인으로서 온전한 도덕적 책임을 지기 전에 자신의 행동을 바로잡을 수 있도록 한 번 더(두 번이고, 세 번이고 간에) 기회를 주려는 거죠. 이렇듯 잘못된 행동을 비공개로 처분하는 일은 암묵적으로 선택을 제시하는 것과 같습니다. '당신은 내가 자비를 베풀기를 바라나요, 아니면 당신을 존중하기를 바라나요? 후자라면 준비가 되었을 때 내가 알 수 있도록 해주세요. 내가 당신을 용서하며 도덕적 행동과 자기 통제력을 덜 요구한다는 것은 그만큼 당신을 믿을 만한 도덕적 행위자, 혹은 기댈 수 있는 사람으로 보지 않는다는 말입니다'라고 말입니다.

그런데 당신이 제안하는 갱생 제도는 도덕적 역량을 판단할 기준(책임과 자유의지)을 배제함으로써 사회로 복귀하길 바라는 수형자에게서 도덕적 행위자 모임의 회원 자격을 얻을 기회를 빼앗는 것이나 다름없어요. 그들이 바랄 수 있는 건 고작해야 거리를 돌아다녀도 괜찮다는 허가증 따위겠죠. 그뿐만 아니라 처벌을 없애는 것은 그들이 '사회에 진 빚을 모두 청산했다'고 주장할 권리를 박탈하는 일이기도 해요. 여기서 사회에 진 빚을 갚는다는 말은 엉뚱하게 해석할 여지가 크긴 하지만, 그렇다고 해서 부당하게 유죄 판결을 받고 10년간 징역을 살다가 풀려난 사람을 두고 미리 대가를 치렀으니 마음대로 중범죄를 저질러도 괜찮다고 할 사람은 없겠죠. 우리는 처벌을 범죄를 저지르기 위해 내야 할 비용처럼 취급해서는 안 됩니다.

어떤 사람이 범죄를 저지른 것으로 입증될 경우, 그 사실을 일반에 공개하는 건 그가 다시 도덕적 행위자 모임의 일원이 되기 위해 치러야 할 큰 대가예요. 정말로 모범적인 사회에서는 이것 자체가 가장 큰 처벌일 겁니다. 어떤 사람의 평판에 금이 가면, 직장을 갖거나 친구를 사귈 기회에 제약이 생기며, 이전까지 낯선 사람을 만날 때 으레 기대하던 선의를 더는 당연시할 수 없겠죠. 이런 식의 처벌을 완화하는 가장 효과적인 방법은 수형자들이 시민들에게 해를 끼치지 않는 믿을 만한 사람이 되었음을 입증할 기회를 최대한 많이 제공하는 것이라 봅니다. 물론 이는 지금도 뜨거운 논쟁거리 중 하나죠. 예를 들어 아동 성범죄자가 형기를 마친 이후에 익명으로 살 수 있도록 허용하려면—만에 하나 그런 일이 허용된다고 가정하면—어떻게 해야 할까요? 범죄에 대한 책임과 처벌을 폐지하자고 주장하는 입장에서는 이 문제를 어떻게 보는지 자세히 들어보고 싶군요.

카루소—— 댄, 나 역시 자연주의자naturalist*로서 도덕의 발생 과정을 진화론적 관점에서 요약한 당신의 설명을 기꺼이 인정합니다. 예를 들어 도덕이 '신으로부터 받은 선물도, 오

---

* 정신 현상을 포함한 모든 현상을 자연법칙의 산물로 보는 입장.

로지 유전을 통해서만 전해진 '본능'도 아니라는 말에는 전적으로 동의해요. 그러나 다음과 같은 주장들은 도저히 받아들일 수가 없군요. 당신은 (a) 자유의지와 도덕적 역량을 동일시하고, (b) 자유의지회의론자들이 도덕적 역량을 갖춘 사람과 그렇지 못한 사람을 구별하지 않는다는 잘못된 주장을 하고, (c) 사람들을 존중하기 위해서는 그들에게 응분의 몫을 지워야 한다고 보며, (d) 우리가 '서로의 행동에 영향을 끼치는' 유일하게 효과적인 방법은 울분과 의분, 도덕적 비난 등 자유의지와 관련한 반응적 태도와 판단, 처우를 유지하는 것이라 주장합니다.

예를 들어 당신은 이렇게 말했죠. "당신이 비난과 **응분에 기반한** 책임을 완전히 없애자고 제안한다면, 사회의 정당한 법을 따르며 도덕적인 삶을 사는 행위자가 받아야 할 존중을 대놓고 부정하는 일이나 다름없어요." 이런저런 주장을 고려하면 당신의 입장은 영국의 철학자 P. F. 스트로슨과 비슷해 보입니다. 스트로슨은 반응적 태도와 객관적 태도를 구별해야 한다고 주장한 것으로 유명하죠. 그는 우리가 어떤 사람을 비난받을 만하다거나 칭찬받을 만하다고 평가하는 근거는 도덕적 울분, 의분, 죄책감, 감사 같은 반응적 태도로 구성된 체계에 있다고 말합니다. 그리고 도덕적 책임과 관련한 관행이 이런 체계에 뿌리를 두는 한, 도덕적 책임 관념을 포기한다는 것은 반응적 태도를 버리고 타인을 차갑고 계산적으로 대하는 객관적 태도를 받아들이겠다는 뜻일 수밖에 없다고 주장하죠. 스트로슨과 그의 동료들에 따르면, 도덕적 책임을 송두리째 부정하는 것은 용납할 수 없는 자멸 행위일 뿐 아니라, 가능하지도 않은 일입니다. 모든 사람의 책임을 영영 면제하면 다음과 같은 일이 벌어진다는 것이 그 이유죠. "모든 사람이 자신이 무엇을 하는지 알지 못하고, 목적을 생각하지 않은 채 이해할 수 없는 행동을 하며, 도덕 감각moral sense 없이 망상만이 가득한 세상에서 살게 될 것이다."[39]

스트로슨의 말에도 귀담아들을 점은 있지만, 그의 주장은 내가 지지하는 자유의지회의론과 상충합니다. 가령 피어붐과 나는 객관적 태도가 인간관계를 해칠 것이라는 말에는 일리가 있다고 봅니다.[40] 그러나 결정론이 반응적 태도의 근간을 흔든다고 한다면, 스트로슨의 주장은 설득력이 떨어지겠죠. 예컨대 자유의지회의론이 옳다면, 스트로슨이 강조한 울분, 의분 등의 도덕적 분노는 정당성이 약해지고, 도덕적 우려, 실망, 슬픔, 도덕적 결의처럼 대안으로 택할 수 있는 다른 태도가 더욱 중요해질 것입니다. 자유의지회의론에서는 반응적 태도 전체가 아니라 자유의지와 관련 있는 태도만을 거부한다는 사실을 잊어서는 안돼요. 낙관적 회의론자들은 앞서 예로 든 대안적 태도들이 회의론적 믿음에 모순되지 않는다고 주장합니다. 이러한 태도들은 회의론과 상충하는 가정에 기대지 않으며, 결정론으로 인해 흔들릴 여지도 없기 때문이죠. 따라서 회의론을 받아들이더라도 스트로슨이 말한 객관적 태도만이 유일한 선택지로 남지

는 않으며, 대안적 태도만으로도 우리가 중요하게 여기는 인간 관계를 충분히 유지할 수 있습니다.[41]

두 번째로, 자유의지회의론과 공중보건격리모형은 도덕적 역량을 지닌 행위자와 그렇지 않은 행위자의 차이가 범법자를 어떻게 대할 것인가 하는 문제와 무관하다고 보지 않습니다. 오히려 자유의지회의론자들은 대부분 이런 차이를 범죄에 대한 적절한 반응을 결정하기 위한 핵심 근거로 간주합니다.[42] 도덕적 책임을 전망적 관점에서 설명하는 피어붐의 주장이나 몇몇 철학자가 말하는 응답적 책임을 다시 한번 생각해보죠. 이러한 책임 개념을 주장하는 사람들에 따르면, 행위자는 원칙적으로 자신의 행동이나 태도를 설명하라는 다른 사람들의 요구에 평가적 판단을 발휘하여 충분한 답을 할 수 있는 경우에만 책임을 집니다.[43] 이러한 유형의 책임에는 당연히 도덕적 역량이 요구되죠. 예를 들어 명백히 부도덕한 행위를 저지른 사람을 본다면 이런 질문을 하는 게 지극히 타당합니다. "그런 행동을 하기로 마음먹은 이유가 뭔가요?" "그것이 정당한 행동이라고 생각했나요?" 이에 행위자가 도덕적으로 만족스러운 답을 제시하지 못한다면, 우리는 그가 자신의 행동에서 드러나는 의도와 기질을 비판적으로 평가하도록 이끌고, 이제부터 마음을 고쳐먹도록 요구할 수 있죠.

피어붐은 부도덕한 행동과 그에 따른 결과로 해를 입었거나 신변에 위협을 느낀 사람들의 권리를 고려하면, 이런 식의

철학 논쟁

상호작용은 충분히 합리적이라고 말합니다. 그뿐만 아니라 우리가 범법자와의 화해를 중시한다면, 그가 자신의 행동을 설명하도록 요청하는 것은 화해라는 목표에 더 가까워지는 길이죠. 또 이러한 상호작용은 범법자의 도덕 형성이라는 목표를 이루기 위해서도 반드시 거쳐야 할 단계입니다.[44] 이처럼 전망적 책임 개념은 응분에 기대지 않는 세 가지 필수 요건(미래의 보호, 화해, 도덕 형성)을 근거로 도덕적 반대를 정당화하기에 자유의지회의론에 완벽히 부합하죠.

공중보건격리모형 또한 범법자가 도덕적 역량과 이유에 반응하는 능력을 지니는지를 적어도 두 가지 이유에서 중요하게 생각합니다. 그 이유는 앞에서도 설명했지만, 다시 한번 요약할 필요가 있어 보이는군요. 첫째, 그러한 능력은 개인이 향후 어떤 종류의 위험을 초래할 수 있을지, 그를 무력화할 필요가 있는지를 평가하는 중요한 기준입니다. 예를 들어 심각한 정신질환을 앓는 범법자는 도덕적 역량을 갖춘 사람이나 이유에 온전히 반응할 수 있는 사람과 큰 차이가 있죠. 사람들을 적절히 보호하기 위한 최소한의 제한 조치가 무엇인지 판단하려면 반드시 이런 차이를 고려해야 합니다. 둘째, 이유 반응성에 문제가 없는 범법자라면 합리적 사고와 자기 통제력을 고려하여 처우를 결정하는 것이 합당합니다. 반대로 합리적 판단이나 자기통제에 문제를 겪는 사람은 가능하면 그런 능력을 회복하도록 돕는 방식으로 달리 대처해야겠죠. 이 경우 범법자의 재범을 방지하고 사회복귀를 돕는 효과적인 정책을 세우려면 그런 능력에 문제를 초래한 여러 원인을 이해하는 것이 중요합니다.[45] 따라서 자유의지회의론과 공중보건격리모형은 모두 도덕적 역량과 이유 반응성, 자기 통제력을 중요하게 여기며, 사람마다 주체성의 수준에 차이가 있음을 인정합니다. 다만 이러한 능력을 행위자를 비난하고 기본적인 응분에 따른 도덕적 책임을 지울 근거로 삼는 것이 아니라, 앞으로 어떤 행동 방침이 적절할지를 판단하는 중요한(사실상 없어서는 안 될) 기준으로 볼 뿐이죠.

세 번째로 공중보건격리모형이 격리와의 유사성을 바탕으로 무력화를 설명하는 것은 사실이지만, 이는 어디까지나 무력화와 격리를 정당화하는 논리의 유사성을 뜻한다는 점을 놓쳐선 안 됩니다. 격리모형은 범법자를 '아프거나 병든' 사람으로 간주하지 않아요. 범죄자는 정신적으로 문제가 있거나 무능력해서 그런 행동을 한다고 보는 사람도 있지만, 그런 주장에는 대다수가 반대하죠. 능력에 문제가 있는 사람과 그렇지 않은 사람을 구별해야 하는 것이 중요한 이유는 바로 앞에서 설명했습니다. 그러므로 나는 브루스 월러가 '면제 확대주의excuse-extensionism'라 부르는 논리를 단호히 거부합니다. 면제 확대주의에서는 도덕적 책임을 면제할 수 있는 유일한 근거는 어떤 사람을 도덕적으로 무능력한 (그리고 책임을 면제받은) 존재로 만드는 특성뿐이라 가정하죠.[46] 스트로슨과 당신의 입장은 도덕적 책임 체계를 상정하는 데서 출발하므로, 도덕적 책임을 부정하는 주장을 터무니없는 자멸 행위로 봅니다.

반면 응분에 따른 도덕적 책임을 송두리째 부정하는 견해는 일반적인 상황이라면 인간은 도덕적으로 책임을 진다는 가정에서 출발하지 않으므로, 책임을 면제받는 사람을 서서히 늘리며 모든 사람의 책임을 면제하는 방향으로 나아가려 하지도 않아요(이는 곧 모든 인간이 심각한 결함을 지닌 존재라는 뜻이 되겠죠). 이런 식의 논리는 말도 안 되는 모순에 빠질 수밖에 없어요. 대신 회의론자들은 최소한의 능력을 갖춘 사람은 응분에 따른 도덕적 책임을 진다는 가정과 그에 바탕을 둔 기본적인 체계를 부정하는 쪽을 택합니다. 응분 체계를 통째로 부정하고 그 체계에서 제시하는 규칙을 거부하는 것이죠. 따라서 도덕적 책임을 부정하면 다음과 같은 결과가 나타나리라 말하는 것은 회의론을 왜곡하는 일입니다. "모든 사람이 자신이 무엇을 하는지 알지 못하고, 목적을 생각하지 않은 채 이해할 수 없는 행동을 하며, 도덕 감각moral sense 없이 망상만이 가득한 세상에서 살게 될 것이다."[47] 이런 세상을 바라는 회의론자는 아무도 없어요.

네 번째로 당신의 이런 주장에는 적극 동감합니다. "진화론적인 사고를 가진 사람들은 진화 과정에서 살아남은 방식(사상, 관행, 개념, 정책)이라면 무엇이든 그것을 받아들인 인류와 부족, 혹은 개개인과 개인들로 구성된 집단에 이로운 것으로 입증되었다 단정하지 않습니다. 진화론적 사고란 으레 그러리라 생각한다면, 완전히 잘못짚은 것이에요. 확고히 자리 잡은 사고방식이나 행동방식 중 일부, 혹은 상당수는 사실상 숙주의 심리적 약점을 이용하는 문화적 기생충이라 해도 과언이 아닙니다. 당신이라면 응보주의를 그런 기생충으로 분류하겠죠." 이는 우리가 서로 동의할 수 있는 중요한 조건이지만, 동시에 우리의 견해가 부딪치는 주요 지점 중 하나를 잘 보여주는 대목이기도 해요.

우리 둘 다 응보주의를 문화적 기생충으로 분류하겠지만, 나는 한발 더 나아가서 울분, 의분, 도덕적 비난 같은 반응적 태도까지도 같은 범주로 포함합니다. 낙관적 회의론자의 관점에서 이러한 반응적 태도들은 근거가 빈약하며, 도덕 형성과 화해, 안전 같은 목표를 추구한다면 대안적 태도를 통해서도 효과적으로 '서로의 행동에 영향을 끼치는' 일이 가능하다 보기 때문입니다. (적어도 이는 경험적 검증이 필요한 열린 문제이므로 선험적 추론만으로 해결할 수 없어요.)

마지막으로 나는 자유의지와 응분에 따른 도덕적 책임이 결정론과 운 모두와 양립할 수 없다고 보는 양립불가론자로서 자유의지와 도덕적 역량을 동일시하는 당신의 주장에 반대합니다. 우선 현재의 제도와 관행들은 고정되어 있지 않으며 언제든 바뀔 수 있어요. 당신이 직접 여러 차례 강조했듯, 사회적으로 구성된 도덕 체계는 '지적 설계자들'(철학자들처럼 정보를 바탕으로 토론하는 '설득의 장'을 이용해 동료 구성원들이 관행을 바꾸고 개선하도록 설득하는 사람들)이 끼치는 영향에 민감하게 반응하죠. 마찬가지로 앞선 대담에서 논의한 자유의지에 반대하는 논증들은 우리의 관행과 태도, 판단을 바꿀 수 있고, (내 생각에는) 바꿔야만 합니다. 가장 중요한 철학적 물음은 현재의 관행을 정당화할 수 있는가이지, 그것이 자연스러운가가 아니라는 점을 잊어서는 안 되겠죠. 그리고 적어도 나는 (이 문제로 당신을 더 설득하려 들 생각은 없습니다만) 조작 논증을 통해 도덕적 역량이 자유의지의 필요조건이지만 충분조건은 아니라는 점을 보여주었다 생각합니다. 왜냐하면 조작 논증에서 행위자는 도덕적 역량이 있더라도 신경과학자 집단처럼 외부의 영향에 의해 조종당할 수 있으며, 기본적·비기본적 응분에 따른 도덕적을 질 수 없다고 직관적으로 판단할 수 있으니까요.

데닛——— 아무래도 당신은 내가 '기본적인 응분에 따른 도덕적 책임'을 논점을 흐리는 말로 여긴다는 사실을 자꾸 잊어버리는 것 같군요. 두 번째 대담에서 칸트의 유명한 섬 사례를 논하면서 나는 응보주의를 일고의 가치도 없다고 보는 이유, 일상에서 쓰는 응분 개념을 결과주의적으로 설명함으로써 응보주의를 대체하자고 제안하는 이유를 똑똑히 밝혔어요. 여기서 말하는 응분은 칸트의 주장과는 관계가 없으며, 조금 전 얼개만 간단히 제시한 도덕과 처벌 이론에 마땅히 포함되어야 할 요소입니다. 그리고 이 이론에서 설명한 맥락에 딱 들어맞는 자유의지 개념은 책임질 수 있고 믿을 수 있는 자기 통제력이에요. (도덕적 행위자 모임의 일원이 될 자격이라고도 말할 수 있죠.)

　　당신은 자유의지를 '기본적인 응분에 따라 도덕적 책임을 지는 데 필요한 행동 통제력'으로 정의하죠. 그런데 어떤 통제력을 말하는 건가요? 당신은 결정론이 '우리는 결코 달리 행동할 수 없다'는 뜻을 함축하므로 이로 인해 인간은 제대로 된 통제력을 지닐 수 없다고 생각하겠죠. 하지만 앞서 말했듯, 일상에서 사람들이 누군가의 도덕적 책임을 면해주면서 '달리 행동할 수 없었다'는 말을 할 때, 그 의미는 결정론과 아무 관계가 없어요. 우리처럼 (결정론적인 세계에서도) 자기통제가 가능하며 높은 자유도를 지닌 사람에게는 도덕적으로 중요한 의미에서 달리 행동할 능력이 있습니다. 그리고 (존 매카시의 딸 세라가 말했듯) 어떤 일을 '할 수 있지만 하지 않을 때' 드러나는 자유의지를 적절히 통제함으로써 우리는 피어붐이 말한 '응답적 책임'이나 내가 말하는 도덕적 책임을 지는 것이죠. 이어서 당신은 회의론자들의 주장을 이렇게 설명했어요.

　　자유의지회의론과 공중보건격리모형은 모두 도덕적 역량과 이유 반응성, 자기통제를 중요하게 여기며, 사람마다 주체성의 수준에 차이가 있음을 인정합니다. 다만 이러한 능력을 행위자를 비난하고 기본적인 응분에 따른 도덕적 책임을 지울 근거로 삼는 것이 **아니라**, 앞으로 어떤 행동 방침이 적절할지를 판단하는 중요한(사실상 없어서는 안 될) 기준으로 볼 뿐이죠.

내가 보기엔 이 또한 그게아니라술에 해당합니다. 처벌에 뭐라고 이름을 붙이든 간에, 처벌이 '적절한 행동 방침'일 때가 있음을 당신도 인정했으니 더더욱 그렇죠. 덧붙여, 당신의 격리 제도를 공정하게 운영하려면, 적절한 행동 방침(제재, 무력화, 때에 따라 강제적인 보호시설 수용까지 포함하는 방침)을 응분에 따라 정해야 해요. (물론 칸트식의 '기본적인 도덕적 응분'과는 무관한 의미에서요.) 앞서 당신이 인용한 미첼 버먼의 말을 다시 한번 빌려보죠. "타인이나 사회의 중대한 이익에 용납할 수 없는 손해를 끼쳤거나 그럴 만한 위험을 초래한 사람은 그 선택에 대한 응분의 대가를 치러야 하며, 그 대가의 크기는 타인에 대한 존중과 배려라는 의무를 얼마나 등한시했느냐에 따라 정해진다." 당신은 이를 '응보적' 응분 개념을 정의하는 말로 받아들이지만, 내게는 나의 결과주의적 해석에 꼭 들어맞는 말로 보입니다.

또, 당신은 P. F. 스트로슨과 나의 입장이 "비슷해보인다"고 말하면서 그의 주장을 비판했어요. 그런 다음 스트로슨과 내가 "도덕적 책임 체계를 상정하는 데서부터 출발한다"고 말했죠. 천만에요. 바로 앞에서 도덕적 책임 체계가 어떻게 자연 상태로부터 출현했는지, 그 과정이 얼마나 자연스럽고 정당한지를 꽤 오랫동안 설명하지 않았던가요. 아무래도 다른 토론 상대와 착각하고 한 말이 아닌가 싶군요. 이어 당신은 스트로슨과 내가 "도덕적 책임을 부정하는 주장을 터무니없는 자멸 행위로 본다"고 덧붙였지만, 마찬가지로 나는 어디서도 그런 생각을 내비친 적이 없어요. 앞서 자유의지론 전반을 날카롭게 꼬집은 스트로슨의 '겁에 질린 모호한 형이상학'이라는 말을 인용하며 동감을 표하기는 했지만, 그의 견해를 지지한다고 밝힌 적은 없습니다. 스트로슨을 비판한다 해서 당신에게 어떤 이득이 있는지는 모르겠지만, 설령 득 될 만한 것이 있다 해도 그와 나를 한데 묶어서 볼 이유는 없어요.

카루소── 우선 내가 행위자는 기본적인 응분에 따른 도덕적 책임을 지는 데 필요한 행동 통제력을 지니지 않는다고 보는 이유는 결정론이 '우리는 결코 달리 행동할 수 없다'는 뜻을 함축해서가 아닙니다. 나는 (여지 양립불가능론이 아니라) 시종일관 원천 양립불가능론에 가까운 입장을 고수해왔습니다. 원천 양립불가능론은 행위자가 행동의 진정한 원천이라거나 행동을 온전히 통제할 수 있다는 믿음이 결정론에 모순된다고 보죠. 요컨대 나는 "도덕적 책임을 질 수 있다는 의미에서 자유로운 행동이란 행위자가 통제할 수 없는 인과적 요인들로부터 유래한 결정론적 과정에 의해 유발되지 않을 때만 비로소 가능하다"는 피어붐의 주장을 지지합니다. 또, 그렇기에 양

립불가능론을 최대한 분명하고 설득력 있게 제시하려면 대안
적 가능성이 아니라 행동의 인과적 배경에 관심을 기울여야 한
다고 보죠. 두 번째 대담에서 다룬 두 가지 양립불가능론적 논
증(조작 논증과 강한 운 논증)이 대안적 가능성이 아니라 행위자가
하는 행동의 인과적 배경에 초점을 맞추는 이유는 여기에 있습
니다. 당신이 아직 이 점을 정확히 이해하지 못했다니 뜻밖이
군요.

두 번째로, 나는 양립불가능론자로서 자유의지론자, 그중
에서도 행위자 원인 자유의지론자들이 기본적인 응분에 따라
도덕적 책임을 지는 데 필요한 행동 통제력을 전제한다고 봅니
다. 당신과 달리 나는 이것을 앞뒤가 안 맞는 관념으로 여기지
않아요. 자유의지 논쟁과 무관하다고 생각하지도 않고요. 사람
들은 보통 자신에게 이러한 통제력이 있다고 믿으니까요.[48] 따
라서 내가 자유의지론에서 말하는 자유의지 관념에 반대하는
이유는 앞뒤가 안 맞아서가 아니에요. 지금까지 나온 가장 뛰어
난 철학·과학 이론들이 세계를 설명하는 방식에 크게 어긋나기
때문이죠.

세 번째로, 만약 당신이 '피어붐이 말한 응답적 책임'이나
당신이 말하는 '도덕적 책임'을 지는 데 필요한 '자유의지'만을
옹호하고자 한다면, 우리는 서로의 이야기를 이해하지 못한 채
각자의 주장만 반복한 셈입니다. 요컨대, 당신이 진짜 옹호하려
는 것이 논란의 여지가 큰 의무적 책임accountability responsibility

관념이 아니라 응답적 책임 관념이라면, 우리의 생각은 대체로 일치한다는 말입니다. 그렇다면 이 대담은 자유의지회의론의 승리로 끝이 난다고 봐야겠죠. 일반적으로 의무적 책임은 지금 우리가 논의 중인 자유의지 개념을 전제한다고 보지만, 응답적 책임은 (앞서 설명한 것과 같은 이유로) 그렇지 않기 때문입니다. 하지만 정말로 당신의 견해를 회의론의 일종으로 볼 수 있는지 판단하려면, 먼저 당신이 응분 관념을 어떻게 생각하는지를 확실히 알아야겠습니다. 당신은 "응보주의를 일고의 가치도 없다" 여기며, "일상에서 쓰는 응분 개념을 결과주의적으로 설명함으로써" 응보주의를 대체해야 한다고 말하면서 이렇게 덧붙였죠. "여기서 말하는 응분은 칸트의 주장과는 관계가 없으며, 조금 전 얼개만 간단히 제시한 도덕과 처벌 이론에 마땅히 포함되어야 할 요소입니다." 하지만 그러고서는 곧바로 온건한 응보주의를 주장하는 미첼 버먼의 말에 동의를 표하며, 그의 응보주의적 응분 개념이 당신의 "결과주의적 해석에 꼭 들어맞는다"고 말했어요. 서로 앞뒤가 안 맞는다고밖에는 볼 수가 없는 이야기죠. '응분'에 대한 당신의 해석이 버먼과는 다르거나, 당신의 입장이 결과주의적 요소와 응보주의적 요소를 모두 담고 있거나 둘 중 하나일 겁니다.

그러니 공중보건격리모형에 대한 논의는 이쯤하고, 당신의 견해로 넘어가는 것이 어떨까 합니다. 특히 응분과 처벌에 관한 생각을 좀 더 자세히 듣고 싶군요.

데닛── 다음 논의를 위해 한 가지만 짚고 넘어가죠. 당신은 "행위자가 행동의 진정한 원천이라거나 행동을 온전히 통제할 수 있다는 믿음이 결정론에 모순된다"고 보죠. 하지만 나는 우리가 결정론과 무관하게 진정한 통제력을 지닐 수 있다는 것을 이미 설명했습니다. 당신과 '자유의지회의론자들'은 통제를 설명할 다른 방안을 제시하고, 결정론이 행위자가 자신의 행동을 '온전히' 통제할 수 없게 만든다고 보는 이유를 확실히 밝혀야 해요. '온전한' 통제라는 게 무슨 뜻이든 간에요. 결정론이 참이라면, 피어붐의 표현대로 모든 사건이 '행위자가 통제할 수 없는 인과적 요인들로부터 유래'하겠죠. 그런데 그게 뭐 대수인가요? 행위자가 통제할 수 없는 인과적 요인들이 행위자를 통제하지는 않아요. 당신의 과거나 선사 시대가 당신을 통제하지 않는 것처럼요. 어떤 주체적 행위자도 세상에 존재하기 전에 일어난 인과적 요인들을 통제할 수는 없어요. 하지만 그런 뻔한 사실이 행위자가 '온전한' 통제력을 지니지 않는다는 뜻이 되는 것은 아니죠.

카루소── 자유의지를 지니려면 어떤 통제력이 필요한지에 대해서는 서로의 의견이 완전히 엇갈리는군요. 나는 조작 논증과 강한 운 논증을 통해 당신이 말하는 통제력으로는 충분하지 않은 이유, 즉 조종당한 행위자는 양립가능론에서 말하는 통제력 조건을 충족하지만, 그에게 응분에 따른 책임을 지우는 일은 직관적으로 옳지 않다는 점을 설명하고자 했습니다. 하지만 이제 두 논증에 대한 이야기로 되돌아가기보다 논의를 계속 진행하는 편이 좋겠죠. 그전에 당신이 공중보건격리 모형을 비판하면서 언급한 사례 하나만 간략히 짚고 넘어가겠습니다. 이 문제를 은근슬쩍 넘어가려 한다는 인상을 주고 싶지는 않으니까요.

폭력 성향을 없애주는 알약의 예를 들면서 당신은 다음과 같은 상황을 제시했죠. "사람들의 '폭력적인 범죄 성향'을 낮게 해주는 알약이 발명되었다고 생각해보죠. 나는 아직 폭력적인 행동을 하지 않았고, 그 약을 먹지도 않았습니다. 그런데 도저히 참고 살 수 없는 이웃이 한 사람 있어서 그를 위협해 쫓아내기로 마음먹어요. 나는 그를 찾아가 때릴 것처럼 위협하고 물건을 부수고 개를 발로 차는 등 갖은 행패를 부린 끝에 그를 동네에서 쫓아낸 다음, 약을 먹습니다. 이 경우 나를 격리할 이유가 전혀 없지 않나요? 폭력적인 성향이 사라졌으니까요." 우선 나는 앞으로 사회에 위협이 되지 않을 사람에게 자유를 제한하는 조치를 가해서는 안 된다고 보기에, 이는 정말로 흥미롭고도 까다로운 문제라는 점을 인정하겠습니다. 그렇기는 해도, 대답 삼아 몇 가지 문제를 이야기해보죠.

먼저 당신이 조작 사례를 두고 그랬듯 나도 (그럴 마음만 있다면) 그런 약이 어떤 면에서 윤리적으로 부적절한지 지적하면서 이 사례의 기본적인 가정에 의문을 제기할 수 있습니다.

예를 들어 그 약은 복용한 사람의 됨됨이를 싹 바꾸는 건가요? 그 약을 먹으면 이유에 반응하는 능력이 아예 사라지나요, 아니면 약해지나요? 나라에서 그 약을 '폭력적 범죄 성향'을 '치료'하는 수단으로 보고, 범죄자들에게 강제로 먹이는 것은 윤리적으로 옳다고 판단하나요? 그렇지 않다면 나라에서 폭력적인 범죄자들에게 약을 먹을지, 계속 제한 조치를 받을지 '자발적으로 선택'하도록 하는 것은 윤리적으로 문제가 없을까요? 물론 나역시 답을 내놓기는 어려운 문제들입니다. 하지만 공중보건격리모형에서는 그런 약을 폭력 범죄의 '해결책'으로 쓰는 데 반대할 수 있고, 또 십중팔구 반대할 테니, 이런 의문을 제기하는 일이 중요한 것이죠.[49]

어쨌든 당신이 던진 물음에는 솔직히 답하겠습니다. 여느 철학자들처럼 곤란한 문제에 맞닥뜨리면 계속 질문만 하거나 주제를 바꾸면서 요리조리 피하는 건 딱 질색이니까요. 그 약을 먹었을 때 더는 사회에 위협이 되지 않는다고 백 퍼센트 확신할 수만 있다면, 이를 악물고서라도 당신을 무력화하는 것이 잘못된 일이라고 주장하겠습니다. 대다수가 이 사례에서는 응분의 처벌이 필요하다는 응보주의적 직관에 공감하겠지만, 나는 내 이론이 내건 약속에 따라 직관의 방향을 결정하겠습니다. 이론을 세우는 데는 늘 일종의 반성적 평형reflective equilibrium*이 필요합니다. 처음에는 직관이 이론을 세우는 과정을 주도하고 큰 영향을 끼치지만, 한층 더 어려운 문제에 맞닥뜨릴 때는 이론을 활용해 직관이 나아갈 길을 찾을 수 있죠. 나는 이 사례가 그런 어려운 문제라 생각합니다. 당신은 내 이론이 잘못된 전제에 기 댄다고 보겠지만 (선결문제 요구의 오류를 범하지 않는 한) 꼭 그렇다고 단정할 수는 없죠.

하지만 나는 다음 두 가지 이유를 함께 고려하면 사람들 이 내 선택에 조금은 더 공감할 수 있으리라 생각합니다. 첫째, 무력화가 이 사례의 유일한 쟁점은 아닙니다. 예를 들어 이웃은 불법행위법에 따라 당신에게 손해배상을 청구할 수 있어요. 또 격리모형에서는 당신과 이웃이 함께 화해를 위해 노력하도록 회복적 사법 절차를 권고할 겁니다. 그러니 약을 먹는다 해서 만사가 해결되지는 않겠죠.

다음으로 두 번째 이유가 중요하다고 보는데, 폭력적인 행 동으로 목적을 이룬 다음 약을 먹기로 계획하고 실행에 옮긴 사 람은 나중에도 사회에 위협이 될 가능성이 있습니다. 따라서 우 리는 그의 성격 특성과 성향이 비슷한 범죄 행위를 저지를 가능 성을 높인다고 판단할 수 있죠. (물론 알약이 복용자의 도덕성을 완전히 바꾸고 앞으로 범죄를 저지를 가능성을 원천 차단한다고 가정한다면 이야기는 다릅니다.) 이런 경우 무력화는 아니더라

---

* 존 롤스가 《정의론》에서 제시한 탐구 원칙으로, 어떤 원리를 내세운 다음, 그와
  일치하지 않는 현상을 원리에 비추어 상호 조정하는 과정을 일컫는다.

철학 논쟁

도 감시, 관찰 등의 대처는 정당하다고 볼 수 있습니다.

데닛—— 피하지 않고 솔직히 답해줘서 고맙군요, 그레그. 나도 당신처럼 내 사례를 이리저리 뜯어고치는 데 매달릴 마음은 없습니다. 기꺼이 그런 식의 논쟁에 뛰어드는 철학자들도 있겠지만요. 그런데 당신은 이웃이 나를 고소할 수 있다는 점을 지적했지만, 소환장이야 무시하면 그만입니다. 격리모형에서는 소환에 응하지 않아도 불이익이나 처벌을 받지 않을 테니, 소환장이 무슨 소용이겠어요. 그리고 나는 회복적 사법 절차를 거치라는 권고도 무시할 것이고, 이웃도 그런 권고를 받아들이지 않을 거라 봅니다. 이상입니다.

카루소—— 그건 순 억지예요, 댄! 약을 먹으면 그런 생각을 품지도 않을 것이고, 반발심도 사라질 겁니다.

데닛—— 그래요, 나는 이 정도 억지를 부릴 여지는 남아 있어야 한다고 봅니다. 당신은 그렇지 않나요? 국가의 법에 시민 불복종으로써 저항할 능력조차 사라진다면, 나는 약을 먹지 않을 거예요. 당신과 달리 내가 지지하는 제도는 사람들의 저항에 대처할 능력이 검증된 정당한 방안들을 갖추고 있습니다. 코로나19 위기에서도 그런 방안을 활용해 안전하게 사람들의 건강을 지킬 수 있기를 바랄 뿐이에요.

카루소—— 그건 부당한 비판이에요. 공중보건격리모형에서도 사람들의 저항에 충분히 대처할 수 있습니다. 단지 덜 규탄적인 방식을 사용하고 더 많은 제약을 두는 것뿐이에요.

데닛—— 당신이 보기엔 그렇겠죠.

응분과 양립가능론

카루소—— 내가 보기에 우리의 견해 차이는 꽤 단순합니다. 나는 처벌의 정의에서 벗어나는 비징벌적 대안을 추구하며, 이 대안은 어떤 경우에도 행위자가 기본적인 응분에 따라 책임을 지도록 요구하지 않습니다(여기서 기본적인 응분이란 내가 중시하는 응분을 말합니다). 에볼라 바이러스에 감염된 사람을 격리하는 일은 그의 자유를 제한하지만, 처벌이 아니죠. 또, 우리는 지금 논쟁 중인 관념들, 즉 자유의지, 기본적인 (또는 비기본적인) 응분에 따른 도덕적 책임, 응분의 몫, 응보 등에 전혀 기대지 않고도 격리를 정당화할 수 있어요. 만약 당신이 이러한 생각을 기꺼이 받아들인다면, 우리의 차이는 아주 사소한 것이 되거나 아예 사라질 수도 있습니다. 그럴 경우, 당신의 견해는 지금 논의 중인 자유의지에 기댈 필요가 없다는 점에서 회의론과 별반 다르지 않겠죠. 하지만 당신은 분명 이런 생각에 동의할 마음이 없을 겁니다. 당신은 응분 관념에 처벌을 정당화하는 중대한 역할을 부여하니까요.

앞서 당신이 우리의 차이로 지적한 부분 역시 중요한 의미가 있습니다. 당신은 "제재와 무력화의 대상을 응분의 책임이 있는 사람으로 제한해야 한다"고 보는 점에서 나와 생각이 다르다 말했죠. 여기서는 응분을 요구하는 두 가지 방식을 구별하고, 그 차이가 처벌을 논의하는 데 어떤 영향을 주는지를 반드시 짚고 넘어갈 필요가 있겠군요. 처벌을 다루는 연구자들은 보통 소극적 응분 요구negative desert claim와 적극적 응분 요구positive desert claim를 구별합니다.

알렉 월런은 '스탠퍼드 철학 백과사전'의 '응보적 정의' 항목에서 이렇게 설명합니다. "응보주의는 적극적·소극적 응분 요구를 모두 포괄한다. 적극적 응분 요구란 범법자가 범법 행위에 따라 도덕적으로 응분의 처벌을 받아야 한다는 주장이다." 그러면서도, "소극적 응분 요구는 잘못을 저지르지 않은 사람은 처벌을 받지 않아야 한다는 주장으로 적극적 응분 요구를 보완한다. 소극적 응분 요구는 범죄를 저지르지 않은 사람(응분의 처벌이 필요치 않은 사람)을 처벌하거나 죄가 있는 사람을 응분 이상으로 처벌하는 일, 즉 행위에 비례하지 않는 처벌을 부과하는 것을 금지한다."[50] 조금 전 인용한 당신의 말은 소극적 응분 요구를 염두에 두고 한 말이 분명합니다. 그렇다면 당신은 적극적 응분 요구에도 동의하나요?

이 질문은 몇 가지 이유에서 중요합니다. 첫째, 만약 당신이 소극적 응분만을 지지한다면, 당신의 견해는 응분에 기대지 않고 소극적 응분에 의해서만 일부 제약을 받는 결과주의라 할 수 있습니다. 이 경우 응분은 처벌을 정당화하는 적극적 역할을 하지 않겠죠. 그렇다면 응분 관념을 완전히 배제하고, 처벌과 비난을 오직 결과주의적 관점에서만 해석하지 않을 이유가 있나요? 둘째, 소극적 응분만이 목적이라면, 공중보건격리모형은 당신이 중시하는 보호 원칙 대부분을 응분에 근거하지 않는 방식으로 보장할 수 있습니다. 응분은 범죄의 정도에 따라 형벌을 제한하는 유일한, 혹은 최선의 근거가 아니에요.

무고한 사람에 대한 처벌을 금지하는 문제를 예로 들어보죠. 응보주의자들은 소극적 응분에 따라 사람들을 보호하면 자연히 무고한 사람을 처벌하는 일을 막을 수 있다고 주장할 것입니다. 소극적 응분은 응분의 처벌이 필요한 사람만 처벌을 받고, 그런 처벌이 필요치 않은 무고한 사람은 처벌을 받아서는 안 된다고 규정하니까요. 반면 공중보건격리모형은, 자기 방어권을 근거로 누군가의 자유를 제한할 수 있는 것은 그가 실제로 심각한 위협을 유발할 때뿐이며, 이 경우에도 반드시 최소 침해의 원칙을 따라야 한다고 주장함으로써 무고한 사람에 대한 처벌을 막고자 합니다. 어떤 위협도 유발하지 않는 무고한 사람을 무력화하는 것은 잘못된 일이니까요.

《응보주의를 거부하다》에서 나는 공중의 보건·안전과 개인의 자유·주체성 사이의 갈등에 대처하는 원리로서 다음과 같은 갈등 해결 원칙을 제안했습니다.

갈등 해결 원칙: 공중보건과 안전이 심각하게 위협받는 경우, 개인의 자유를 제한할 수 있다. 단, (a) 자유를 제한하는 조치는 자기 방어권과 타인의 피해를 방지할 권리에 근거해야 하며, (b) 자기 방어권은 개별 위협에 적용되고 (다른 무관한 위협이 아니라) 그 위협이 유발하는 위험에 따라 조정되며, (c) 최소한의 제한 조치로써 공중의 보건과 안전을 지켜야 한다는 최소 침해의 원칙을 제한의 지침으로 삼아야 한다.

그러면 이 원칙을 이루는 세 요소를 하나하나 따져보죠. 먼저 조건 (a)는 격리와 무력화로 자유를 제한할 수 있지만, 제한 조치는 자신과 타인을 지킬 보편적 권리에 근거를 두어야 한다고 규정합니다. 이는 공중보건격리모형과 공리주의적·결과주의적 처벌 이론들을 구별하는 특징이라는 점에서도 중요하죠. 갈등 해결 원칙은 선善의(가령 쾌락의) 총량 증가나 일반억제의 이점을 근거로 제한 조치를 정당화하지 않으며, 자유는 오직 자신과 타인을 지킬 권리에 따라서만 제한할 수 있다고 선언합니다. 그러므로 갈등 해결 원칙은 앞서 언급한 결과주의적 이론(무고한 사람에게 죄를 뒤집어씌우는 사례, 잔인하고 가혹한 처벌을 범죄를 억제하는 효과적인 수단으로 활용하는 일 등에서 확인할 수 있는 '이용 반대론use objection')의 문제점으로부터 자유롭습니다.

무고한 사람에게 죄를 뒤집어씌워 폭동을 막는 경우를 예로 들어보죠. 당신이 인종 갈등이 심한 어느 지역의 보안관이라 가정해봅시다. 당신은 수년간 갈등을 진정시키려 노력해왔고, 어느 정도는 성공을 거두었습니다. 그런데 어느 날 지역 주민들이 인종 범죄로 여길 만한 사건이 벌어집니다. 당신은 범인을 빨리 찾아내지 못하면 폭동이 일어나리라 직감합니다. 전문가로서 판단하건대, 폭동이 일어나면 1992년 LA폭동처럼 엄청난 피해를 낳을 것이 분명해보입니다. 사람들이 다치고, 상점들이 파괴되고, 폭력이 난무하면서 지역 사회는 오랫동안 경제적·심리적 고통에 시달리겠죠. 하지만 당신은 손쉬운 해결책이 하나 있다는 사실을 알고 있습니다. 무고한 노숙자에게 죄를 뒤집어씌우는 것이죠. 그는 범행 현장 근처에 있었고, 감시 카메라 영상과 조작된 증거를 이용하면 범행을 입증하는 건 일도 아닙니다. 게다가 그 노숙자는 가족이나 가까운 친구도 없기에 그 일로 고통받을 사람도 없죠. 결과주의자라면 그가 무고하다 할지라도 폭동으로 인한 고통과 괴로움이 한 무고한 노숙자가 겪을 고통과 괴로움보다 훨씬 더 크다고 생각할 것입니다.

결과주의자들은 무고한 사람을 보호하는 중요한 원칙들이 무너지고 장기적으로는 더 나쁜 결과를 낳으리라는 이유를 들어 실제로 그런 일을 벌이는 것은 실효성이 없다고 주장하겠지만, 언제든 예외는 있을 수 있다는 점을 인정할 수밖에 없습니다. 더구나 이런 대답을 하는 결과주의자라면 무고한 사람을 처벌하는 것이 현실적으로 효과가 떨어진다는 점을 지적하면서도, 그런 일이 근본적으로 부당하다는 점에는 관심을 두지 않겠죠. 혹자는(당신도 포함된다고 보아도 될까요?) 공중보건격리모형 또한 마찬가지로 무고한 사람에게 누명을 씌우는 일을 허용하는 것 아닌가 우려할지 모르지만, 갈등 해결 원칙은 그렇지 않은 이유를 보여줍니다.

첫째로 가장 중요한 이유는 무고한 사람이 사회에 위협을 유발하지 않으며, 자기 방어권으로는 그런 사람을 무력화하는 일을 정당화할 수 없다는 것입니다. 둘째로 갈등 해결 원칙의 조건 (b)는 자기 방어권과 타인의 피해를 방지할 권리를 일반적인 위협이 아니라 개별적인 위협이 초래하는 위험에만 적용해야 한다고 명시합니다. 다시 말해, 자기 방어권은 개별적인 위협의 원인에만 적용되어야 하며, 다른 무관한 위협이 아니라 바로 그 위협이 낳는 위험에 따라 조정되어야 합니다. 그러므로 무고한 사람을 무력화하는 일은 그가 사회에 위험을 초래하지 않으며, 언제 터질지 모르는 폭동의 위협을 유발하는 원인도 아니기 때문에 부당합니다. 요컨대 별개의 원인에서 비롯하는 사회 안전 문제를 이유로 개인의 자유를 제한하는 것은 갈등 해결 원칙과 자기 방어권에 관한 직관적 이해에 어긋나는 일입니다.

조건 (a)와 (b)는 어떤 사람을 그와 관계없는 목적을 이루기 위해 한낱 수단으로 이용하는 일이 (그가 유발하는 위협을 제거하기 위해 자기 방어권을 근거로 해를 입히는 일과 달리) 대체로 옳지 않다고 보는 조종적 이용 금지 원칙에도 부합합니다. 법철학자 빅터 태드로스에 따르면, 위협을 제거하기 위한 가해 행위는 조종적 가해 행위에 비해 정당성을 입증하기가 훨씬 쉽습니다.[51] 전자는 자기 방어권에 근거를 두는 반면, 후자가 부적절하다고 직관적으로 판단할 수 있는 사례는 매우 다양하기 때문이죠. 따라서 조종적 이용 금지 원칙은 무고한 사람에게 죄를 뒤집어씌우는 것이 부당한 이유(개인을 그와 관계없는 별개의 목적을 이루기 위한 수단으로 이용하는 일이므로)를 설명하는 또 하나의 근거입니다.

반대로 어떤 사람이 유발하는 위협을 제거하기 위해 그에게 해를 입히는 일은 조종적 이용과 관련이 없어요. 자기 방어권을 행사하는 사례에서는 보통 다른 사람이 유발하는 위협을 막기 위해 해를 가하지, 그 사람을 별개의 목적을 위한 수단으로써 이용하지는 않으니까요. 대표적인 예가 다른 사람의 폭력 행위로부터 자신을 지키기 위해 완력을 이용하는 경우입니다. 사람들은 대개 이를 정당방위로 간주하죠.

자기 방어권은 넓게 보아 국가의 행위에까지 적용할 수 있습니다. 갈등 해결 원칙을 지키는 한, 국가는 공중보건과 안전에 심각한 위협을 유발하는 사람의 자유를 정당하게 제한할 수 있죠. 그리고 국가가 사람들의 자유를 제한하는 권한이 자신과 타인을 지킬 권리에 기반한다면, 행위자가 자유의지와 기본적인 응분에 따른 도덕적 책임을 진다고 가정할 이유가 전혀 없어요. 더크 피어붐은 "우리에게 사회를 보호하기 위해 심각한 전염병에 걸린 사람을 격리할 권리가 있다면, 위험한 범죄자를 격리해 사회를 보호할 권리도 있다"[52]고 주장합니다. 그는 전염병에 걸린 사람을 격리하는 일을 이렇게 설명합니다.

> 사회에 유발하는 위험이 충분히 심각하다면, 사회 안전을 위해 필요한 정도로 보균자의 자유를 빼앗는 일을 용인할 수 있다. 이는 보균자가 질병에 도덕적으로 책임이 있는지 없는지와 관계가 없다. 모태 감염으로 에볼라 바이러스에 걸린 아이에게는 아무런 책임이 없지만, 그 아이를 격리하는 일은 직관적으로 보아 타당하다.[53]

위험한 범죄자를 무력화하는 경우에도 이와 똑같은 논리를 적용할 수 있습니다. 범죄자의 자유를 제한하는 일은 그가 기본적인 (또는 비기본적인) 응분에 따른 도덕적 책임을 지는지와 상관없이 정당화할 수 있죠. 다만 중요한 것은 국가가 자기 방어권과 타인을 지킬 권리를 근거로 사람들을 무력화하는 일이 조종적 가해 행위로 이어져서는 안 된다는 점입니다. 따라서 갈등 해결 원칙의 조건 (a)와 (b)는 조종적 이용을 금지하는 직관적 원칙을 위배하지 않아야 합니다. 두 조건이 개인의 자유를 제한하는 조치를 허용함으로써 해를 끼칠 수 있는 것은 사실이지만, 이는 어디까지나 위협을 제거하는 경우에만 적용되어야 합니다.

갈등 해결 원칙의 조건 (c)는 자신과 타인을 지킬 권리를 근거로써 자유를 제한하는 조치를 정당화할 수 있더라도, 그 조치는 최소한의 제한으로 공중의 보건과 안전을 지켜야 한다는 최소 침해의 원칙을 위배해서는 안 된다는 점을 다시 한번 강조합니다. 공중보건격리모형을 형사사법제도에 성공적으로 도입하려면 각종 범죄가 유발하는 피해를 재평가하여 그에 따른 적절한 대응을 결정해야 합니다. 자유를 꼭 필요한 만큼만 제한하기 위해 범죄가 끼치는 피해를 재평가하는 것은 정의와 공정성에도 부합하는 일이죠. 따라서 조건 (c)는 공중보건격리모형에서 일종의 비례 원칙으로 작용합니다. 주체성과 자유를 제한하는 조치가 개인이 유발하는 위험에 비례하도록 규정하며, 필요 이상의 제한 조치를 부당한 것으로 간주하기 때문이죠. 어떤 행동을 저지른 사람 외에는 아무도 피해를 보지 않는 '피해자 없는 범죄'가 실제로 있다고 가정하면, 격리모형은 비범죄화를 권고할 겁니다. 혼자서 마리화나를 피우는 일을 그 예로 볼 수 있겠죠. 어찌 되었든 간에 한 가지는 확실합니다. 지금은 비교적 가벼운 범죄를 저지른 사람에게도 징역형을(때로는 아주 무거운 형을) 선고하는 경우가 허다하지만, 공중보건격리모형에 따르면 이는 지나치게 징벌적이고 부당한 처벌입니다.

정리하자면 당신이 소극적 응분이 제공하는 보호만을 중시한다면, 공중보건격리모형은 그와 똑같은 보호를 다른 방식으로 보장할 수 있다고 봅니다. 하지만 당신이 적극적 응분 요구 또한 없어서는 안 된다고 확신한다면, 당신은 (아무리 부인하더라도) 일종의 준응보주의적인 견해를 지지하는 셈입니다. 물론 준응보주의에 어떤 이름을 붙여 옹호하든 당신의 자유지만, 적극적 응분을 이유로 처벌을 정당화한다면 그 점을 솔직히 인정할 필요가 있어요.

데닛── 아무래도 계속 헛다리를 짚고 있는 것 같군요, 그레그. 앞서 당신은 우리의 견해 차이가 "꽤 단순하다"며 이렇게 말했죠. "나는 처벌의 정의에서 벗어나는 비징벌적 대안을 추구하며, 이 대안은 어떤 경우에도 행위자가 (내가 중시하는) 기본적인 응분에 따라 책임을 지도록 요구하지 않습니다." 그리고 나는 그 '기본적인 응분'이라는 것을 조금도 인정하지 않으니, 대신 이렇게 물었습니다. "그렇다면 응분 관념을 배제하고, 처벌과 비난을 오직 결과주의적 관점에서만 해석하지 않을 이유가 있나요?" 여태 처벌과 비난을 오직 결과주의적 관점에서 해석해왔는데 말이죠. 우리의 논의를 계속 가로막는 것은 '응분'은 반드시 (응보주의를 함축하는) '기본적인 응분'일 수밖에 없다는 당신의 고집이에요. (당신이 인용한 월런의 말이 그가 쓴 스탠퍼드 철학 백과사전의 항목 '응보주의적 결과주의 대對 응보주의적 의무론'이라는 절에서 나왔다는 점도 흥미롭더군요. 철학자들은 각양각색의 응보주의를 분류하며 온갖 이름을 붙였지만, 내가 보기엔 죄다 쓰레기통으로 들어갈 게 뻔해

철학 논쟁

요.)

　앞서 말했듯, 나는 당신과 달리 응분 개념을 초등학생도 배워서 알 법한 친숙한 의미로 사용합니다. 요컨대 내가 말하는 응분은 자녀를 책임감 있는 성인으로 키우려는 어른들에 의해 진화한 사회적 실재social reality의 일부예요. 어린아이들도 수지라는 아이가 벽에다 낙서를 했을 때 옆에 있던 토미가 벌을 받는 것은 불공평하며, 벽에다 낙서하면 안 된다는 사실을 알면서도 그렇게 한 수지가 벌을 받아야 공평하다는 사실을 이해합니다. 내가 하는 이야기는 전혀 새로울 게 없어요. 나는 공정으로서의 정의라는 존 롤스의 위대한 발상을 따릅니다. 롤스는 자신의 정의관을 서술한 마지막 저작에서 이렇게 말했어요.

> 이 근본적이고 직관적인 발상들은 민주 사회의 공적 정치 문화에서는 친숙하게 보인다. 이러한 발상들은 때로 명확히 표현되지 않고 의미가 똑똑히 드러나지도 않지만, 사회의 정치사상, 법원 등이 사회의 제도를 이해하는 방식, 중요한 의미를 담고 있다 여겨지는 역사, 혹은 다른 분야의 텍스트에서 핵심적인 역할을 한다.[54]

　롤스의 기획은 문화적 진화의 산물로서 널리 받아들여지는 일련의 규범과 관행들을 해명하고 개선하며 최종적으로 정당화('형이상학적으로'[55]가 아니라 정치적으로)한 다음, 이를 바탕으로 만인에게 존중받을 만한 이상적인 사법제도를 지적으로 설계하고 수립하려는 노력의 일환이라 볼 수 있습니다. 내가 '응분 관념에 처벌을 정당화하는 중대한 역할을 부여한다'는 말은 사실이 아니에요. 처벌을 정당화하는 역할은 (결과주의적으로 표현하자면) 제도 자체의 탁월함에 달려 있으며, 응분은 그 제도에서 누가 처벌을 받고 누가 보상을 받아야 정당한지를 확인하는 데 쓰이는 개념일 뿐입니다.

앞서 응분 개념이 작동하는 사례로 규칙이 있는 게임에서는 누가 벌칙을 받아야 마땅한지 판단할 수 있다는 점을 들었죠. 게임은 형이상학적 범주와는 전혀 관계가 없으며, '정치적' 범주에 속하지도 않아요. 게임은 그저 게임일 뿐이죠. 하지만 게임에는 엄연히 규칙이 있으며, 게임의 규칙은 모든 참가자가 공평하게 대우받고, 규칙을 어긴 사람은 벌칙을 받으며 정당한 득점 행위를 한 사람은 점수로 보상받는 것이 당연하도록 조건을 설정합니다. 좋은 게임이란 공정한 경쟁을 유도하는 규칙을 갖추고 있으며, 모두가 정정당당하게 겨룬다면 저마다 응분의 몫을 받을 수 있는 게임입니다. 승자는 이길 자격이 있고 부정행위자는 마땅히 벌칙을 받거나 게임에서 쫓겨나죠. 하지만 롤스가 말하듯 시민사회는 게임이 아닙니다.

다시 한번 말하건대, 정치사회는 일개 협회가 아니며 그렇게 될 수도 없다. 우리는 제 발로 사회의 일원이 되지 않는다. 단지 역사의 어느 순간 특정 정치사회에 태어날 뿐이다. 그러니 그 사회에, 지금 여기에 존재하는 것은 자유로운 일이 아니라 여길 수 있다. 그렇다면 민주 시민은 어떤 의미에서 자유로울 수 있을까?[56]

나는 자유의지와 정치적 자유가 밀접하게 얽혀 있다 보기에, 롤스가 던진 질문에 답을 하고자 합니다. 한 아이가 사회에 태어나는 것은 자신의 의지와 무관한 일이지만, 그 아이는 이후 자유로운 시민으로서 권리를 누리는 성인으로 성장합니다. 물론 그러지 못할 수도 있고요. 모든 건 도덕적 책임을 지는 데 필요한 자기 통제력과 반성적 상상력을 개발할 수 있는지에 달려 있어요. 아이가 도덕적 행위자 모임의 일원이 될 조건을 갖추지 못하면, 사회는 그가 이런저런 보호 아래 지낼 수 있도록 지원해야 합니다. 반면 필요한 기준을 충족하는 경우(사회의 교육과 보호 제도 덕분에 대다수는 기준을 충족할 수 있죠), 아이는 정치적 자유와 더불어 권리와 책임을 지니는 어른으로 인정받죠. 당신이 강조하듯, 어떤 사람들은 장애가 없더라도 자신을 통제하고 여러 상황을 극복하는 데 훨씬 더 큰 어려움을 겪을 수 있어요. 불운이 크게 작용하는 경우죠.

이에 당신은 '모두를 획일화하는' 해결책을 제시합니다. 도덕적 책임을 지기 위한 기준을 충족하는 사람은 아무도 없으므로, 응분의 책임을 질 사람도 없다고 주장하면서 운이 좋은 사람과 나쁜 사람, 역량을 갖춘 사람과 그렇지 않은 사람을 동등하게 취급하죠. 그에 반해 나는 문제 사례들을 완전히 없애는 건 불가능하더라도 그 수를 최대한 줄이는 해결책을 택해야 한다고 보며, 다음과 같은 조치를 제안합니다.

(1) 많은 사람이 부당할 만큼 큰 불운을 짊어지게 만드는 사회적 조건들을 개혁하고, (2) 사법제도를 자비로써 완화하고[57], (3) 건전한 정신을 가진 사람이면 누구나 자발적으로 책임을 지는 구성원이 되려 하고, 정치적 자유가 주는 안전과 안정성을 누리기 위해서라면 법을 어겼을 때의 처벌쯤은 사소한 대가로 받아들일 만큼 정치적 자유가 주는 이점을 매력적으로 만드는 것이죠. 그러면 반사회적 인격 장애가 있는 사람이라도 기꺼이 위법 행위에 책임을 지는 구성원이 되려 할 겁니다. 안전한 국가에서 누리는 정치적 자유는 그들이 때로 도덕을 전혀 고려하지 않은, 혹은 부도덕한 계획을 추구하는 데도 필요하니까요. 그에 반해 실패한 국가에서의 삶은 야심 찬 계획을 세우기에는 너무도 위험하고 종잡을 수 없죠.

카루소───── 이제야 내가 품었던 의문에 대한 답을 찾은 것 같군요. 필요 이상으로 오래 걸리기는 했지만, 조금 전 당신은 응분 관념이 처벌과 비난을 정당화하는 역할을 하지 않는다고 본다는 점을 분명히 밝히며 이렇게 말했어요. "'응분 관념에 처벌을 정당화하는 중대한 역할을 부여한다'는 말은 사실이 아니에요. 처벌을 정당화하는 역할은 (결과주의적으로 표현하자면) 제도 자체의 탁월함에 달려 있으며, 응분은 그 제도에서 누가 처벌을 받고 누가 보상을 받아야 정당한지를 확인하는 데 쓰이는 개념일 뿐입니다." 그래요, 이거야말로 첫 번째 대담부터 줄곧 듣고 싶었던 대답입니다. 당신은 "우리의 논의를 계속 가로막는 것은 '응분'은 반드시 (응보주의를 함축하는) '기본적인 응분'일 수밖에 없다는 당신의 고집"이라고 했지만, 그렇지 않았어요. 당신이 소극적 응분과 적극적 응분을 구별하지 않고, '응분'이라는 말이 실은 소극적 응분 요구만을 뜻한다는 사실을 얼버무린다는 점이 '논의를 계속 가로막은' 것입니다. 다시 말해, 우리가 느낀 혼란은 내가 대담 내내 기본적 응분과 비기본적 응분을 구별하는 데 공을 들였기 때문이 아니라, 당신이 적극적 응분과 소극적 응분을 구별하지 않으면서 소극적이고 약한 의미의 응분 개념만을 염두에 둔다는 점을 밝히지 않았기 때문에 빚어진 문제입니다. 지금까지 당신은 즉답을 피해 빙빙 돌려 이야기했지만, 이제는 답을 알겠군요.

당신의 대답으로 몇 가지를 분명히 알게 되었습니다. 첫째, 당신은 범법자가 잘못된 행동에 도덕적으로 비난과 처벌을 받아야 마땅하다는 적극적 응분 요구를 근거 삼아 응보적 비난과 처벌을 결과주의적으로 옹호하지 않습니다. 대신 응분에 기대지 않고 소극적 응분에 의해서만 일부 제약을 받는 결과주의를 제안하죠. 당신의 견해에 따르면, 응분은 결과주의적으로 설명 가능한 관습 체계 안에서 누가 처벌을 받고 누가 보상을 받아야 정당한지를 확인하는 데 쓰이는 개념일 뿐입니다.

둘째, 이로부터 나는 다음과 같은 확신을 얻었습니다. 내가 제안하는 비징벌적 대안이 아닌 처벌에 대한 결과주의적 설명을 선호하는 자유의지회의론자들도 얼마든지 당신과 똑같은 주장을 할 수 있습니다. 앞에서 언급했듯, 당신의 견해를 회의론에 가깝게 해석해보면, 소극적 응분은 덜 논쟁적인 다른 회고적 근거로 충분히 대체 가능합니다. 당신의 사례를 예로 들어보겠습니다. "나는 당신과 달리 응분 개념을 초등학생도 배워서 알 법한 친숙한 의미로 사용합니다. 〔…〕 어린아이들도 수지라는 아이가 벽에다 낙서를 했을 때, 옆에 있던 토미가 벌을 받는 것은 불공평하며, 벽에다 낙서하면 안 된다는 사실을 알면서도 그렇게 한 수지가 벌을 받아야 공평하다는 사실을 이해합니다." 당신은 이 사례를 소극적 응분으로 설명하지만, 자유의지회의론에 부합한다고 누구나 인정하는 인과적 책임 관념을 가지고도 근본적으로 동일한 설명을 제시할 수 있습니다. 가령 처벌을 결과주의적으로 해석하는 회의론자는 벽에다 낙서한 일에 인과적 책임이 있는 사람은 수지라 보고, 토미가 아니라 수지가 벌을 받아야 한다는 말에 동의하겠죠. 또, 전망적 결과주의의 관점(역시 회의론에 완벽히 부합하는 견해죠)에서는 미래의 도덕 형성과 화해, 그리고 특수억제와 일반억제를 근거로 수지에게 벌을 주는 일을 정당화할 수 있습니다.

주의해야 할 것은 내가 두 가지 다른 견해를 동시에 이야기하고 있다는 점입니다. 우선 나는 범죄 행동을 비응보적·비징벌적으로 다루는 접근법, 즉 공중보건격리모형을 선호하며, 이는 자유의지회의론과 전혀 모순되지 않습니다. 하지만 모든 자유의지회의론자가 격리모형을 받아들여야 할 이유는 없어요. 결과주의적 처벌 이론들도 마찬가지로 자유의지회의론에 전혀 모순되지 않으니까요. 나는 몇 가지 다른 이유로 그 이론들에 반대할 뿐입니다.

그런데 내가 보기에 당신의 견해는 처벌을 결과주의적으로 설명하는 회의론자들의 견해와 근본적으로 차이가 없어요. 나는 줄곧 당신의 입장이 당신이 인정하는 것보다 훨씬 회의론에 가깝다고 생각했습니다. 당신이 응분을 근거로 비난과 처벌을 정당화하지 않는다는 점을 밝힌 지금, 당신과 회의론자들의 차이는 사실상 없는 것처럼 보입니다. 그러니 두 번째 대담에서 했던 이야기를 다시 한번 강조해야겠군요. "응분의 몫이라는 말이 가진 강한 의무론적·응보적 함의를 고려하면, 당신처럼 결과주의를 지지하는 사람이 그 말을 계속 사용할 필요가 있는지 의문이 들어요. 〔…〕 '응분의 몫'이 정통적으로 어떤 의미를 지니며, 어떻게 응보적 태도와 판단, 대우를 정당화하는 데 쓰이는지 생각해보면, 당신은 그 말을 다소 혼란스러운 방식으로 사용하는 셈이에요. 그러다 보니 원래 생각과 달리 응보주의를 옹호한다는 인상을 주는 거죠." 당신이 응분이라는 말을 덜 논쟁적인 용어로 대체 가능한 뜻으로 사용하며, 적극적 응분 요구로써 비난과 처벌을 정당화하지 않는다는 것을 안 지금은 당신이 응분 관념을 완전히 버려야 한다는 생각이 더욱 강하게 듭니다.

물론 우리 두 사람이 처벌을 바라보는 관점에는 여전히 차이가 있지만, 이제 그 차이는 회의론자들 간의 집안싸움 비슷한 것이 된 셈이에요. 한 사람은 처벌을 결과주의적으로 정당화하는 쪽을 선호하며, 다른 한 사람은 공중보건격리모형 같은 비징벌적 접근법을 선호하는 거죠. 이 차이에 대해서도 얼마든지 계속 논의할 마음이 있지만, 논쟁의 전반적인 논조는 회의론에 유리한 쪽으로 기울었다 봅니다.

그러면 이제 대담도 막바지에 이르렀으니, 마지막으로 양립가능론적 명제란 과연 무엇인지를 몇 가지 가능성 있는 해석에 따라 나누어보도록 하죠. 자유의지회의론자들이 의심하거나 부인하는 것은 대체로 일치하는 데 반해, 양립가능론자들은 양립가능론이 정확히 무엇을 주장하는지에 대해 각기 다른 의견을 내놓는 것이 늘 흥미롭더군요. 그러니 세상에는 양립가능론자의 수만큼 많은 양립가능론적 명제가 있다 해도 과언이 아니죠. 게다가 양립가능론자들은 어떤 입장을 견지해야 하는지뿐만 아니라, 그 입장을 견지하기 위해서는 구체적으로 어떤 조건이 필요한지에 대해서도 저마다 생각이 다릅니다. 가령 일부 양립가능론자는 '달리 행동할 능력'을 자유의지의 필요조건으로 보지만, 여기에 동의하지 않는 사람들도 있죠. 그 밖에 이유 반응성, 반성적 판단을 행동으로 연결하는 능력 등을 핵심 요건으로 꼽는 사람도 있고요. 하지만 양립가능론적 명제만을 놓고 보면, 양립가능론의 주장은 최소 다섯 가지로 분류할 수 있습니다.

명제 1: 결정론은 자유의지나 도덕적 책임과 양립할 수 있지만, 우리는 다른 이유로 자유의지와 도덕적 책임을 지니지 않을 수 있다. 〔자유의지회의론자인 닐 레비는 이와 비슷한 견해를 지지합니다. 그는 자유의지와 결정론은 양립할 수 있지만, 운의 보편성은 자유의지나 도덕적 책임과 양립할 수 없으며, 결국은 둘 모두를 무너뜨린다고 주장합니다.〕

명제 2: 결정론은 자유의지와 양립할 수 있지만, 자유의지 관념은 도덕적 책임의 문제와 무관하다. 〔브루스 월러처럼 자유의지를 인정하지만 도덕적 책임에는 회의적인 회의론자가 이러한 견해를 지지합니다.〕

명제 3: 결정론은 (짐작건대 운 또한) 행위자가 기본적인 응분에 따라 도덕적 책임을 지는 데 필요한 자유의지를 지닌다는 생각과 양립할 수 있다. 〔양립가능론자 대부분은 이 견해를 지지할 것이라 보지만, 그들이 항상 명확하게 이를 드

러내는 것은 아닙니다.〕

명제 4: 결정론은(짐작건대 운 또한) 행위자가 비기본적인 응분에 따라 도덕적 책임을 지는 데 필요한 자유의지를 지닌다는 생각과 양립할 수 있다. 여기서 비기본적인 응분은 결과주의적·계약주의적 근거에 바탕을 두며, 범법자가 범법 행위에 응분의 비난과 처벌을 받을 도덕적 책임이 있다는 적극적 응분 요구를 정당화한다. 〔이 견해는 응보적 비난과 처벌을 결과주의적·도구주의적 이유로 옹호하는 입장과 일맥상통합니다.〕

명제 5: 결정론은(짐작건대 운 또한) 행위자가 비기본적인 응분에 따라 도덕적 책임을 지는 데 필요한 자유의지를 지닌다는 생각과 양립할 수 있다. 여기서 비기본적인 응분은 결과주의적·계약주의적 근거에 바탕을 두며, 누가 처벌과 비난을 받는 것이 합당한지 판단하고 전망적 이점으로 비난과 처벌을 적극 정당화하는 일을 제한하는 소극적 응분 요구에 해당한다.

당신은 명제 5를 주장하는 양립가능론자라 봐도 될까요? 앞서 나온 발언들을 보면 그렇다는 확신이 드는군요. 중요한 것은 명제 5가 양립가능론에 속하면서도 자유의지회의론의 주장과 거의 비슷하다는 점이죠. 그런데 역사적으로 보면 응분과 자유의지에는 많은 고정관념이 덧씌워져 왔고, 이로 인해 독자들은 당신이 실제보다 더 강한 명제를 주장한다고 착각할 가능성이 크므로, 차라리 응분과 자유의지를 완전히 배제하는 편이 낫지 않겠느냐는 의문이 드는 것이 당연합니다. 그러니 명제 5를 이러한 명제로 대신하면 어떨까요? 결정론(그리고 운)은 행위자가 전망적인 도덕적 책임을 지는 데 필요한 주체성과 통제력을 지닌다는 생각과 양립할 수 있으며, 도덕적 반대는 응분과 무관한 세 가지 필수 요건, 즉 미래의 보호, 미래의 화해, 미래의 도덕 형성에 기반을 둔다. 어떤가요? 동료 회의론자들에게 새 회원이 들어왔다고 알려도 될까요? (그렇다면 당장 단체 셔츠라도 맞춰 놓겠습니다.)

데닛——— 아뇨, 나는 "명제 5를 주장하는 양립가능론자"가 아니며, 당신이 말한 '소극적 응분 요구'로 내 견해를 제한할 생각도 없어요. 월런은 "적극적 응분 요구란 범법자가 자신의 범법 행위에 따라 도덕적으로 응분의 처벌을 받아야 한다는 주장이다"라고 말했죠. 나는 이 주장을 기꺼이 지지하며, 월런의 제안처럼 적극적인 응분과 소극적인 응분을 구별할 생각이 전혀 없어요. 아직도 우리가 서로의 이야기를 제대로 이해하지 못하는 이유는 당신이 응분을 구별하는 방식 때문이라 봅니다.

다시 한번 말하지만, 나는 사람들이 자신의 범죄 행위에 도구적인 이유와 관계없이 진정으로 응분의 처벌을 받아야 한다 믿습니다. 범죄를 저지르면 그런 처분을 받으리라는 데 합의(약속, 계약)했으니까요. 물론 결과주의적 관점에서 계약과 계약을 정당화하는 근거는 설명이 필요하겠지만, 계약이 사회의 일부인 한, 모든 구성원이 짊어지는 응분은 그들의 은행 계좌에 들어 있는 돈만큼이나 실재적입니다. 기본적인 경제적 가치 같은 것이 존재하지 않듯, 기본적인 응분이라는 것도 존재할 수 없어요.

우리의 대화가 왜 어긋나는지 이유를 찾다보니, 당신이 '자유의지회의론자'가 어떤 선택을 할 수 있고, 어떤 생각이 회의론에 부합하는지를 당황스러울 만큼 자주 언급했다는 점이 떠오르더군요. 자유의지회의론자가 되려는 사람은 어떤 사람이죠? 일단 나는 아닙니다. 나를 회의론자로 묶으려는 건 말도 안 되는 일이에요. 자유의지가 결정론으로 인해 위협을 받거나 도전받고 있다고 보는 사람이라야 회의론에 조금이라도 관심을 가질 테니까요. 당신이 '자유의지회의론자'로서 말하는 '자유의지'는 내가 지난 수십 년간 원할 가치가 없다고 주장해온 자유의지의 의미 중 하나입니다.

하지만 당신이 자유의지회의론을 권하면서 사탄의 존재에 회의적인 사람들도 그것을 받아들일 거라는 식으로 이야기하지 않는 데는 이유가 있지 않겠어요? 당연히 나는 '사탄 회의론자'지만 그렇다 해서 사탄 회의론자 모임에 가입하라는 권유를 놓고 진지하게 고민하지는 않을 겁니다. 그런데도 당신은 자신이 회의적으로 생각하는 자유의지에 관심을 두지 않는 것은 잘못된 일이라고 아무 논거 없이 확신하는 듯하군요.

카루소——— 당신의 견해는 손에 잡힐 듯하다가도 매번 미꾸라지처럼 손에서 빠져나가 버리는군요. 나는 '응분 관념에 처벌을 정당화하는 중대한 역할을 부여하지 않는다'는 당신의 말을 글자 그대로의 뜻으로 이해했습니다. 그런데 이제는 응보주의에서 제시하는 적극적 응분 요구를 기꺼이 받아들인다고 하는군요. 범법자는 처벌을 받아 마땅하기에 처벌을 범법 행위에 대한 적절한 반응으로 정당화할 수 있다는 주장을 말이죠. 이러니 당신의 입장을 두고 갈피를 못 잡을 수밖에요. 위대한 법철학자 안토니 더프의 말을 참고하면, 내가 제시하는 구별을 명확히 이해하는 데 도움이 될 것 같습니다.

> 이론가들은 응보주의의 '적극적', '소극적' 형태를 구별해 왔다. 적극적 응보주의는 범법자가 치러야 할 응분이 처벌의 이유라고 주장한다. 범법자는 응분의 대가를 치러야 하므로, 국가는 응당 유죄로 판결이 난 범죄 행위에 응분의 처벌을 내려야 한다는 것이다. 따라서 처벌과 관련해서 응분은 처벌의 필요조건일 뿐 아니라, 원칙적으로 처벌의 충분조건이다. (단, 어디까지나 원칙적으로 그렇다는 말이다.

죄가 있는 모든 사람을 처벌하려 해선 안 될 지극히 타당한 이유, 즉 처벌의 물질적·도덕적 비용과 관련한 이유가 있기 때문이다.) 반면 소극적 응보주의는 처벌의 분명한 근거를 제시하기보다 처벌에 제한을 둔다. 처벌은 응분의 책임이 있는 사람에게만, 응분에 비례해서 부과되어야 한다는 것이다. 소극적 응보주의는 처벌의 분명한 근거가 아니라 처벌을 제한하는 원칙만을 제시하므로, 여러 혼합적인 처벌 이론들은 소극적 응보주의를 받아들여 응분을 넘어서지 않는 수준의 처벌을 결과주의적 근거로써 옹호한다.[58]

따라서 문제는 응보적 처벌을 정당화하는 적극적 응분 요구를 '기꺼이 지지'하면서도, 응분 관념에 처벌을 정당화하는 중대한 역할을 부여하지 않는 것이 어떻게 가능하냐는 점입니다. 그리고 당신이 자신의 견해를 두고 뼛속까지 결과주의적이며 응보주의와는 전혀 관계가 없다 말하면서도, 응보주의의 두 가지 응분 요구를 모두 받아들이는 것 역시 이해하기 어렵습니다.
　　당신은 줄곧 반대하지만, 솔직히 말해 당신의 견해는 일종의 자유의지회의론이 되거나, 비난과 처벌을 결과주의적 근거로 정당화하는 응보주의의 한 유형이 되거나 둘 중 하나라 생각합니다. 양쪽 모두를 지지하는 건 불가능하며, 당신은 아직 어느 쪽을 택할지 밝히지 않았어요. 전자라면, 우리가 대체 무엇을 두고 논쟁을 하는지 꼭 집어 말하기가 힘들겠죠. 후자라면,

우리의 견해에는 좁히기 힘든 차이가 있는 셈이지만, 나는 당신의 견해를 거부할 합당한 이유가 있다고 주장할 겁니다. 내 생각에 관건은 당신이 말하는 응분을 얼마나 넓게, 혹은 좁게 해석하느냐에 달려 있습니다.

당신이 말하는 응분을 가능한 한 좁게 해석하면, 응분을 근거로 비난과 칭찬, 처벌과 보상을 설명하는 모든 주장을 결과주의적 논리로 바꿀 수 있으며, 이에 따라 응분 관념을 비난과 처벌의 근거로 삼을 이유가 사라질 것입니다. 하지만 당신이 정말로 이렇게 생각한다면, 당신의 견해는 도덕적 책임을 전망적 관점에서 해석하고 처벌을 결과주의적·계약주의적 근거로 설명하는 회의론자와 다르지 않겠죠. 반대로 당신이 말하는 응분을 더 넓게 해석하면, 응분은 응분에 기반한 여러 회고적, 응보적 (혹은 준응보적) 태도·관행·처우를 정당화하는 역할을 수행할 것입니다. 그렇다 해도 응분 체계 자체를 지탱하는 것은 결과주의적·계약주의적 근거이기에, 이때의 응분을 완전히 기본적인 응분으로 볼 수는 없겠지만, 이것만으로도 비난과 처벌에 관한 응보주의적 (혹은 준응보주의적) 입장을 뒷받침하기엔 충분하겠죠. 세 번의 긴 대담이 끝나가는 데도 이 중 어떤 해석이 맞는지, 아니 맞는 것이 있기는 한지 알 수 없다니 애석하군요.

당신의 견해가 "뼛속까지 결과주의적"이라는 말도 모호하기는 마찬가집니다. 결과주의자들은 처벌을 두 가지 다른 방식으로 설명하려 하기 때문이죠. 첫 번째로 자유의지회의론에도 부합하는 설명은 범죄를 억제하고 안전을 보장한다는 전망적 이유만으로 처벌을 정당화하는 것입니다. 공리주의의 창시자 중 한 사람인 제러미 벤담은 이와 비슷한 결과주의적 처벌 이론을 제시했죠. 하지만 그가 처벌을 두고 다음과 같은 유명한 말을 남겼다는 점 또한 주목할 필요가 있습니다. "모든 처벌은 그 자체로 악이다. 〔…〕 처벌이 허용되어야 한다면, 그것은 오직 더 큰 악을 배제한다고 보장할 때만 가능하다."[59] 벤담에 따르면, 처벌이 악인 이유는 처벌을 받는 사람에게 커다란 괴로움과 짐을 안기며, 의도적으로 그렇게 하기를 추구하기 때문입니다.

반대로 처벌을 악으로 보지 않는 다른 결과주의적 접근법도 있습니다. 앞서 당신이 언급한 것과 같은 결과주의적 형태의 응보주의, 즉 응보적 관행과 정책을 채택하면서 결과주의적 논거로써 이를 설명하는 견해죠. 조금 전 당신은 "철학자들은 각양각색의 응보주의를 분류하며 온갖 이름을 붙였지만, 내가 보기엔 죄다 쓰레기통으로 들어갈 게 뻔해요"라고 말했습니다. 그런데 이제는 응보주의의 적극적 응분 요구를 '기꺼이 지지'한다고 말하면서 응보주의적 견해들을 쓰레기통에 버리기는커녕 그중 하나를 직접 제안하고 있군요. 방금 이야기한 두 입장을 동시에 취하는 것 역시 불가능한 일입니다. 적어도 지금으로서는 당신이 결과주의와 응보주의의 요소를 모두 포함하는 혼합적인 관점에서 처벌을 해석한다고 봐야 할 것 같군요.

마지막으로, 나는 당신의 견해가 앞서 제안한 양립가능

철학 논쟁

론 분류의 명제 5에 해당한다고 봤지만, 당신은 그렇지 않다고 했죠. 좋아요, 그건 알겠습니다. 그러면 당신의 입장은 무엇인가요? 명제 5가 아니라 명제 4를 지지하나요? 아니면 명제 4와 5를 합쳐야 한다고 보나요? 그것도 아니면 다섯 가지 명제를 모두 거부하나요? 당신의 주장이 정확히 어떤 유형의 양립가능론에 해당하는지 파악하는 일이 이렇게나 힘들다는 것이 이상하다고 생각하지 않나요? 나는 그렇다고 생각합니다. 반대로 회의론의 명제는 모호한 부분이 전혀 없습니다. 인간은 기본적인 응분에 따라 도덕적 책임을 지는 데 필요한 행동 통제력, 즉 자유의지를 지니지 않는다. 이게 다예요. 정말 단순하죠. 그러니 회의론이 무엇에 반대하는지는 불 보듯 뻔합니다. 또, 기본적인 응분에 따른 도덕적 책임이 무엇을 말하는지도 헷갈릴 이유가 없어요. 이는 행위자가 비결과주의적·비계약주의적 이유로 응분의 칭찬과 비난, 보상과 처벌을 받는 데 필요한 도덕적 책임을 뜻합니다. 더할 나위 없이 논리정연하죠.

앞서 결정론은 (그리고 더 넓게는 자연주의 철학은) 기본적인 응분에 따라 도덕적 책임을 지는 데 필요한 자유의지와 양립할 수 없다는 데 서로 동의했기에, 나는 당신이 그와 다른 유형의 '충분히 기본적인 응분'을 결과주의적으로 설명하겠다는 약속을 지킬 수 있을지 지켜보기로 했습니다. 하지만 지금까지 당신이 제시하는 해석(기본적인 응분에 따라 도덕적 책임을 지는 데 필요한 행동 통제력이 아니라, 비기본적 응분 혹은 결과주의적·계약주의적

근거에 기반한 응분으로써 자유의지를 설명하는 해석)을 따라온 결과
는 모순과 모호한 표현, 의문투성이로군요. 안타깝지만 논의가
막바지에 이른 지금, 이런 혼란을 해결하고 합의에 이를 가능성
은 거의 사라진 것 같습니다.

데닛——— 철학자들이 미묘한 차이를 하나도 빼놓지 않
았고 그게아니라술에 빠지지도 않았다 확신하고 이런저런 주
의ism를 분류할 때, 지금과 같은 상황이 벌어진다고 봅니다. 내
견해가 "일종의 자유의지회의론이 되거나, 비난과 처벌을 결과
주의적 근거로 정당화하는 응보주의의 한 유형이 되거나 둘 중
하나"라고요. 둘 다 아닙니다.

　　먼저 이 양자택일의 두 번째 선택지부터 살펴보면, 여기서
당신은 분명 응보주의라는 말을 칸트가 섬에 비유해 제시한 예
보다 넓은 의미로 사용하고 있습니다. 결과주의적으로 정당화
한 '응보주의'라니, 의미가 더 넓을 수밖에요. 칸트는 살인자를
처형하는 일을 정당화하면서 결과주의적 근거 일체를 배제하
기 위해 노력했는데, 어째서 그런 견해에 응보주의라는 이름을
붙이는 거죠? '응보주의자'라 불러야 마땅한 사람이(당신의 주장
에 따르면, 응보주의자라 자칭하는 미첼 버먼 같은 사람이) 제시한 응분
의 정의를 내가 받아들이기 때문인가요? 나는 응보주의를 결과
주의적으로 정당화하려는 게 아니라(나라면 그런 표현 자체를 모순
으로 여겼을 겁니다), 처벌을(하트와 비트겐슈타인이 정의한 처벌을) 결

과주의적으로 정당화하려는 겁니다. 당신은 처벌을 옹호하는 모든 논리에 '응보주의'라는 꼬리표를 붙일 작정인가요? 당신이 인용한 대로라면 법학자 안토니 더프는 그런 식으로 응보주의를 해석했고, 나도 '응보적'이라는 말과 '징벌적'이라는 말을 사실상 같은 의미로 간주하는 사람들을 본 적이 있기는 합니다.

또 당신이 이런 말을 할 때는 순간 어안이 벙벙하더군요. "앞서 당신이 언급한 것과 같은 결과주의적 형태의 응보주의, 즉 응보적 관행과 정책을 채택하면서 결과주의적 논거로써 이를 설명하는 견해죠." 내가 그런 말을 했을 리 없다고 확신했으니까요. 그런데 지금 다시 돌이켜보니, 당신이 인용한 월런의 말이 그가 쓴 백과사전 항목의 '응보주의적 결과주의 대 응보주의적 의무론'이라는 절에서 나왔다는 사실을 슬쩍 (웃음을 참으며) 언급한 탓에, 그런 착각이 벌어진 것 같습니다. 당신은 내가 비꼬려는 의도였다는 점은 놓친 채(느낌표라도 붙일 걸 그랬습니다) 적절히 분류되어 이름 붙여진 응보주의들을 쓰레기통에 넣어야 한다는 말로 눈길을 돌리더군요.

그러면 이제 당신이 제시한 양자택일의 첫 번째 선택지를 살펴보죠. 고맙게도 조금 전 당신은 자유의지회의론의 입장을 어떻게 정의하는지 다시 한번 정리해주었죠. "반대로 회의론의 명제는 모호한 부분이 전혀 없습니다. 인간은 기본적인 응분에 따라 도덕적 책임을 지는 데 필요한 행동 통제력, 즉 자유의지를 지니지 않는다. 이게 다예요. 정말 단순하죠." 이번 대담에서 나는 줄곧 그 명제가 따지고 보면 그렇게 단순명료하지 않다는 점을 보여주고자 했습니다. 당신은 '통제력'이나 통제력이 '기본적인 응분에 따라 도덕적 책임을 지는 데 필요한' 이유를 긍정적으로 해석하지 않았죠. 반면 나는 통제와 자기 통제력을 설명하는 데 꽤 긴 시간을 할애했고, 결정론은 평범한 사람이 지니는 자기 통제력을 전혀 위협하지 않는다고 주장했습니다. 물론 당신이 반 인와겐의 결과 논증을 따라[60] 세상에 무언가를 통제할 수 있는 존재는 아무것도 없다고 주장한다면 이야기는 달라지겠죠. 토머스 핀천의 소설 《중력의 무지개》(1973)에서 한 등장인물은 이런 불길한 이야기를 합니다.

> 통제라는 환상. A가 B를 할 수 있었다는 환상. 그건 거짓이었다. 새빨간 거짓. 뭔가를 할 수 있는 사람은 아무도 없다. 단지 사건이 일어날 뿐이다.[61]

당신이 이런 견해를 받아들인다면, 또 한 번 이를 악물고 용감한 주장을 하는 셈이겠지만, 이번에는 자칫 화약을 지고 불속으로 뛰어드는 꼴이 될지 모릅니다. 통제가 환상이라면, 신진대사도, 삶도, 탐구도, 지식도 모두 환상이에요. 남는 것은 원자와 공허뿐이겠죠. 그렇다면 지금 우리가 하는 일이 대체 무슨 의미가 있겠어요? (정정합니다. 지금 일어나는 일이라고 해야겠군요. 우리는 아무것도 할 수가 없으니까요.)

철학 논쟁

카루소──── 당신은 응보주의에는 하나의 형태만이 있으며, 혼합적인 처벌 이론 같은 것은 있을 수 없다고 생각하는 것 같군요. 전혀 그렇지 않습니다. 결과주의적·응보주의적 요소들을 모두 포함하는 혼합 이론은 학계에서 쉽게 찾아볼 수 있어요. 안토니 더프의 말을 다시 한번 참고해보죠.

> 일부 이론가는 순수 결과주의, 순수 응보주의적 해석이 맞닥뜨리는 난점을 고려해 결과주의적·비결과주의적 요소를 혼합한 해석으로써 처벌을 정당화하는 문제를 해결하고자 했다. 아마도 가장 큰 영향을 끼쳤을 혼합 해석의 사례는 처벌을 정당화하는 문제를 몇 가지 다른 문제로 나눌 수 있고, 이 문제들은 각기 다른 사항을 고려해야 답을 할 수 있다는 점을 인정하는 데서 출발한다. 첫 번째로 형벌제도 '일반을 정당화하는 목표'[62]는 그 제도의 유익한 효과여야 한다고 주장할 수 있다. 하지만 두 번째로 우리는 비결과주의적 원칙으로 그 목표를 추구하는 일에 제한을 둠으로써 순수 결과주의적 해석에서 비롯한다고 여겨지는 불의를 원천 차단해야 한다.[63]

이러한 유형의 혼합 이론은 여러 형태로 나타날 수 있습니다. 먼저 가장 기본적인 형태는 소극적 응분을 근거로 순수 결과주의에 제약을 두어 무고한 사람을 의도적으로 처벌하거나 죄가 있는 사람을 지나칠 정도로 가혹하게 처벌하는 일을 금지하는 것입니다. 명망 높은 법철학자 H. L. A. 하트는 이 같은 형태의 혼합 이론을 주창한 가장 유명한 인물이죠. 하지만 일각에서는 하트가 제시한 것과 같은 전략이 임시방편에 지나지 않는다고 비판하거나 내적으로 모순이 있다고 지적하기도 합니다.[64] 또, 응보주의자들은 이러한 이론이 응분에 기대지 않고 소극적 응분에 의해서만 일부 제약을 받는 결과주의에 불과하며, 응보주의의 역할을 부차적인 것으로 축소한다고 비판하죠.

그뿐만이 아니라 소극적 응분으로 결과주의를 일부 제한하는 근거가 무엇인지도 중요한 문제입니다. 더프는 이 문제를 다음과 같이 설명합니다. "처벌은 응분의 책임이 있는 사람에게 부과될 때만 정당하다는 '소극적' 응보주의가 제약의 근거일 경우, 응보주의적 응분 관념을 설명해야 한다는 까다로운 문제를 피할 수 없다. 그렇다 해서 응보주의적 응분에 기대지 않고 이러한 제약을 정당화할 방법이 있는지도 확실치 않다."[65] 그런데 당신은 (a) 응보주의의 적극적 응분 요구를 받아들이면서 (b) 명제 5를 인정하지 않으니, 지금 예로 든 혼합 이론에도 동의하지 않겠죠.

혼합 이론은 이러한 기본 형태에서부터 출발해 더 많은 응보주의적 요소를 적극 수용하는 방향으로 나아갈 수 있습니다. 처벌을 두 단계로 나누어 설명하는 이론이 그 예로, 이 또한 설명 방식에 따라 다양한 형태로 나눌 수 있어요.[66] 한 가지 예를 들자면, 첫 번째 단계에서는 응보주의를 바탕으로 범죄자는 범죄 행동을 저질렀다는 사실로 인해 처벌에 따른 강제 조치의 대상이 되거나 그런 조치를 받을 책임을 진다고 주장할 수 있습니다. 그런 다음, 두 번째 단계에서는 처벌의 대상에 해당하거나 그럴 책임이 있는 사람들을 처벌하는 일을 결과주의적 근거로써 긍정적으로 설명하는 것이죠. 그 외에도 다음과 같은 설명 또한 가능합니다.

> 도덕적 이유만이 아니라 타산적 이유를 함께 고려해 처벌을 설명하려는 다소 색다른 시도도 있다. 먼저 처벌을 응분의 규탄으로 정당화하는 응보주의적 관념을 내세운 다음, 엄중한 처벌로써 규탄 행위를 널리 알려야 한다고 주장하는 것인데 그 이유는 이러한 조치가, 도덕심에 호소하는 규탄 행위에 크게 영향을 받지 않는 사람들도 타산적인 이유로 범죄를 삼가도록 만들기 때문이다. 다시 말해, 엄중한 처벌은 도덕에 근거한 설득에 감화되지 않는 사람들까지도 억제한다고 보는 것이다.[67]

기본적인 혼합 이론이 무고한 사람을 처벌하거나 죄가 있는 사람을 가혹하게 처벌하는 일을 소극적 응보주의로써 금지하여 결과주의적 목표를 추구하는 데 제약을 두는 데 반해, 방금 인용한 견해는 적극적 응보주의에 따라 응분의 규탄을 부과하는 일 자체가 처벌을 정당화하는 긍정적인 목적에 기여한다고 봅니다.[68] 결과주의적·응보주의적 요소를 결합한 혼합적인 처벌 이론을 제시하려는 시도는 이 밖에도 무수히 많습니다.[69]

내 입장에서 당신의 설명은 당신이 구체적으로 어떤 견해를 갖고 있는지 이해할 수 있을 만큼 충분하거나 명쾌하지 않았습니다. 지금으로서는 당신이 순수한 응보주의는 아니라 해도 응보주의적 요소를 포함하는 입장을 지지한다고 봐야 할 것 같군요. 자세한 설명 없이는 당신이 응분에 어떤 역할을 부여하는지 정확히 파악할 방법이 없겠지만요.

앞서 내가 응분에 기대지 않는 순수한 결과주의 이론을 채택하는 것이 어떻겠냐고 권했을 때, 당신은 받아들이지 않았죠. 그런 다음, 소극적 응분만을 처벌을 제한하는 근거로 인정하는 혼합적 해석을 지지하는지 물었을 때도 답은 마찬가지였어요. 그러니 이제는 당신이 응분을 근거로 처벌을 적극적으로 정당화하는 유형의 혼합적 해석을 지지한다고 볼 수밖에 없습니다. 그리고 당연한 이야기겠지만, 그런 주장을 하려면 그만한 설명이 있어야 합니다. 순수한 응보주의든, 혼합적인 응보주의든 관계없이 모든 응보주의가 정당하지 않다는 것이 나의 입장이니까요.

데닛── 안타깝지만, 사회는 규칙이 있는 모임(혹은 게임)과 비슷하다는 명쾌한 생각을 당신에게 자세히 설명하지 못

철학 논쟁

한 것 같군요. 존중받을 만한 법과 규칙을 세우고, 사람들이 그 것을 지지하도록 만들어야 할 이유는 충분합니다. 그래야만 안 정적이고 안전한 사회를 수립하여 사람들이 각종 기회와 정치 적 자유를 누리고, 이런 이점을 향상시켜 나갈 확실한 방안들을 풍족하게 마련할 수 있기 때문이죠. 그 사회의 구성원들은 합 당한 이유 없이 규칙·법을 따르지 않기로 할 경우, 사회의 규정 에 따라 불쾌할지라도 응분한 결과를 치러야 한다는 것을 이해 합니다. 적법한 행동을 하면 그에 따른 응분의 보상이 있는 것 과 마찬가지죠. 여기서 응분은 당신이 말하는 개념과는 다릅니 다. 결정론이나 비결정론과 무관하며, 운에 관한 당신의 주장에 도 영향을 받지 않으니까요. 나는 응분을 일상적인 의미로 사용 하며, 응분이야말로 도덕적 책임의 토대라 주장합니다. 단, 당 신도 동의했듯 도덕적 책임이란 어디까지나 사회적 구성물입니 다. 그리고 내가 말하는 응분은 평범한 사람이라면 자신을 통제 하고 다른 사람의 꼭두각시가 되지 않도록 주의할 책임을 질 능 력이 있다고(유일하게 원할 가치가 있는 자유의지를 지닌다고) 전제합 니다. 당신은 이런 주장에 '응보주의적 요소'가 있다고 말하지 만, 정작 그게 무엇인지는 전혀 입증하지 못했어요.

아쉽지만 이제 논의를 끝마칠 시간이 되었군요. 둘 중 누 가 더 설득력 있는 논거와 논리정연한 이론을 제시했는지는 독 자의 판단에 맡기도록 하죠.

주

추천사

1. Kant 1785: Part Ⅱ.

논쟁을 시작하며

1. United States v. Grayson, 438 U.S. 41 (1978).
2. Vargas 2013: 180.
3. van Inwagen 1983: 3.
4. McKenna and Pereboom 2016: 19.
5. Nietzsche 1886/1992: 218-219.
6. Pereboom 2014: 2.

첫 번째 대담

1. Nelkin 2019.
2. 관련 연구에 관한 자세한 논의는 다음의 자료를 참고하라. Caruso, Gregg D. 2021a : ch 7.
3. Levy 2011: 96.
4. 데닛이 드는 마라톤 사례와 카루소가 제기하는 것과 비슷한 반론에 관해서는 다음의 자료를 참고하라. Dennett 2003a: 276ff.

5. Dennett 2003a: 291.

6. Bedau 2015.

7. 자세한 내용은 다음 자료들을 참고하라. Shariff et al. 2013; Clark et al. 2014; Clark et al. 2018; Clark, Winegard, and Sharrif 2019; Nadelhoffer and Tocchetto 2013.

8. 예를 들어 다음의 자료들을 참고하라. Caruso 2016a, 2021; Pereboom and Caruso 2018.

9. van Inwagen 1983: 3.

10. Hoefer 2016.

11. McKenna and Pereboom 2016: 19.

12. van Inwagen 1993: 182-183.

13. 다음 자료 또한 참고하라. Pereboom 2001: 34.

14. Pereboom 2001: 34.

15. Nichols 2012: 203.

16. Nichols and Knobe 2007.

17. Nichols and Knobe 2007: 669.

18. Deery et al. 2013.

19. Nadelhoffer et al. 2019.

20. Nichols 2004, 2012; Nichols and Knobe 2007; Feltz and Cokley 2009; Feltz, Perez, and Harris 2012; Deery et al. 2013; Knobe 2014; Nadelhoffer et al. 2019; Rose and Nichols 2013; Sarkissian et al. 2010.

두 번째 대담

1. Pereboom 2014: 2.

2. 그게아니라술의 의미와 상세한 내용은 다음의 자료를 참고하라. Dennett 2013a: ch. 9.

3. Kant 1785: Part Ⅱ.

4. Vargas 2007, 2013.

5. 자세한 설명은 다음의 자료를 참고하라. Dennett 2003a.

6. 그중에서도 특히 다음 자료들을 참고하라. Forber and Smead 2018, Henrich and Muthukrishna 2020.

7. Hume 1739: 500.

8. 부유이치에 관한 설명은 다음의 자료를 참고하라. Dennett 2017.

9. Waller 2015: 39.

10. Levy 2016.

11. 자세한 설명은 다음의 자료를 참고하라. Pereboom 2001.

12. Nichols 2007.

13. 이에 관한 최신 연구를 요약한 자료는 다음을 참고하라. Henrich and Muthukrishna 2020.

14. Pereboom 2014.

15. Chisholm 1982: 32.

16. 이 같은 형태의 조작 논증은 다음 연구들을 통해 구체화되었다. Alfred Mele 1995, 2006; Derk Pereboom 1995, 2001, 2008, 2014; Richard Taylor 1963/1992; Rosen 2002; Patrick Todd 2011, 2013. 등.

17. 데닛의 이 주제에 대한 이전 논의는 다음을 참고하라. Dennett 1984a: 112. 이 밖에도 해당 자료에서 다음의 자료들을 함께 다루었다. Popper 1951, MacKay 1960.

18. 이 예시는 다음의 자료에서 가져왔다. Dennett 2012.

19. 자세한 논의는 다음 자료를 참고하라. Dennett 2017.

20. Strawson 2010.

21. 게임이론의 관점에서 예측의 의미를 분석한 사례로는 다음을 참고하라. Liam Clegg 2012.

22. 결과 논증에는 여러 종류가 있지만, 기본적인 생각은 다음과 같은 반 인와겐의 주장에서 확인할 수 있다. "결정론이 참이라면, 우리의 행동

은 자연법칙과 먼 과거의 사건들이 가져온 결과다. 하지만 우리가 태어나기 전의 사건들과 자연법칙은 우리에게 달려 있지 않다. 따라서 이러한 것들이 가져온(우리의 현재 행동을 포함한) 결과는 우리에게 달려 있지 않다"(van Inwagen 1983).

23. Dennett 2001a.

24. 자세한 내용은 다음을 참고하라. Dennett 2013a.

25. Flanagan 2017.

26. Sommers 2012, 2018.

27. Sommers 2012: 48.

28. Dennett 2003a: 302ff.

29. Caruso 2020a.

30. Levy 2011.

31. 관련 자료에 대한 상세한 논의는 다음을 참고하라. Caruso 2021a.

32. London Observer 1983. April 24.

세 번째 대담

1. Berman 2008, 2011, 2013, 2016.

2. Berman 2008: 269.

3. Pereboom 2014.

4. Pereboom 2001, 2014.

5. 《응보주의를 거부하다》와 피어붐과 카루소가 함께 저술한 자료들을 참고하라.

6. 다음의 자료와 함께 피어붐과 카루소가 저술한 자료들을 참고하라. Caruso 2021a.

7. 피터 셀렐로Peter Celello가 쓴 2014년판 '인터넷 철학 백과Internet Encyclopedia of Philosophy'의 '응분' 항목에서 인용.

8. 자세한 내용은 다음 자료를 참고하라. Rawls 1917, sect. 17. 48.

9. 다음 자료 또한 참고하라. Pereboom and Caruso 2018.

10. 반대 이유에 관한 자세한 설명은 다음의 자료들을 참고하라. Boonin 2008; Zimmerman 2011.

11. 예를 들어 다음의 자료들을 참고하라. Boonin 2008, Zimmerman 2011, Duff 2017.

12. 다른 문제점에 관해서는 다음의 자료를 참고하라. Boonin 2008; Zimmerman 2011.

13. Enns 2006: 1.

14. Pereboom 2019: 103.

15. Zaibert 2018: 1.

16. Zaibert 2018: 7.

17. Hart 2008: 4.

18. Wittgenstein 1961: 79e. 이 밖에도 다음 자료들을 참고하라. Tasioulas 2006, Boonin 2008, Zimmerman 2011, Zaibert 2018.

19. Walen 2014, sect. 2.1.

20. Zimmerman 2011: 7-8.

21. Zimmerman 2011: 9-10.

22. Pereboom 2014.

23. Dennett 2008: 258.

24. Zimmerman 2011.

25. Feinberg 1970.

26. Duff 2017.

27. Duff 2017.

28. Tadros 2011: 14.

29. Tadros 2011; Pereboom 2018; Shaw 2019; Caruso 2021a.

30. Dennett 1983, 2017.

31. Kelly 2018: 83.

32. Kelly 2018: 114.

33. Kelly 2018: 39.

34. Kelly 2018: 116.

35. Gibbard 1990.

36. 자세한 내용은 다음을 참고하라. Dennet 2003a: 278-280.

37. Kelly 2018: 107.

38. Kelly 2018: 107.

39. Strawson 1962: 74.

40. 이에 반대하는 입장에 관해서는 다음 자료를 참고하라. Tamler Sommers 2007.

41. Pereboom and Caruso 2018: 201; Pereboom 2001, 2014.

42. Pereboom and Caruso 2018.

43. Scanlon 1998; Bok 1998; Pereboom 2014.

44. Pereboom 2014.

45. Focquaert et al. 2020.

46. Waller 2011: 219.

47. Strawson 1962: 74.

48. Nichols and Knobe 2007; Sarkissian et al. 2010; Deery et al. 2013.

49. 자세한 논의는 다음을 참고하라. Pereboom and Caruso 2018.

50. Walen 2014, sect. 3.1.

51. Tadros 2011.

52. Pereboom 2001: 174.

53. Pereboom 2001: 174.

54. Rawls 2001: 5-6.

55. Rawls 1985.

56. Rawls 1971: 4.

57. Kelly 2018.

58. Duff 2017.

59. Bentham 1823: ch. XIII.2.

60. 결과 논증에 대해서는 두 번째 대담의 22번 주를 참고하라.

61. Pynchon 1973: 34.

62. Hart 1968/2008: 8-11.

63. Duff 2017.

64. Kaufman 2008: 45-49; Duff 2017: sect. 6.

65. Duff 2017. 이 밖에도 다음 자료들을 참고하라. Hart 1968/2008: 44~48; Feinberg 1998: 144~155; Walker 1991: ch. 11.

66. 그중 일부에 대한 설명은 다음을 참고하라. Duff 2017: sect. 6.; Boonin 2008: ch 4.

67. Duff 2017.

68. Duff 2017: sect. 6.

69. 예를 들어 다음 자료들을 참고하라. Hampton 1991, 1992, 1994; Braithwaite 1999; Matravers 200; Duff 2001.

참고문헌

〔자유의지 문제를 다룬 유용한 입문서로 추천하는 도서는 단독 저서의 경
우 위 첨자 I, 공동 저서의 경우 위 첨자 C로 표시했다.〕

C Baer, John, James C. Kaufman, and Roy F. Baumeister (eds.) (2008)
Are We Free? Psychology and Free Will. New York: Oxford University
Press.

Bedau, Hugo (2015) Punishment. *Stanford Encyclopedia of Philosophy.*
https://plato.stanford.edu/entries/punishment/

Bentham, Jeremy (1823/1948) *An Introduction to the Principles of Morals
and Legislation.* New York: Macmillan.

Berman, Mitchell (2008) Punishment and justification. *Ethics* 18:
258~290.

Berman, Mitchell (2011) Two kinds of retributivism. In *Philosophical
Foundations of Criminal Law*, eds. R. A. Duff and S. Green. New York:
Oxford University Press.

Berman, Mitchell (2013) Rehabilitating retributivism. *Law and Philo-
sophy* 32: 83~108.

Berman, Mitchell (2016) Modest retributivism. In *Legal, Moral, and
Metaphysical Truths: The Philosophy of Michael S. Moore*, eds. Kimberly
Kessler Ferzan and Stephen J. Morse. New York: Oxford University
Press.

C Berofsky, Bernard (ed.) (1966) *Free Will and Determinism.* New York:
Harper & Row.

Bok, Hilary (1998) *Freedom and Responsibility.* Princeton, NJ: Princeton University Press.

Boonin, David (2008) *The Problem of Punishment.* New York: Cambridge University Press.

Braithwaite, J. (1999) Restorative justice: Assessing optimistic and pessimistic accounts. In *Crime and Justice: A Review of the Research*, ed. M. Tonry, pp. 241~367. Chicago: University of Chicago Press.

^I Campbell, Joseph Keim (2011) *Free Will.* Malden, MA: Polity.

Caruso, Gregg D. (2008) Consciousness and free will: A critique of the argument from introspection. *Southwest Philosophy Review* 24(1): 219~231.

Caruso, Gregg D. (2011) Compatibilism and the folk psychology of free will. In *An Anthology of Philosophical Studies*, Vol. V, ed. Patricia Hanna, pp. 215~226. Athens, Greece: ATINER.

Caruso, Gregg D. (2012) *Free Will and Consciousness: A Determinism Account of the Illusion of Free Will.* Lanham, MD: Lexington Books.

^C Caruso, Gregg D. (ed.) (2013) *Exploring the Illusion of Free Will and Moral Responsibility.* New York: Lexington Books.

Caruso, Gregg D. (2014a) Précis of Derk Pereboom's *Free Will*, *Agency*, *and Meaning in Life. Science*, *Religion and Culture* 1(3): 178~201. 더크 피어붐, 존 마틴 피셔, 다나 넬킨과 함께한 도서 심포지엄의 일부분이다.

Caruso, Gregg D. (2014b) (Un)just deserts: The dark side of moral responsibility. *Southwest Philosophy Review* 30(1): 27~38.

Caruso, Gregg D. (2015a) Free will eliminativism: Reference, error, and phenomenology. *Philosophical Studies* 172(10): 2823~ 2833.

Caruso, Gregg D. (2015b) If consciousness is necessary for moral responsibility, then people are less responsible than we think. *Journal of Consciousness Studies* 22(7~8): 49~60.

Caruso, Gregg D. (2015c) Précis of Neil Levy's *Consciousness and Moral*

Responsibility. Journal of Consciousness Studies 22(7~8): 7~15.

Caruso, Gregg D. (2015d) Kane is not able: A reply to Vicens' "Self-forming actions and conflicts of intention." *Southwest Philosophy Review* 31(2): 21~26.

Caruso, Gregg D. (2016a) Free will skepticism and criminal behavior: A public health~quarantine model. *Southwest Philosophical Review* 32(1): 25~48.

Caruso, Gregg D. (2016b) Review of Bruce Waller's *Restorative Free Will. Notre Dame Philosophical Reviews.*

Caruso, Gregg D. (2017a) Free will skepticism and the question of creativity: Creativity, desert, and self-creation. *Ergo* 3(23): 591~607.

Caruso, Gregg D. (2017b) Moral responsibility and the strike back emotion: Comments on Bruce Waller's *The Stubborn System of Moral Responsibility. Syndicate Philosophy*, 2017, February 19.

[1] Caruso, Gregg D. (2018a) Skepticism about moral responsibility. *Stanford Encyclopedia of Philosophy.* https://plato.stanford.edu/entries/skepticism-moral-responsibility/

Caruso, Gregg D. (2018b) Consciousness, free will, and moral responsibility. In *The Routledge Handbook of Consciousness*, ed. Rocco J. Gennaro, pp. 78~91. London: Routledge.

Caruso, Gregg D. (2019a) A defense of the luck pincer: Why luck (still) undermines moral responsibility. *Journal of Information Ethics* 28(1): 51~72.

Caruso, Gregg D. (2019b) Free will skepticism and its implications: An argument for optimism. In *Free Will Skepticism in Law and Society*, eds. Elizabeth Shaw, Derk Pereboom, and Gregg D. Caruso, pp. 43~72. New York: Cambridge University Press.

Caruso, Gregg D. (2020a) Buddhism, free will, and punishment: Taking Buddhist ethics seriously. *Zygon* 55 (2): 474~496.

Caruso, Gregg D. (2020b) Justice without retribution: An epistemic argument against retributive criminal punishment. *Neuroethics* 13(1): 13~28.

Caruso, Gregg D. (2020c). Why free will is not real: A reply to Christian List. *The Philosopher* 108(1). 이 대담의 중심이 된 저서로 크리스티안 리스트의 《자유의지가 실재하는 이유Why Free Will is Real》(2019)을 참고하라.

Caruso, Gregg D. (2021a) *Rejecting Retributivism: Free Will, Punishment, and Criminal Justice.* New York: Cambridge University Press.

Caruso, Gregg D. (2021b) The public health~quarantine model. *Oxford Handbook of Moral Responsibility*, eds. Dana Nelkin and Derk Pereboom. New York: Oxford University Press.

Caruso, Gregg D. and Stephen G. Morris (2017) Compatibilism and retributive desert moral responsibility: On what is of central philosophical and practical importance. *Erkenntnis* 82: 837~855.

Caruso, Gregg D. and Derk Pereboom (2020) A non-punitive alternative to punishment. In *Routledge Handbook of the Philosophy and Science of Punishment*, eds. Farah Focquaert, Bruce Waller, and Elizabeth Shaw. New York: Routledge.

[1] Celello, Peter (2014) Desert. *Internet Encyclopedia of Philosophy.* https://www.iep.utm.edu/desert/

Chisholm, Roderick (1982) Human freedom and the self. In *Free Will*, ed. Gary Watson. New York: Oxford University Press.

Clark, C. J., J. B. Luguri, P. H. Ditto, J. Knobe, A. F. Shariff, and R. F. Baumeister (2014) Free to punish: A motivated account of free will. *Journal of Personal and Social Psychology* 106: 501~513.

Clark, C. J., A. Shniderman, J. B. Luguri, R. F. Baumeister, and P. H. Ditto (2018) Are morally good actions ever free? *Consciousness and Cognition* 63: 161~182.

Clark, C. J., B. M. Winegard, and R. F. Baumeister (2019) Forget the folk: Moral responsibility preservation motives and other conditions for compatibilism. *Frontiers in Psychology*, February 7: https://doi.org/10.3389/fpsyg.2019.00215

Clark, C. J., B. M. Winegard, and A. F. Shariff (2019) Motivated free will beliefs: The theory, new (preregistered) studies, and three meta-analyses. Online.

[l] Clarke, Randolph and Justin Capes (2017) Incompatibilist (nondeterministic) theories of free will. *Stanford Encyclopedia of Philosophy*. https://plato.stanford.edu/entries/incompatibilism-theories/

[c] Clarke, Randolph, Michael McKenna, and Angela M. Smith (eds.) (2015) *The Nature of Moral Responsibility*. New York: Oxford University Press.

Clegg, Liam F. (2012) *Protean Free Will*. California Institute of Technology, Pasadena. https://authors.library.caltech.edu/29887/

Deery, O., M. Bedke, and S. Nichols (2013) Phenomenal abilities: Incompatibilism and the experience of agency. In *Oxford Studies in Agency and Responsibility*, ed. David Shoemaker, pp.126~150. New York: Oxford University Press.

Dennett, Daniel C. (1972) Review of J. R. Lucas, *The Freedom of the Will. Journal of Philosophy* 69: 527~531.

Dennett, Daniel C. (1973) Mechanism and responsibility. In *Essays on Freedom of Action*, ed. Ted Honderich. London: Routledge and Kegan Paul. 《자유의지Free Will》라는 이름으로 옥스퍼드대학교 출판부에서 재출간되었다.

Dennett, Daniel C. (1978) On giving libertarians what they say they want. In Dennett's *Brainstorm: Philosophical Essays on Mind and Psychology*. Montgomery, VT: Bradford Books.

Dennett, Daniel C. (1983) Intentional systems in cognitive ethology: The "Panglossian Paradigm" defended (with commentaries), *Behavioral*

참고문헌 355

and Brain Sciences 6: 343~390.

¹ Dennett, Daniel C. (1984a) *Elbow Room: Varieties of Free Will Worth Wanting.* Cambridge: MIT Press.

Dennett, Daniel C. (1984b) I could not have done otherwise: So what? *Journal of Philosophy* 81: 553~565.

Dennett, Daniel C. (1988a) The moral first aid manual. In *The Tanner Lectures on Human Values*, ed. S. McMurrin, pp. 121~147. University of Utah Press and Cambridge University Press.

Dennett, Daniel C. (1988b) Coming to terms with the determined. Review of Ted Honderich's *A Theory of Determinism: The Mind, Neuroscience, and Life-Hopes. The Times Literary Supplement*, November 4~10: 1219~1220.

Dennett, Daniel C. (1991) Consciousness Explained. New York: Little Brown and Company. 한국어판은 《의식의 수수께끼를 풀다》(옥당, 2013).

Dennett, Daniel C. (2001a) Consciousness: How much is that in real money? In *Oxford Companion to the Mind*, ed. R. Gregory. New York: Oxford University Press.

Dennett, Daniel C. (2001b) Implantable brain chips: Will they change who we are? *Lahey Clinic Medical Ethics Newsletter*, Spring: 6~7.

Dennett, Daniel C. (2001c) Review of George Ainslie's *Breakdown of Will. The Times Literary Supplement*, December 7: 8.

Dennett, Daniel C. (w/Christopher Taylor) (2002) Who's afraid of determinism? Rethinking causes and possibilities. *Oxford Handbook of Free Will*, ed. Robert Kane, pp. 257~277. New York: Oxford University Press.

¹ Dennett, Daniel C. (2003a) *Freedom Evolves.* New York: Viking. 한국어판은 《자유는 진화한다》(동녘사이언스, 2009).

Dennett, Daniel C. (2003b) Review of Daniel Wegner's *The Illusion of*

Conscious Will (Making ourselves at home in our machines). *Journal of Mathematical Psychology* 47: 101~104.

Dennett, Daniel C. (2003c) On failures of freedom and the fear of science. Daedalus: *Journal of the American Academy of the Arts and Sciences*, Winter: 126~130.

Dennett, Daniel C. (2003d) The self as responding - and responsible - artifact. *Annals New York Academy of Science* 1001: 39~50.

Dennett, Daniel C. (2004) The mythical threat of genetic determinism. *The Chronical of Higher Education*, January 31: B7~B9. 재출간된《최고의 미국 과학과 자연 글쓰기The Best American Science and Nature Writing》의 45~50쪽을 인용하였다.

Dennett, Daniel C. (2005) Natural Freedom. *Metaphilosophy* 36(4): 449~459.

Dennett, Daniel C. (2008) Some observations on the psychology of thinking about free will. In *Are We Free? Psychology and Free Will*, eds. Baer, Baumeister, and Kaufmann, pp. 248~259. New York: Oxford University Press.

Dennett, Daniel C. (w/Christopher Taylor) (2010) Who's still afraid of determinism? Rethinking causes and possibilities. *Oxford Handbook of Free Will*, ed. Robert Kane, 2nd edn. New York: Oxford University Press.

Dennett, Daniel C. (2011a) My brain made me do it (When neuroscientists think they can do philosophy), *Max Weber Lecture Series*. European University Institute, Florence, Lecture N. 2011/01: 1~14.

Dennett, Daniel C. (2011b) Review of Bruce Waller's *Against Moral Responsibility*. *Naturalism.org*. http://handle.net/10427/000494 이 리뷰에는 톰 클라크의 답변과 클라크, 월러에 대한 데닛의 답변도 포함되어 있다.

Dennett, Daniel C. (2012) Erasmus: Sometimes a spin doctor is right. *Praemium Erasmianum Essay* 2012, Essay written for the Praemium

Erasmianum Foundation on the occasion of the award of the Erasmus Prize, Amsterdam, November 2012.

Dennett, Daniel C. (2013a) *Intuitions Pumps and Other Tools for Thinking.* New York: W. W. Norton and Company. 한국어판은 《직관펌프, 생각을 열다》(동아시아, 2015).

Dennett, Daniel C. (2013b) Review of Adrian Raine's The *Anatomy of Violence: The Biological Roots of Crime.* Prospect, May 3: 64~68.

Dennett, Daniel C. (2014a) Reflections on free will. Review of Sam Harris's *Free Will.* Online at: https://samharris.org/reflections-on-free-will/

Dennett, Daniel C. (2014b) Seduced by tradition. In *Moral Psychology: Free Will and Moral Responsibility*, ed. Walter Sinnott-Armstrong, pp. 75~80. Cambridge, MA: MIT Press.

Dennett, Daniel C. (2014c) Daniel Dennett on free will worth wanting. In *Philosophy Bites Again*, eds. D. Edmonds and N. Warburton, pp. 125~133. New York: Oxford University Press.

Dennett, Daniel C. (2014d) Are we free? Neuroscience gives the wrong answer. Prospect, October.

Dennett, Daniel C. (2017) *From Bacteria to Bach and Back: The Evolution of Minds.* New York: W. W. Norton and Company.

Duff, R. A. (2001) *Punishment, Communication, and Community.* New York: Cambridge University Press.

Duff, Antony (2017) Legal punishment. *Stanford Encyclopedia of Philosophy.*

Einstein, Albert (1929) What life means to Einstein: An interview by George Sylvester Viereck. *Saturday Evening Post.* October 26, 1929: 17, 110~117.

Enns, Peter (2006) *Incarceration Nation: How the United States Became the Most Punitive Democracy in the World.* New York: Cambridge University

Press.

[1] Eshleman, Andrew (2014) Moral responsibility. *Stanford Encyclopedia of Philosophy*. http://plato.stanford.edu/entries/moral-responsibility/

Feinberg, Joel (1970) The expressive function of punishment. In *Doing and Deserving*, by J. Feinberg, pp. 95~118. Princeton: Princeton University Press.

Feinberg, Joel (1988) *Harmless Wrongdoing*. New York: Oxford University Press.

Feltz, A. and E. Cokely (2008) Do judgments about freedom and responsibility depend on who you are? Personality differences in intuitions about compatibilism and incompatibilism. *Consciousness and Cognition* 18(1): 342~350.

Feltz, A., A. Perez, and M. Harris (2012) Free will, causes, and decisions: Individual differences in written reports. *Journal of Consciousness Studies* 19(9~10): 166~189.

[c] Fisher, John Martin (ed.) (1986) *Moral Responsibility*. Ithaca, NY: Cornell University Press.

[I] Fischer, John Martin (1994) *The Metaphysics of Free Will*. New York: Blackwell Publishers.

Fischer, John Martin and Mark Ravizza (1998) *Responsibility and Control: A Theory of Moral Responsibility*. New York: Cambridge University Press.

[I] Fischer, John Martin, Robert Kane, Derk Pereboom, and Manuel Vargas (2007) *Four Views on Free Will*. New York: Blackwell Publishing.

Flanagan, Owen (2017) *The Geography of Morals: Varieties of Moral Possibility*. New York: Oxford University Press.

Floud, Jean E. and Warren Young (1981) *Dangerousness and Criminal Justice*. London: Heinemann.

Focquaert, Farah, Gregg Caruso, Elizabeth Shaw, and Derk Pereboom (2020) Justice without retribution: Interdisciplinary perspectives, stakeholder views, and practical implications. *Neuroethics* 13: 1~3.

Forber, Patrick and Rory Smead (2018) Punishment isn't about the common good: It's about spite. *Aeon*. https://aeon.co/ideas/punishment-isnt-about-the-common- good-its-about-spite

Frankfurt, Harry (1969) Alternative possibilities and moral responsibility. *Journal of Philosophy* 66: 829~839.

Frankfurt, Harry (1971) Freedom of the will and the concept of a person. *Journal of Philosophy* 68: 5~20.

¹ Frede, Michael (2011) *A Free Will: Origins of the Notion in Ancient Thought. Berkeley*, CA: University of California Press.

Gibbard, Allan (1990) *Wise Choices, Apt Feelings: A Theory of Normative Judgment*. Cambridge, MA: Harvard University Press.

Gladwell, Malcolm (2008) Outliers: The Story of Success. New York: Little Brown and Company. 한국어판은 《아웃라이어》 (김영사, 2009).

¹ Haji, Ishtiyaque (2009) *Incompatibilism's Allure*. Peterborough, Ontario: Broadview Press.

Hampton, Jean (1991) A new theory of retribution. In *Liability and Responsibility: Essays in Law and Morals*, eds. R. G. Frey and Christopher W. Morris, pp. 377~414. New York: Cambridge University Press.

Hampton, Jean (1992) An expressive theory of retribution. In *Retributivism and Its Critics*, ed. Wesley Cragg, pp. 1~25. Stuttgart: Franz Steiner Verlag.

Hampton, Jean (1994) Liberalism, retribution and criminality. In In *Harm's Way: Essays in Honor of Joel Feinberg*, eds. Jules Coleman and Allen Buchanan, pp. 159~182. New York: Cambridge University Press.

¹ Harris, Sam (2012) *Free Will*. New York: Free Press. 한국어판은 《자유 의지는 없다》 (시공사, 2013).

Harris, Sam (2014) The marionette's lament: Response to Daniel Dennett. https://samharris.org/the-marionettes-lament/

Hart, H. L. A. (1968/2008) *The Concept of Law*, 3rd edn. New York: Oxford University Press.

Hart, H. L. A. (2008) *Punishment and Responsibility: Essays in the Philosophy of Law*, 2nd edn. Oxford: Oxford University Press.

Henrich, Joseph and Michael Muthukrishna (2020) The Origins and Psychology of Human Cooperation. *Annual Review of Psychology* 71.

I Hoefer, Carl (2016) Causal determinism. *Stanford Encyclopedia of Philosophy*. https://plato.stanford.edu/entries/determinism-causal/

c Honderich, Ted (ed.) (1973) *Essays on Freedom and Action*. London: Routledge and Kegan Paul.

I Honderich, Ted (2002) *How Free Are You? The Determinism Problem*. 2nd edn. New York: Oxford University Press.

c Hook, Sidney (ed.) (1958) *Determinism and Freedom in the Age of Modern Science*. London: Collier Books.

Hume, David (1739/1978) *A Treatise of Human Nature*. New York: Oxford University Press.

Hume, David (1748/2000) *An Enquiry Concerning Human Understanding*. New York: Oxford University Press.

I Kane, Robert (2005) *A Contemporary Introduction to Free Will*. New York: Oxford University Press.

c Kane, Robert (2011) Oxford Handbook of Free Will, 2nd edn. New York: Oxford University Press.

Kant, Immanuel (1785/1981) *Grounding for the Metaphysics of Morals*, trans. J. Ellington. Indianapolis: Hackett. 한국어판은 《윤리형이상학 정초》(아카넷, 2018).

Kaufman, W. (2008) The rise and fall of the mixed theory of punishment. *International Journal of Applied Philosophy* 22: 37~57.

Kelly, Erin (2018) *The Limits of Blame: Rethinking Punishment and*

Responsibility. Cambridge, MA: Harvard University Press.

Knobe, J. (2014) Free will and the scientific vision. In Current Controversies in *Experimental Philosophy*, eds. E. Machery and E. O'Neill, pp. 69~85. New York: Routledge.

C Lehrer, Keith (ed.) (1966) *Freedom and Determinism.* New York: Random House.

Levy, Neil (2009) Luck and history-sensitive compatibilism. *Philosophical Quarterly* 59(235): 237~251.

Levy, Neil (2011) Hard Luck: *How Luck Undermines Free Will and Moral Responsibility.* New York: Oxford University Press.

Levy, Neil (2016) Does the desire to punish have any place in modern justice? *Aeon*, February 19. https://aeon.co/ideas/does-the-desire-to-punish-have-any-place-in-modern-justice

McCarthy, J. (2002) Free will ~ even for robots. Unpublished memo, Feb. 14, 2000. Simple deterministic free will, unpublished memo, May 16, 2002. Published online at: www-formal.stanford.edu/jmc/freewill.html

MacKay, Donald M. (1960) On the logical indeterminacy of a free choice. *Mind* 69: 31~40.

I McKenna, Michael and D. Justin Coates (2019) Compatibilism. *Stanford Encyclopedia of Philosophy.* https://plato.stanford.edu/entries/compatibilism/

I McKenna, Michael and Derk Pereboom (2016) *Free Will: A Contemporary Introduction.* New York: Routledge.

Matravers, M. (2000) Justice and Punishment: *The Rationale of Coercion.* New York: Oxford University Press.

Mele, Alfred (1995) *Autonomous Agents: From Self-Control to Autonomy.* New York: Oxford University Press.

Mele, Alfred (2006) *Free Will and Luck.* New York: Oxford University

철학 논쟁

Press.

Nadelhoffer, Thomas (ed.) (2013) *The Future of Punishment*. New York: Oxford University Press.

Nadelhoffer, Thomas and Daniela Goya Tocchetto (2013) The potential dark side of believing in free will (and related concepts): Some preliminary findings. In *Exploring the Illusion of Free Will and Moral Responsibility*, ed. Gregg D. Caruso, pp. 121~140. Lanham, MD: Lexington Books.

Nadelhoffer, T., D. Rose, W. Buckwalter, and S. Nichols (2019) Natural compatibilism, indeterminism, and intrusive metaphysics. https://doi.org/10.3129/osf.io/rzbqh

Nagel, Thomas (1979) *Mortal Questions*. New York: Cambridge University Press.

[1] Nelkin, Dana (2019) Moral luck. *Stanford Encyclopedia of Philosophy*. https://plato.stanford.edu/entries/moral-luck/

Nichols, S. (2004) The folk psychology of free will: Fits and starts. *Mind and Language* 19(5): 473~502.

Nichols, S. (2007) After compatibilism: A naturalistic defense of the reactive attitudes. *Philosophical Perspectives* 21: 405~428.

Nichols, S. (2012) The indeterminist intuition: Source and status. *The Monist* 95(2): 290~307.

Nichols, S. and J. Knobe (2007) Moral responsibility and determinism: The cognitive science of folk intuitions. *Nous* 41(4): 663~685.

Nietzsche, Friedrich (1886/1992) Beyond Good and Evil, trans. Walter Kaufmann. New York: Random House. 한국어판은 《선악의 저편·도덕의 계보》(책세상, 2002).

Nussbaum, Martha (1988) Nature, function, and capability: Aristotle on political distribution. In *Oxford Studies in Ancient Philosophy*, ed. J. Annas and R. Grimm. Oxford: Clarendon Press.

Nussbaum, Martha (1992) Human functioning and social justice: In defense of Aristotelian Essentialism. *Political Theory* 20(2): 202~146.

Nussbaum, Martha (1997) Capabilities and human rights. *Fordham Law Review* 66: 273.

Nussbaum, Martha (2000) *Women and Human Development*. Cambridge: Cambridge University Press.

Nussbaum, Martha (2003) Capabilities as fundamental entitlements: Sen and social justice. *Feminist Economics* 9 (2~3): 33~59.

Nussbaum, Martha (2006) *Frontiers of Justice*. Cambridge, MA: The Belknap Press.

Nussbaum, Martha (2011) *Creating Capabilities: The Human Development Approach*. Cambridge, MA: The Belknap Press of Harvard University Press. https://plato.stanford.edu/entries/legal-punishment/

[1] O'Connor, Timothy (2018) Free will. *Stanford Encyclopedia of Philosophy*. https://plato.stanford.edu/entries/freewill/

Pereboom, Derk (1995) Determinism al dente. *Nous* 29(1): 21~45.

[C] Pereboom, Derk (ed.) (1997) *Free Will*. New York: Hackett Publishing Company.

[1] Pereboom, Derk (2001) *Living Without Free Will*. New York: Cambridge University Press.

Pereboom, Derk (2008) A hard-line reply to the multiple-case manipulation argument. *Philosophical and Phenomenological Research* 77(1): 160~170.

[1] Pereboom, Derk (2014) *Free Will, Agency, and Meaning in Life*. New York: Oxford University Press.

Pereboom, Derk (2019) Free will skepticism and prevention of crime. In *Free Will Skepticism in Law and Society: Challenging Retributive Justice*, eds. Elizabeth Shaw, Derk Pereboom, and Gregg D. Caruso, pp. 99~115. New York: Cambridge University Press.

철학 논쟁

Pereboom, Derk and Gregg D. Caruso (2018) Hard-incompatibilist existentialism: Neuroscience, punishment, and meaning in life. In *Neuroexistentialism: Meaning, Morals, and Purpose in the Age of Neuroscience*, eds. Gregg D. Caruso and Owen Flanagan, pp. 1~22. New York: Oxford University Press.

ˡ Pink, Thomas (2004) *Free Will: A Very Short Introduction*. New York: Oxford University Press.

Popper, Karl (1951) Indeterminism in quantum physics and classical physics. *British Journal for the Philosophy of Science* 1: 179~188.

Pynchon, Thomas (1973) Gravity's Rainbow. New York: Viking. 한국어판은《중력의 무지개》(새물결, 2012).

Rawls, John (1971) *A Theory of Justice*. Cambridge, MA: Harvard University Press. Revised edition, 1999. 한국어판은《정의론》(이학사, 2003).

Rawls, John (1985) Justice as fairness: Political not metaphysical. *Philosophy and Public Affairs* 14 (Summer): 223~251.

Rawls, John (2001) *Justice as Fairness: A Restatement*, ed. Erin Kelly. Cambridge, MA: Harvard University Press. 한국어판은《공정으로서의 정의: 재서술》(이학사, 2016).

Rose, D. and S. Nichols (2013) The lesson of bypassing. *Review of Philosophy and Psychology* 4(4): 599~619.

Rosen, Gideon (2002) The case for incompatibilism. *Philosophical and Phenomenological Research* 64(3): 699~796.

Rosling, Hans (2018) *Factfulness: Ten Reasons We're Wrong About the World ~ and Why Things Are Better Than You Think*. New York: Flatiron Books. 한국어판은《팩트풀니스》(김영사, 2019).

Sarkissian, Hagop, Amita Chatterjee, Felipe De Brigard, Joshua Knobe, et al. (2010) Is belief in free will a cultural universal? *Mind and Language* 25(3): 346~358.

Scanlon, Thomas (1998) *What We Owe Each Other*. Cambridge, MA: Harvard University Press. 한국어판은 《우리가 서로에게 지는 의무》(한울아카데미, 2008).

Scanlon, Thomas (2013) Giving desert its due. *Philosophical Explorations* 16: 101~116.

Sen, Amartya (1980) *The Tanner Lectures on Human Values*, ed. S. McMurrin. Salt Lake City: University of Utah Press.

Sen, Amartya (1984) Resources, *Values, and Development*. Oxford: Basil Blackwell.

Sen, Amartya (1985) *Commodities and Capabilities*. Oxford: Oxford University Press.

Sen, Amartya (2009) The Idea of Justice. New York: Penguin Books. 한국어판은 《정의의 아이디어》(지식의날개, 2021).

A. F. Shariff, J. D. Greene, J. C. Karremans, J. Luguri, C. J. Clark, J. W. Schooler, R. F. Baumeister, and K. D. Vohs (2014) Free will and punishment: A mechanistic view of human nature reduces retribution. *Psychological Science published online* June 10: 1~8.

Shaw, Elizabeth (2019) Justice without more responsibility? *Journal of Information Ethics* 28(1).

[C] Shoemaker, David (ed.) (2013~2019) *Oxford Studies in Agency and Responsibility, Volumes* 1~6. New York: Oxford University Press. 2권은 닐 토그나치니와 함께, 5권은 닐 토그나치니 그리고 저스틴 코츠와 함께했다.

Sommers, Tamler (2007) The objective attitude. The *Philosophical Quarterly* 57(28): 321~342.

Sommers, Tamler (2012) *Relative Justice: Cultural Diversity, Free Will, and Moral Responsibility*. Princeton, NJ: Princeton University Press.

Sommers, Tamler (2018) *Why Honor Cultures Matter*. New York: Basic Books.

Strawson, Galen (2010) Your move: The maze of free will. *New York Times*, July 22.

Strawson, Galen (2018) *Things That Bother Me: Death, Freedom, The Self, etc.* New York: New York Review of Books. 4장 〈운은 모든 걸 집어삼킨다〉를 참고하라.

Strawson, P. F. (1962) Freedom and resentment. *Proceedings of the British Academy* 18: 1~25.

Tadros, Victor (2011) *The Ends of Harm: The Moral Foundations of Criminal Law.* New York: Oxford University Press.

ᴵ Talbert, Matthew (2016) *Moral Responsibility: An Introduction.* Malden, MA: Polity Press.

ᴵ Talbert, Matthew (2019) Moral Responsibility. *Stanford Encyclopedia of Philosophy.* https://plato.stanford.edu/entries/moral-responsibility/

Tasioulas, John (2006) Punishment and repentance. *Philosophy* 81: 279~322.

Taylor, Richard (1963/1992) *Metaphysics*, 4th edn. Englewood Cliffs, NJ: Prentice-Hall. 한국어판은 《형이상학》(서광사, 2006).

ᴵ Timpe, Kevin (2008) Free Will: Sourcehood and Its Alternatives. New York: Continuum Press.

Todd, Patrick (2011) A new approach to manipulation arguments. *Philosophical Studies* 152(1): 127~133.

Todd, Patrick (2013) Defending (a modified version of) the zygote argument. *Philosophical Studies* 164(1): 189~203.

van Inwagen, Peter (1983) Essay on *Free Will*. New York: Oxford University Press.

Vargas, Manuel (2007) Revisionism. In *Four Views on Free Will*, John Martin Fischer, Robert Kane, Derk Pereboom, and Manuel Vargas, pp. 126~165. New York: Blackwell Publishers.

Vargas, Manuel (2013) *Building Better Beings: A Theory of Moral Responsibility.* New York: Oxford University Press.

Walen, Alec (2014) Retributive justice. *Stanford Encyclopedia of Philosophy.* https://plato.stanford.edu/entries/justice-retributive/

Walker, N. (1991) *Why Punish?* New York: Oxford University Press.

Wallace, R. Jay (1994) *Responsibility and the Moral Sentiments.* Cambridge, MA: Harvard University Press.

Waller, Bruce (2011) *Against Moral Responsibility.* Cambridge, MA: MIT Press.

Waller, Bruce (2014) *The Stubborn System of Moral Responsibility.* Cambridge, MA: MIT Press.

Waller, Bruce (2015) *Restorative Free Will: Back to the Biological Base.* Lanham, MD: Lexington Books.

Waller, Bruce (2018) *The Injustice of Punishment.* New York: Routledge.

[C] Watson, Gary (ed.) (1982) *Free Will.* New York: Oxford University Press.

Weigel, C. (2011) Distance, anger, and freedom: An account of the role of abstraction in compatibilist and incompatibilist intuitions. *Philosophical Psychology* 24(6): 803~823.

Wittgenstein, Ludwig (1961) *Notebooks 1914~1916*, ed. and trans. G. H. von Wright and G. E. M. Anscombe. New York: Harper/Blackwell.

Zaibert, Leo (2018) *Rethinking Punishment.* New York: Cambridge University Press.

Zimmerman, Michael J. (2011) The Immorality of Punishment. Broadview Press.